die 32 wichtigsten Fälle zum Staatsrecht

Hemmer/Wüst/Kresser

Januar 2012

Hemmer/Wüst Verlagsgesellschaft

Das Skript ist urheberrechtlich geschützt. Die dadurch begründeten Rechte, insbesondere des Nachdrucks, der Wiedergabe auf photomechanischem oder ähnlichem Wege und der Speicherung in Datenverarbeitungsanlagen bleiben, auch bei nur auszugsweiser Verwertung, der Hemmer/Wüst-Verlagsgesellschaft vorbehalten.

Hemmer/Wüst/Kresser, die 32 wichtigsten Fälle zum Staatsrecht

ISBN 978-3-86193-096-9

8. Auflage, Januar 2012

gedruckt auf chlorfrei gebleichtem Papier
von Schleunungdruck GmbH, Marktheidenfeld

Inhaltsverzeichnis:

Die Zahlen beziehen sich auf die Seiten des Skripts.

Kapitel I: Grundrechte

Kapitel IV: Staatsfunktionen

Kapitel V: Staatsorgane

Vorwort

Die vorliegende Fallsammlung ist für **Studenten in den ersten Semestern** gedacht. Gerade in dieser Phase ist es wichtig, bei der Auswahl der Lernmaterialien den richtigen Weg einzuschlagen. **Auch in den späteren Semestern und im Referendariat** sollte man in den grundsätzlichen Problemfeldern sicher sein. Die essentials sollte jeder kennen.

Die Gefahr zu Beginn des Studiums liegt darin, den Stoff zu abstrakt zu erarbeiten. Nur ein **problemorientiertes Lernen**, d.h. ein Lernen am konkreten Fall, führt zum Erfolg. Das gilt für die kleinen Scheine / die Zwischenprüfung genauso wie für das Examen. In juristischen Klausuren wird nicht ein möglichst breites Wissen abgeprüft. In juristischen Klausuren steht der Umgang mit konkreten Problemen im Vordergrund. Nur wer gelernt hat, sich die Probleme des Falles aus dem Sachverhalt zu erschließen, schreibt die gute Klausur. Es geht darum, Probleme zu erkennen und zu lösen. Abstraktes anwendungsunspezifisches Wissen, sog. „Träges Wissen", täuscht Sicherheit vor, schadet aber letztlich.

Bei der Anwendung dieser Lernmethode sind wir Marktführer. Profitieren Sie von der 35-jährigen Erfahrung des **Juristischen Repetitoriums hemmer** im Umgang mit Examensklausuren. Diese Erfahrung fließt in sämtliche Skripten des Verlages ein. Das Repetitorium beschäftigt **ausschließlich Spitzenjuristen**, teilweise Landesbeste ihres Examenstermins. Die so erreichte Qualität in Unterricht und Skripten werden Sie anderswo vergeblich suchen. Lernen Sie mit den Profis!

Ihre Aufgabe als Jurist wird es einmal sein, konkrete Fälle zu lösen. Diese Fähigkeit zu erwerben ist das Ziel einer guten juristischen Ausbildung. Nutzen Sie die Chance, diese Fähigkeit bereits zu Beginn Ihres Studiums zu trainieren. Erarbeiten Sie sich das notwendige Handwerkszeug anhand unserer Fälle. Sie werden feststellen: Wer Jura richtig lernt, dem macht es auch Spaß. Je mehr Sie verstehen, desto mehr Freude werden Sie haben, sich neue Probleme durch eigenständiges Denken zu erarbeiten. Wir bieten Ihnen mit unserer **juristischen Kompetenz** die notwendige Hilfestellung.

Fallsammlungen gibt es viele. Die Auswahl des richtigen Lernmaterials ist jedoch der entscheidende Aspekt. Vertrauen Sie auf unsere Erfahrungen im Umgang mit Prüfungsklausuren. Unser Beruf ist es, **alle klausurrelevanten Inhalte** zusammenzutragen und verständlich aufzubereiten. Prüfungsinhalte wiederholen sich. Wir vermitteln Ihnen das, worauf es in der Prüfung ankommt – verständlich – knapp – präzise.

Achten Sie dabei insbesondere auf die richtige Formulierung. Jura ist eine Kunstsprache, die es zu beherrschen gilt. Abstrakte Floskeln, ausgedehnte Meinungsstreitigkeiten sollten vermieden werden. Wir haben die Fälle daher bewusst kurz gehalten. Der Blick für das Wesentlich darf bei der Bearbeitung von Fällen nie verloren gehen.

Wir hoffen, Ihnen den Einstieg in das juristische Denken mit der vorliegenden Fallsammlung zu erleichtern und würden uns freuen, Sie auf Ihrem Weg in der Ausbildung auch weiterhin begleiten zu dürfen.

Karl-Edmund Hemmer & Achim Wüst

Kapitel I: Grundrechte

Fall 1: Freie Entfaltung der Persönlichkeit (Art. 2 I GG)

Sachverhalt:

Nach einem formell verfassungsmäßigen Gesetz des Bundeslandes L ist das Reiten im Wald nur auf solchen Privatwegen erlaubt, die als Reitwege gekennzeichnet sind. Pferdeliebhaber P möchte jedoch auf allen Wegen reiten. Er ist der Ansicht, dass das Verbot zum Schutz der anderen Personen im Wald, insbesondere Wanderern, nicht erforderlich ist.

Frage:

Verstößt das Gesetz gegen Grundrechte?

I. Einordnung

Jede belastende staatliche Maßnahme ist an dem Grundrecht auf freie Entfaltung der Persönlichkeit gem. Art. 2 I GG zu messen.

II. Gliederung

1. Schutzbereich

⇨ **Art. 2 I GG**

schützt jedes menschliche Verhalten

2. Eingriff

3. Verfassungsrechtliche Rechtfertigung

⇨ **„verfassungsmäßige Ordnung"**

Gesamtheit aller verfassungsgemäßen Rechtsnormen

a) Formelle Verfassungsmäßigkeit des Gesetzes

b) Materielle Verfassungsmäßigkeit des Gesetzes

⇨ Verhältnismäßigkeit (+)

4. Ergebnis

Das Gesetz ist verfassungsgemäß.

III. Lösung

Verstoß des Gesetzes gegen Grundrechte

Das Gesetz könnte gegen das Grundrecht auf freie Entfaltung der Persönlichkeit gem. Art. 2 I GG verstoßen.

1. Schutzbereich

Dazu müsste der Schutzbereich des Grundrechts eröffnet sein. Das Reiten im Walde müsste von Art. 2 I GG geschützt sein.

Art. 2 I GG schützt nicht nur einen begrenzten Bereich der Persönlichkeitsentfaltung, sondern vielmehr **jede Form menschlichen Handelns** ohne Rücksicht darauf, welches Gewicht der Betätigung für die Persönlichkeitsentfaltung zukommt.

Geschützt ist insbesondere nicht nur ein Verhalten, das für die Persönlichkeitsentfaltung von erhöhter Bedeutung ist, sondern jede menschliche Betätigung.

Art. 2 I GG beinhaltet die grundsätzliche Freiheit, „zu tun und zu lassen, was man will“[1].

hemmer-Methode: Art. 2 I GG schützt also umfassend jedes Verhalten vor staatlichen Eingriffen. Dies hat insbesondere Konsequenzen für das Verhältnis des Grundrechts auf freie Entfaltung der Persönlichkeit zu den anderen Freiheitsrechten, die jeweils einen speziellen Bereich erfassen und schützen. Fällt ein Verhalten nicht in den Schutzbereich eines speziellen Grundrechts, so ist es stets durch Art. 2 I GG geschützt! Art. 2 I GG ist ein „Auffanggrundrecht“[2].

Danach fällt auch das Reiten im Wald als menschliche Betätigung in den Schutzbereich der freien Entfaltung der Persönlichkeit gem. Art. 2 I GG.

2. Eingriff

Eingriff ist jede staatliche Maßnahme, durch die dem Einzelnen ein grundrechtlich geschütztes Verhalten unmöglich gemacht oder wesentlich erschwert wird[3]. Dazu zählen ohne Zweifel zielgerichtete staatliche Maßnahmen, die ausdrücklich ein bestimmtes Verhalten verbieten (sog. klassische Eingriffe)[4].

Durch das Gesetz wird das Reiten im Wald grundsätzlich verboten und dieses Verhalten damit rechtlich unmöglich gemacht. Das Gesetz stellt einen Eingriff in Art. 2 I GG dar.

3. Verfassungsrechtliche Rechtfertigung des Eingriffs

Der Eingriff könnte verfassungsrechtlich gerechtfertigt sein. Dies hängt davon ab, ob und in welchem Ausmaß das Grundgesetz Eingriffe in das Grundrecht zulässt. Gem. Art. 2 I GG ist das Recht auf freie Entfaltung der Persönlichkeit begrenzt durch die Rechte Anderer, die verfassungsmäßige Ordnung und das Sittengesetz. Dies sind die drei Schranken der allgemeinen Handlungsfreiheit, die Eingriffe rechtfertigen (sog. Schrankentrias des Art. 2 I GG).

Das gesetzliche Verbot könnte als Bestandteil der „verfassungsmäßigen Ordnung“ gerechtfertigt sein. Fraglich ist, was die **verfassungsmäßige Ordnung“ i.S.d. Art. 2 I GG** ist.

Dies ist die **Gesamtheit aller Rechtsnormen**, die mit der Verfassung in Einklang stehen, d.h. formell und materiell verfassungsmäßig sind[5]. Insbesondere ist darunter nicht nur das Grundgesetz selbst oder dessen grundlegende Wertentscheidungen zu verstehen.

Die „verfassungsmäßige Ordnung“ i.S.d. Art. 2 I GG ist damit anders auszulegen als der gleiche Begriff an anderen Stellen des Grundgesetzes.

hemmer-Methode: Der gleiche Begriff wird u.a. in Art. 9 II, 28 I S. 1, 98 II GG verwendet, ist jedoch dort wesentlich enger auszulegen!

Dieses weite Verständnis ist Folge des weiten Schutzbereichs des Art. 2 I GG.

---

1 Hemmer/Wüst, Grundwissen Staatsrecht, Rn. 148 f.

2 Hemmer/Wüst, Grundwissen Staatsrecht, Rn. 154.

3 Pieroth/Schlink, Rn. 240.

4 Hemmer/Wüst, Grundwissen Staatsrecht, Rn. 103; zum Eingriffsbegriff vgl. Fall 3.

5 Hemmer/Wüst, Grundwissen Staatsrecht, Rn. 162 f.

Wird jede menschliche Betätigung vor staatlichen Eingriffen geschützt, so stellen alle einschränkenden Rechtsvorschriften einen Eingriff dar, der verfassungsrechtlich zu rechtfertigen ist.

Art. 2 I GG beinhaltet demnach einen einfachen Gesetzesvorbehalt für Eingriffe in die freie Entfaltung der Persönlichkeit.

Die Schranken der „Rechte Anderer" sowie des „Sittengesetzes" haben demgegenüber praktisch keine Bedeutung. Diese sind vollständig in der Gesamtheit aller Rechtsvorschriften und damit in der „verfassungsmäßigen Ordnung" enthalten[6].

Der Eingriff durch dieses Gesetz ist demnach gerechtfertigt, wenn das Gesetz formell und materiell verfassungsmäßig ist.

a) Formelle Verfassungsmäßigkeit

Die formelle Verfassungsmäßigkeit erfordert, dass die Gesetzgebungszuständigkeit (hier des Bundeslandes) vorliegt, und die Vorschriften für das Gesetzgebungsverfahren sowie die Form eingehalten wurden. Davon ist hier laut Sachverhalt auszugehen.

b) Materielle Verfassungsmäßigkeit

Das Gesetz ist dann materiell verfassungsgemäß, wenn es alle Anforderungen des Grundgesetzes beachtet.

Dazu zählen zum einen die Voraussetzungen, die für die Einschränkung von Grundrechten gelten, wie das Verbot des Einzelfallgesetzes (Art. 19 I S. 1 GG)[7], das Zitiergebot (Art. 19 I S. 2 GG), die Wesensgehaltsgarantie (Art. 19 II GG) und insbesondere die Verhältnismäßigkeit des Eingriffs.

6 Pieroth/Schlink, Rn. 385 ff.

7 Vgl. dazu Fall 7.

hemmer-Methode: An diese Stelle gehören auch spezielle Anforderungen, die für die Einschränkung bestimmter Grundrechte gelten, die für Grundrechte ohne Gesetzesvorbehalt (dazu Fall 2) und Grundrechte mit qualifiziertem Gesetzesvorbehalt (dazu Fall 11) gelten.
Die Punkte Verhältnismäßigkeit und Wesensgehalt werden sehr häufig unter dem Punkt „Schranken-Schranken" gesondert von der materiellen Verfassungsgemäßheit geprüft. In dieser Terminologie ist die „verfassungsmäßige Ordnung" in Art. 2 I GG der Schrankenvorbehalt. Ein Gesetz, das formell und materiell verfassungsgemäß ist, lässt sich unter diesen Schrankenvorbehalt subsumieren und ist damit eine Schranke des Grundrechts, die allerdings ihrerseits durch die Schranken-Schranken der Verhältnismäßigkeit und des Wesensgehalts beschränkt wird. Letztlich prüfen Sie bei diesem Aufbau bzw. dieser Terminologie genau das Gleiche. Es geht nur um begriffliche Unterschiede.

Zudem zählt dazu das gesamte objektive Verfassungsrecht, gegen das ein Gesetz verstoßen kann. Ein Grundrecht ist auch dann verletzt, wenn das Gesetz gegen sonstiges Verfassungsrecht verstößt. Dies gilt zum einen für die formellen verfassungsrechtlichen Anforderungen (s.o. Punkt a) als auch für das sonstige „objektive" Verfassungsrecht, insbesondere die sog. Staatsstrukturprinzipien des Art. 20 I GG wie Rechtsstaat, Demokratie und Sozialstaat.

hemmer-Methode: Wichtig wird dies i.R.d. Verfassungsbeschwerde. Hier dürfen Sie nur die Verletzung von Grundrechten prüfen.

Die Verstöße gegen „objektives" Verfassungsrecht können Sie dann nur i.R.d. Rechtfertigung des Grundrechtseingriffs ansprechen!

aa) Das Zitiergebot ist für die Einschränkungen des Art. 2 I GG nicht zu beachten, da Art. 2 I GG keinen „Einschränkungsvorbehalt" beinhaltet[8].

bb) Das Gesetz könnte gegen den Verhältnismäßigkeitsgrundsatz verstoßen[9]. Dieser erfordert, dass das Gesetz einem legitimen Ziel dient und zur Erreichung dieses Ziels geeignet, erforderlich und angemessen ist.

(1) Das Gesetz hat das legitime Ziel, Reiter und Wanderer auf Waldwegen zu trennen, um Gefahren, die sich aus der Begegnung mit Pferden ergeben, für die Wanderer zu vermeiden.

(2) Das grundsätzliche Verbot des Reitens auf Waldwegen ist zur Erreichung dieses Ziels geeignet.

(3) Ein Eingriff ist erforderlich, wenn es kein anderes, milderes Mittel gibt, das zur Erreichung des Ziels ebenso effektiv ist. Zwar könnte das Ziel auch damit erreicht werden, dass den Wanderern die Benutzung der Waldwege grundsätzlich verboten wird.

Dies ist jedoch nicht ebenso effektiv, denn Ziel ist gerade der Schutz der Wanderer bei der Benutzung der Waldwege. Dieser Schutz könnte nicht erreicht werden, wenn diese die Wege gar nicht mehr benutzen können. Ein ebenso effektives Mittel ist daher nicht ersichtlich.

hemmer-Methode: Seien Sie insbesondere bei der Überprüfung der Geeignetheit und der Erforderlichkeit nicht zu streng.

In den meisten Fällen wird es alternative Mittel geben, um das verfolgte Ziel zu erreichen. Dem Gesetzgeber steht aber eine sog. Einschätzungsprärogative zu[10], d.h. er hat grundsätzlich die Wahl unter mehreren in Betracht kommenden Mitteln.
In Zweifelsfällen können Sie die Erforderlichkeit damit begründen, dass der Gesetzgeber vertretbarerweise davon ausging, das gewählte Mittel sei das effektivste. Die Erforderlichkeit ist nur dann zu verneinen, wenn andere, mildere Mittel mit hoher Wahrscheinlichkeit effektiver sind als das gewählte.

(4) Schließlich müsste das Verbot gegen die Reiter angemessen sein. D.h. die Belastung der Betroffenen dürfte nicht außer Verhältnis zu dem mit dem Eingriff erstrebten Ziel stehen. Dabei ist eine Abwägung der geschützten Interessen mit den betroffenen Positionen vorzunehmen.

Ziel ist der Schutz der Wanderer im Wald vor den Gefahren, die sich aus der Begegnung mit Pferden ergeben. Dieses Verhalten der Wanderer ist jedenfalls wiederum durch die allgemeine Handlungsfreiheit nach Art. 2 I GG geschützt.

Soweit es um die Verhütung von Gefahren für die körperliche Unversehrtheit von Wanderern geht, ist auch das Grundrecht aus Art. 2 II S. 1 GG betroffen. Dem Schutz dieser Rechtsgüter dient das Gesetz.

hemmer-Methode: In vielen Fällen werden Gesetze erlassen, um die Interessen Einzelner gegenüber Anderen zu schützen. Diese Gesetze dienen dem Interessenausgleich zwischen den Bürgern! Das gesamte Zivilrecht dient vorrangig diesem Zweck, aber auch öffentlich-rechtliche Vorschriften.

8 Hemmer/Wüst, Staatsrecht I, Rn. 124.
9 Dazu Hemmer/Wüst, Grundwissen Staatsrecht, Rn. 126 ff.
10 Pieroth/Schlink, Rn. 287.

Dann müssen Sie die Interessen der betroffenen Personenkreise gegeneinander abwägen!

Es ist nicht ersichtlich, dass die Interessen der Reiter im Wald von erheblich höherer Bedeutung sind als die der Wanderer. Insbesondere ist zu beachten, dass es erheblich mehr Wanderer als Reiter gibt. Daher ist das Verbot angemessen.

Der Eingriff in Art. 2 I GG ist gerechtfertigt.

4. Ergebnis

Das Gesetz verstößt nicht gegen Grundrechte.

IV. Zusammenfassung

- Das Grundrecht auf freie Entfaltung der Persönlichkeit gem. Art. 2 I GG schützt **jedes menschliche Verhalten** vor staatlichen Eingriffen.
- Die „verfassungsmäßige Ordnung" i.S.v. Art. 2 I GG ist die **Gesamtheit aller Rechtsnormen**, die formell und materiell verfassungsgemäß sind. Art. 2 I GG enthält damit einen normalen Gesetzesvorbehalt für Eingriffe in das Recht auf freie Entfaltung der Persönlichkeit.

Sound: Art. 2 I GG schützt jedes menschliche Verhalten vor staatlicher Beeinträchtigung.

hemmer-Methode: Bedeutung erlangt Art. 2 I GG als Auffanggrundrecht insbesondere in folgenden Zusammenhängen:

- Zum einen schützt es Ausländer, die deshalb nicht von einem speziellen Freiheitsrecht geschützt werden, weil dies ein Deutschengrundrecht ist (vgl. Art. 8, 9, 11, 12, 16 II GG).
- Zum anderen wird damit die gesamte wirtschaftliche Betätigungsfreiheit geschützt (Hemmer/Wüst, Grundwissen Staatsrecht, Rn. 159). Diese ist z.T. von den spezielleren Art. 12 und 14 GG umfasst, aber nicht umfassend.
- Schließlich schützt Art. 2 I GG das Vermögen, d.h. insbesondere vor finanziellen Belastungen staatlicherseits, wie etwa Steuern, die grds. weder einen Eingriff in die Berufs- noch in die Eigentumsfreiheit darstellen.

V. Zur Vertiefung

Zur freien Entfaltung der Persönlichkeit

- Hemmer/Wüst, Grundwissen Staatsrecht, Rn. 148 ff.

Fall 2: Grundrechte ohne Gesetzesvorbehalt / Wissenschaftsfreiheit

Sachverhalt:

Mehrere inländische Unternehmen, die Kosmetika herstellen, führen zur Erforschung und Entwicklung neuer Wirkstoffe und Produkte seit Jahrzehnten Tierversuche durch. Um dies in Zukunft zu verhindern, wird formell verfassungsgemäß § 7 V S. 1 TierSchutzG beschlossen: „Tierversuche zur Entwicklung von Tabakerzeugnissen, Waschmitteln und Kosmetika sind grundsätzlich verboten".

Frage: *Verstößt das Gesetz gegen Grundrechte?*

I. Einordnung

Bestimmte Grundrechte, wie die Wissenschaftsfreiheit, sehen nicht vor, dass sie durch Gesetz oder aufgrund Gesetzes beschränkt werden können. Unter welchen Voraussetzungen sind Eingriffe zulässig?

II. Gliederung

1. Schutzbereich des Art. 5 III GG
2. Eingriff
3. Verfassungsrechtliche Rechtfertigung
a) Schranken vorbehaltlos gewährleisteter Grundrechte
⇨ **verfassungsimmanente Schranken**
b) Formelle Verfassungsmäßigkeit des TierSchutzG
c) Materielle Verfassungsmäßigkeit des TierSchutzG
⇨ **praktische Konkordanz** (Verhältnismäßigkeit)
4. Ergebnis: Kein Verstoß

III. Lösung

Verstoß gegen Art. 5 III GG (Wissenschaftsfreiheit)

1. Schutzbereich des Art. 5 III GG

Die Entwicklung und Erprobung von Wirkstoffen für Kosmetika könnte vom Schutzbereich der Wissenschaftsfreiheit gem. Art. 5 III GG umfasst sein.

Wissenschaft ist jede Tätigkeit, die nach Inhalt und Form als ernsthafter planmäßiger Versuch der Wahrheitsermittlung anzusehen ist[11]. Die Entwicklung und Erprobung von Wirkstoffen für Kosmetika hat zum Ziel, Erkenntnisse über die Wirkung dieser Stoffe zu erlangen. Es handelt sich daher um Wissenschaft. Der Schutzbereich der Wissenschaftsfreiheit nach Art. 5 III GG ist eröffnet.

---

[11] BVerfGE 35, 79, 113; Hemmer/Wüst, Grundwissen Staatsrecht, Rn. 174.

2. Eingriff

Das Verbot dieses grundrechtlich geschützten Verhaltens stellt einen Eingriff in die Wissenschaftsfreiheit dar.

3. Verfassungsrechtliche Rechtfertigung

Der Eingriff in die Wissenschaftsfreiheit könnte verfassungsrechtlich gerechtfertigt sein. Art. 5 III GG sieht allerdings nicht vor, dass überhaupt Eingriffe in dieses Grundrecht erfolgen können. Es besteht kein Gesetzesvorbehalt für dieses Grundrecht. Art. 5 III GG ist ein **vorbehaltlos gewährleistetes Grundrecht**.

a) Schranken vorbehaltlos gewährleisteter Grundrechte

Es muss jedoch möglich sein, auch solche Grundrechte ohne Gesetzesvorbehalt einzuschränken.

Ansonsten wäre jedes Verhalten, das im Schutzbereich etwa des Art. 5 III GG liegt, nicht nur grundrechtlich geschützt, sondern staatliche Eingriffe wären dann ohne Ausnahme verfassungswidrig.

hemmer-Methode: Dann könnten z.B. Menschenopfer, die zu wissenschaftlichen Zwecken erfolgen, nicht verboten und auch nicht strafrechtlich verfolgt werden.

Auch vorbehaltlose Grundrechte werden nicht schrankenlos gewährleistet! Streit besteht jedoch hinsichtlich der Frage, welche Schranken für diese Grundrechte gelten.

aa) Nach einer Mindermeinung bestehen für die vorbehaltlos gewährleisteten Grundrechte andere Schranken. Vertreten wird eine Übertragung der Schranken des Art. 2 I GG, z.T. auch die Anwendung der Schranke der „allgemeinen Gesetze“ gem. Art. 5 II GG.

Dies ist jedoch abzulehnen, da das Grundgesetz selbst eine sehr differenzierte Schrankensystematik für die Grundrechte enthält, die durch eine Schrankenübertragung außer Acht gelassen würde.

Aus dem gleichen Grund ist die Auffassung, dass alle Grundrechte unter einem sog. „Gemeinwohlvorbehalt“ stünden, abzulehnen.

bb) Nach ganz h.M. bestehen für diese Grundrechte **verfassungsimmanente Schranken**. Eingriffe in ein vorbehaltlos gewährleistetes Grundrecht sind demnach zulässig, wenn sie sich aus kollidierendem Verfassungsrecht ergeben. Begründung hierfür ist, dass auch die vorbehaltlos gewährleisteten Grundrechte im Gesamtzusammenhang des Grundgesetzes zu sehen sind und keinen Vorrang gegenüber den anderen Verfassungsnormen genießen können[12].

Verfassungsimmanente Schranken sind dabei v.a. die **Grundrechte Dritter**, aber auch sonstige Rechtsgüter mit Verfassungsrang.

cc) Rechtsgut mit Verfassungsrang, das durch den Eingriff geschützt wird, könnte hier der Schutz der von den Versuchen betroffenen Tiere sein.

Fraglich ist jedoch, ob der Tierschutz ein Rechtsgut mit Verfassungsrang ist. Der Tierschutz ist zum einen in Art. 74 I Nr. 20 GG a.E. genannt.

[12] Hemmer/Wüst, Grundwissen Staatsrecht, Rn. 113a.

Allerdings kann es nicht ausreichen, dass ein bestimmter Gegenstand überhaupt im Grundgesetz genannt ist, z.B. in den umfangreichen Regelungen der Gesetzgebungszuständigkeiten nach Art. 70 ff. GG. Vielmehr muss jeweils mittels Auslegung des Grundgesetzes ermittelt werden, ob einem Rechtsgut durch das Grundgesetz tatsächlich Verfassungsrang verliehen ist.

Aus der bloßen Erwähnung des Tierschutzes in Art. 74 I Nr. 20 GG kann daher noch nicht darauf geschlossen werden, dass dieses Rechtsgut tatsächlich Verfassungsrang hat.

dd) Gem. **Art. 20a GG** schützt der Staat i.R.d. verfassungsmäßigen Ordnung auch die Tiere. Aus dieser Bestimmung könnte sich der Verfassungsrang des Tierschutzes ergeben.

Art. 20a GG ist eine sog. Staatszielbestimmung. Dies bedeutet im Unterschied zu einem Grundrecht, dass die Vorschrift kein subjektives und einklagbares Recht eines Einzelnen darstellt. Sie verpflichtet den „Staat" objektiv, die darin aufgeführten Staatsziele zu verfolgen.

Andererseits ist eine Staatszielbestimmung kein bloß unverbindlicher Programmsatz. Art. 20a GG enthält objektives Recht[13]. Damit legt die Verfassung den Auftrag an den Gesetzgeber sowie Verwaltung und Rechtsprechung fest, den Tierschutz zu verwirklichen.

Sinn einer solchen Staatszielbestimmung ist es, die darin aufgeführten Ziele im Vergleich zu sonstigen Allgemeininteressen herauszuheben. Art. 20a GG enthält nicht nur eine objektiv-rechtliche Verpflichtung des Staates.

Um dieser Verpflichtung zum Tierschutz gerecht zu werden, kann es gerade auch erforderlich sein, die Grundrechtsausübung Einzelner zu beschränken, wenn sie dem Tierschutz zuwiderläuft.

Auch dieser Zweck wird mit einer solchen Staatszielbestimmung verfolgt.

hemmer-Methode: Die Wirkung des Art. 20a GG besteht insbesondere darin, dass die Gesetzgebung das ihr zukommende gesetzgeberische Ermessen zugunsten des Tierschutzes betätigen kann. Das Gleiche gilt bei der Auslegung und Anwendung des einfachen Rechts auf der Ebene von Verwaltung (Ermessensausübung!) und der Rechtsprechung[14].

Durch die Aufnahme in die Staatszielbestimmung des Art. 20a GG wird dem Tierschutz damit Verfassungsrang verliehen. Der Tierschutz ist „kollidierendes Verfassungsrecht". Er stellt daher eine verfassungsimmanente Schranke dar, zu deren Gunsten ein Grundrecht ohne Gesetzesvorbehalt eingeschränkt werden kann.

hemmer-Methode: Die früher vertretenen Ansätze, dem Tierschutz bspw. über die Menschenwürde Verfassungsrang einzuräumen, sind damit obsolet.

b) Formelle Verfassungsmäßigkeit des TierSchutzG

Diese ist laut Sachverhalt anzunehmen.

c) Materielle Verfassungsmäßigkeit des TierSchutzG

Eingriffe in Grundrechte dürfen nur aufgrund Gesetzes erfolgen. Dies ergibt sich für Grundrechte mit Gesetzesvorbehalt unmittelbar aus dem Grundgesetz selbst.

13 Pieroth/Schlink, Rn. 442.

14 Pieroth/Schlink, Rn. 445.

Dies gilt auch für Grundrechte ohne Gesetzesvorbehalt[15].

hemmer-Methode: Die verfassungsimmanenten Schranken legitimieren unmittelbar – genauso wie die ausdrücklich im Grundrecht vorgesehenen Schranken – immer nur ein Handeln des Gesetzgebers. Die Behörde darf auch bei verfassungsimmanenten Schranken nur aufgrund einer einfachgesetzlichen Regelung tätig werden.

Gesetzliche Grundlage ist hier das TierSchutzG.

aa) Das Zitiergebot des Art. 19 I S. 2 GG gilt bei der Einschränkung von Grundrechten ohne Gesetzesvorbehalt nicht, da diese keinen Einschränkungsvorbehalt enthalten.

bb) Für die verfassungsrechtliche Rechtfertigung des Eingriffs ist insbesondere erforderlich, dass dieser verhältnismäßig ist.

Bei der Einschränkung von Grundrechten ohne Gesetzesvorbehalt ist das betroffene Grundrecht mit dem geschützten Rechtsgut mit Verfassungsrang, dem kollidierenden Verfassungsrecht, in einen verhältnismäßigen Ausgleich zu bringen.

Der Eingriff muss so gehalten sein, dass beide Rechtsgüter möglichst weitgehend zur Geltung kommen. Dies wird in der Rspr. des BVerfG als das Prinzip der **praktischen Konkordanz** bezeichnet.

hemmer-Methode: Es ist im Grunde nichts anderes als eine normale Verhältnismäßigkeitsprüfung. Dennoch sollten Sie sich im Zusammenhang mit der Einschränkung von Grundrechten ohne Gesetzesvorbehalt den Begriff der praktischen Konkordanz merken, und in der Klausur richtig einordnen. Der richtige „Sound“ hebt Ihre Bearbeitung von den anderen ab!

Das hier verfolgte legitime Ziel, der Tierschutz, wird durch das Verbot von Tierversuchen zu diesen Zwecken erreicht. Es ist auch erforderlich, da kein anderes, milderes Mittel ersichtlich ist, das das Ziel des Tierschutzes ebenso effektiv erreichen würde.

I.R.d. Angemessenheit ist das betroffene Grundrecht der Wissenschaftsfreiheit mit dem geschützten Rechtsgut, dem Tierschutz, abzuwägen.

Dabei ist hier zu beachten, dass in diesem Bereich eine bestimmte wissenschaftliche Methode vollständig ausgeschlossen wird. Allerdings kann angenommen werden, dass die gleichen wissenschaftlichen Erkenntnisse mittels anderer Methoden gewonnen werden können.

Dagegen ist zu berücksichtigen, dass Tierversuche aufgrund der häufig damit verbundenen Qualen besonders schwerwiegende Beeinträchtigungen von Tieren darstellen. Aus diesem Grund überwiegt das geschützte Rechtsgut.

Der Eingriff ist angemessen und damit insgesamt verhältnismäßig.

Zwischenergebnis: Das Gesetz verletzt nicht Art. 5 III GG.

hemmer-Methode: Angesprochen werden könnte noch eine Verletzung der Berufsfreiheit nach Art. 12 I GG. Die Unternehmen, die Kosmetika herstellen, sind Träger des Grundrechts auf Berufsfreiheit. Allerdings hat die Regelung im TierSchutzG nicht die erforderliche objektive berufsregelnde Tendenz und stellt daher keinen Eingriff in Art. 12 I GG dar (vgl. dazu Fall 6).

[15] Hemmer/Wüst, Grundwissen Staatsrecht, Rn. 113a.

Denn die Auswirkung auf die Berufsausübung ist nicht von der erforderlichen Erheblichkeit. Jedenfalls wäre der Eingriff gerechtfertigt – wenn schon der Eingriff in Art. 5 III GG gerechtfertigt ist, gilt dies erst Recht für Eingriffe in Art. 12 GG

4. Ergebnis

Die Regelung des TierSchutzG verstößt nicht gegen Grundrechte.

IV. Zusammenfassung

- Grundrechte ohne Gesetzesvorbehalt sind nicht schrankenlos gewährleistet. Für sie gelten die **verfassungsimmanenten Schranken**. Eingriffe sind zum Schutz kollidierenden Verfassungsrechts, d.h. der Grundrechte Dritter und sonstiger Rechtsgüter mit Verfassungsrang, möglich.

Sound: In Grundrechte ohne Gesetzesvorbehalt kann aufgrund verfassungsimmanenter Schranken eingegriffen werden.

hemmer-Methode: Aus der Tatsache, dass bestimmte Grundrechte nicht mit einem Gesetzesvorbehalt versehen sind, kann jedoch nicht geschlossen werden, dass sie höherwertig im Vergleich zu den Grundrechten mit (einfachem oder qualifiziertem) Gesetzesvorbehalt sind. Das Fehlen eines Gesetzesvorbehalts bedeutet, dass höhere Anforderungen an Eingriffe gestellt werden, da sie nicht zugunsten jedes legitimen Zwecks erfolgen können, sondern nur zu Gunsten kollidierenden Verfassungsrechts. Werden vorbehaltlos gewährleistete Grundrechte eingeschränkt, um Grundrechte Dritter zu schützen, so müssen Sie daher stets eine Abwägung im Einzelfall i.R.d. Verhältnismäßigkeitsprüfung durchführen (praktische Konkordanz). Beide Rechte haben Verfassungsrang und müssen daher in einen möglichst schonenden Ausgleich gebracht werden.

V. Zur Vertiefung

Zur Wissenschafts- und Kunstfreiheit

- Hemmer/Wüst, Grundwissen Staatsrecht, Rn. 198 ff.

Zu den Grundrechten ohne Gesetzesvorbehalt

- Hemmer/Wüst, Grundwissen Staatsrecht, Rn. 142 ff.
- Vgl. VGH Mannheim, Life&Law 2001, 882 ff.; Life&Law 2009, 116.

Fall 3: Begriff des Grundrechtseingriffs / Religions- und Weltanschauungsfreiheit (Art. 4 GG)

Sachverhalt:

Der privatrechtlich organisierte „Verein zur Aufklärung über das Sektenwesen“ hat die Bekämpfung von Sekten zum Ziel, insbesondere durch Informationsbroschüren, Presseerklärungen u.a. Er wird dabei erheblich durch Fördermittel der Bundesregierung unterstützt. Schon mehrmals hat dieser Verein verschiedene weltanschauliche Gruppierungen als gefährlich bezeichnet und vor ihnen gewarnt, darunter auch vor der „Glaubensgemeinschaft der wissenschaftlichen Kirche“. Als psychisch schädlich wurden insbesondere die von dieser Gruppierung angebotenen Seminare für neue Anhänger bezeichnet.

Frage: *Verletzt die Förderung durch die Bundesregierung Grundrechte der Glaubensgemeinschaft?*

I. Einordnung

Belastende staatliche Maßnahmen können nicht nur durch ausdrückliche Ge- oder Verbote erfolgen, sondern auch in Form mittelbarer und faktischer Beeinträchtigungen.

II. Gliederung

1. Schutzbereich

⇨ Art. 4 I, II GG

a) Sachlicher Schutzbereich

b) Persönlicher Schutzbereich

⇨ Art. 4 GG beinhaltet „kollektive Freiheit“ der Religionsausübung

2. Eingriff

⇨ kein finaler Eingriff, aber staatliche Maßnahme (Förderung) erfüllt den modernen Eingriffsbegriff

3. Verfassungsrechtliche Rechtfertigung

a) Schranken vorbehaltlos gewährleisteter Grundrechte

⇨ „verfassungsimmanente Schranken“: Eingriffe zu Gunsten kollidierenden Verfassungsrechts möglich

b) Gesetzliche Grundlage

⇨ fehlt für diesen Eingriff

4. Ergebnis

Verstoß gegen Art. 4 GG

III. Lösung

Verletzung von Grundrechten der Gruppierung „Glaubensgemeinschaft der wissenschaftlichen Kirche“ (G):

Sie könnte in dem Grundrecht auf Religions- und Weltanschauungsfreiheit gem. Art. 4 I, II GG verletzt sein.

1. Schutzbereich

Dazu müsste G von Art. 4 I, II GG geschützt sein.

Art. 4 I GG schützt die Freiheit des religiösen und weltanschaulichen Bekenntnisses, während Art. 4 II GG sich auf die Religionsausübung bezieht. Beide Absätze werden jedoch zusammengefasst und als einheitliches Grundrecht der Religions- und Weltanschauungsfreiheit angesehen[16].

hemmer-Methode: Dazu gehört auch noch die in Art. 4 I GG genannte Gewissensfreiheit, die hier jedoch nicht von Bedeutung ist.

Der Glaube, der einer Religion oder Weltanschauung zugrunde liegt, wird definiert als die Überzeugung von der Stellung des Menschen in der Welt und seiner Beziehung zu höheren Mächten und tieferen Seinsschichten[17].

a) Sachlicher Schutzbereich

Das einheitliche Grundrecht weist zwei inhaltliche Teilbereiche auf. Geschützt ist zum einen der Glaube an sich, d.h. das „Haben" einer bestimmten Glaubensüberzeugung. Demnach schützt Art. 4 GG davor, dass staatliche Stellen sich z.B. negativ über bestimmte Glaubensinhalte äußern. Der reine Glaube wird auch als **„forum internum"** bezeichnet.

Darüber hinaus ist von Art. 4 I GG auch das sog. **„forum externum"** geschützt. Dazu gehören die glaubensbedingten Verhaltensweisen, die außerhalb des oben beschriebenen Bereichs liegen. Dies ist insbesondere das Praktizieren dieses Glaubens durch „kultische Handlungen" auch in der Öffentlichkeit, aber auch z.B. das Tragen eines Kopftuchs als Ausdruck eines Glaubens, oder das Werben für eine Glaubensgemeinschaft.

[16] Hemmer/Wüst, Staatsrecht I, Rn. 191.

[17] Hemmer/Wüst, Staatsrecht I, Rn. 192.

hemmer-Methode: Fraglich ist jedoch, wie weit der Schutzbereich des Art. 4 I GG in diesem Zusammenhang zu ziehen ist. Es stellt sich das Problem, dass aufgrund der Weite des Glaubensbegriffs eine Vielzahl von Verhaltensweisen als dem „forum externum" zugehörig betrachtet werden können. Man denke nur an eine gewerbliche Tätigkeit durch eine Glaubensgemeinschaft. Das „forum externum" wird daher z.T. eingeschränkt auf die für die Glaubensausübung wesensnotwendigen Tätigkeiten[18].

Hier ist davon auszugehen, dass G eine Glaubensgemeinschaft ist. Die angebotenen Seminare dienen der Verbreitung des Glaubens unter neuen Anhängern und deren Unterrichtung. Sie stellen auch eine Betätigung des Glaubens der G dar und sind daher von Art. 4 GG geschützt.

b) Persönlicher Schutzbereich

Fraglich ist, ob die Gruppierung als solche selbst auch Trägerin des Grundrechts aus Art. 4 I GG sein kann.

Zwar stehen Grundrechte zunächst nur jedem Einzelnen, d.h. den natürlichen Personen, zu.

Für alle anderen Rechtssubjekte, Personenvereinigungen und juristischen Personen, richtet sich die Grundrechtsberechtigung nach Art. 19 III GG. Danach gelten die Grundrechte nur insoweit, als sie dem Wesen nach auf juristische Personen und andere Personenvereinigungen anwendbar sind[19].

[18] Hemmer/Wüst, Staatsrecht I, Rn. 194.

[19] Art. 19 III GG gilt nicht nur für die juristischen Personen, sondern auch für alle anderen Personenvereinigungen, vgl. Hemmer/Wüst, Basics Öffentliches Recht, Band 1, Rn. 40.

hemmer-Methode: Wenn Sie den Erfolg einer Verfassungsbeschwerde zu prüfen haben, müssen Sie diese Frage schon i.R.d. Beschwerdeberechtigung ansprechen[20].

Bestimmte Grundrechte gelten jedoch schon von ihrem Schutzbereich her nicht nur für den Einzelnen, sondern auch gerade für eine Mehrheit von Personen (Personenvereinigungen). Dann schützt das Grundrecht die sog. **kollektive Freiheit**[21].

Dies ist bei Art. 4 I GG so, da Glaube traditionell gemeinschaftlich ausgeübt wird, und hierfür auch Zusammenschlüsse und Vereinigungen von den Gläubigen gebildet werden.

Deshalb sind Religions- und Weltanschauungsvereinigungen in ihrer kollektiven Glaubensfreiheit von Art. 4 I, II GG selbst geschützt.

hemmer-Methode: Das Gleiche gilt für die Vereinigungsfreiheit nach Art. 9 I GG[22].

Daher ist die Gruppierung G selbst Trägerin des Grundrechts aus Art. 4 GG.

2. Eingriff

Eingriff ist jede staatliche Maßnahme, durch die dem Einzelnen ein grundrechtlich geschütztes Verhalten unmöglich gemacht oder wesentlich erschwert wird[23].

Der sog. klassische Eingriffsbegriff, der nur staatliche Maßnahmen als Grundrechtseingriffe ansah, wenn sie zielgerichtet (final) waren, wird durch diesen modernen Eingriffsbegriff erweitert[24].

Für einen Eingriff kommt es daher maßgeblich auf dessen **Wirkung** an. Es ist unerheblich, ob diese Wirkung final oder unbeabsichtigt, unmittelbar oder mittelbar, rechtlich oder tatsächlich ist. Erforderlich ist jedoch, dass die Wirkung auf ein grundrechtlich geschütztes Verhalten nicht nur unerheblich ist.

Zudem muss die Wirkung von einer staatlichen Maßnahme herrühren, d.h. dem Staat zurechenbar sein.

Grundrechtlich geschütztes Verhalten ist hier die Ausübung der Glaubensfreiheit durch G. Dieses wird unmittelbar durch die Tätigkeit des Vereins beeinträchtigt. Der Verein ist jedoch privatrechtlich organisiert. Er übt keine Staatsgewalt aus und ist daher nicht Teil des „Staates“.

hemmer-Methode: Das Verhältnis zwischen der Glaubensgemeinschaft G und dem Verein ist rein zivilrechtlich. Die Grundrechte wirken in diesem Verhältnis nur mittelbar (sog. mittelbare Drittwirkung der Grundrechte, vgl. Fall 5). G könnte auch versuchen, durch eine zivilrechtliche Unterlassungsklage gegen den Verein vorzugehen. Darum geht es hier aber nicht.

G wendet sich auch nicht gegen die Tätigkeit des Vereins, sondern gegen die Förderung dieses Vereins durch die Bundesregierung. Fraglich ist, ob diese Förderung als Eingriff anzusehen ist. Zwar wird dadurch nicht unmittelbar in die Glaubensfreiheit eingegriffen.

[20] Hemmer/Wüst, Grundwissen Staatsrecht, Rn. 15 ff.

[21] Hemmer/Wüst, Staatsrecht I, Rn. 195.

[22] Hemmer/Wüst, Staatsrecht I, Rn. 245.

[23] Pieroth/Schlink, Rn. 240.

[24] Hemmer/Wüst, Grundwissen Staatsrecht, Rn. 104 ff.

Aufgrund der Zielsetzung und insbesondere der Tätigkeit des Vereins müssen jedoch die finanzielle Förderung und die Tätigkeit des Vereins zusammen betrachtet werden. Dabei ist insbesondere zu berücksichtigen, dass die finanzielle Förderung nicht ohne Absicht erfolgt, sondern mit dem Zweck geleistet wird, dem Verein diese Tätigkeit zu ermöglichen.

Die geleistete Unterstützung der Bundesregierung hat daher die (mittelbare) Wirkung, dass der Verein seine Tätigkeit betreibt, die sich belastend auf die Ausübung des Glaubens der G auswirkt. Die Förderung dieses Vereins ist daher in ihrer Wirkung mit eigener Öffentlichkeitsarbeit der Bundesregierung zu Lasten der G vergleichbar. Diese wäre jedenfalls dann als Eingriff zu betrachten, wenn es – wie im vorliegenden Fall – die Intention der Äußerung ist, den betroffenen Religionsgemeinschaften den Zustrom neuer Mitglieder abzuschneiden[25].

hemmer-Methode: Natürlich geht es letztlich auch darum, dass der Staat sich nicht dadurch von den öffentlich-rechtlichen und insbesondere grundgesetzlichen Bindungen befreien kann, indem er nicht selbst tätig wird, sondern einen privaten Verein handeln lässt und diesen unterstützt.

Die Förderung dieses Vereins durch die Bundesregierung stellt daher einen Eingriff in Art. 4 GG dar.

3. Verfassungsrechtliche Rechtfertigung des Eingriffs

Der Eingriff in die Religions- und Weltanschauungsfreiheit könnte verfassungsrechtlich gerechtfertigt sein. Art. 4 I, II GG sieht allerdings nicht vor, dass überhaupt Eingriffe in dieses Grundrecht erfolgen können. Es besteht kein Gesetzesvorbehalt für dieses Grundrecht. Art. 4 GG ist ein **vorbehaltlos gewährleistetes Grundrecht**.

a) Schranken vorbehaltlos gewährleisteter Grundrechte

Auch vorbehaltlose Grundrechte werden nicht schrankenlos gewährleistet[26]. Uneinigkeit besteht jedoch, welche Schranken für diese Grundrechte gelten.

Nach ganz h.M. bestehen für diese Grundrechte **verfassungsimmanente Schranken**. Eingriffe in ein vorbehaltlos gewährleistetes Grundrecht sind demnach zulässig, wenn sie sich aus kollidierendem Verfassungsrecht ergeben. Die vorbehaltlos gewährleisteten Grundrechte haben keinen Vorrang gegenüber den anderen Verfassungsnormen.[27]

Verfassungsimmanente Schranken sind dabei alle Rechtsgüter mit Verfassungsrang, zu denen auch die **Grundrechte Dritter** zählen.

Nach einer Mindermeinung bestehen für die vorbehaltlos gewährleisteten Grundrechte andere Schranken. Vertreten wird eine Übertragung der Schranken des Art. 2 I GG, z.T. auch die Anwendung der Schranke der „allgemeinen Gesetze“ gem. Art. 5 II GG. Dies ist jedoch abzulehnen, da das Grundgesetz selbst eine sehr differenzierte Schrankensystematik für die Grundrechte enthält, die durch eine Schrankenübertragung eingeebnet würde.

[25] BVerfG, NJW 2002, 2621 ff., hierzu kritisch Murswiek, NVwZ 2003, 1.

[26] Vgl. dazu auch Fall 2.

[27] Hemmer/Wüst, Grundwissen Staatsrecht, Rn. 113a.

Aus dem gleichen Grund ist die Auffassung, dass alle Grundrechte unter einem sog. „Gemeinwohlvorbehalt" stünden, abzulehnen.

Rechtsgut mit Verfassungsrang, das durch den Eingriff geschützt wird, könnte hier die körperliche Unversehrtheit potenzieller Anhänger der Glaubensgemeinschaft sein. Diese ist von Art. 2 II S. 1 GG geschützt und umfasst auch die seelisch-psychische Unversehrtheit[28]. Voraussetzung wäre, dass dieses Rechtsgut durch die Glaubenslehre der G zumindest gefährdet ist.

b) Gesetzliche Grundlage

Dies könnte jedoch offen bleiben, wenn der Eingriff noch aus anderen Gründen verfassungswidrig ist. Eingriffe in Grundrechte dürfen nur aufgrund Gesetzes erfolgen. Dies ergibt sich für alle Grundrechte mit Gesetzesvorbehalt unmittelbar aus dem Grundgesetz selbst, das z.B. bei Art. 8 II GG nicht nur die Möglichkeit von Eingriffen vorsieht, sondern Eingriffe nur zulässt, wenn sie durch Gesetz oder aufgrund eines Gesetzes erfolgen.

Im Wege eines Erst-Recht-Schlusses gilt dies selbstverständlich auch für dic Grundrechte, die nicht unter Gesetzesvorbehalt stehen[29]. Denn für diese sind an Eingriffe mindestens die gleichen Anforderungen zu stellen wie für die Grundrechte mit Gesetzesvorbehalt, und keine geringeren.

Eine gesetzliche Grundlage für den hier vorliegenden Eingriff gibt es jedoch nicht. Dieser kann auch nicht in der Befugnis der Bundesregierung zur Öffentlichkeitsarbeit, die aus Art. 62 ff. GG entnommen wird, hergeleitet werden.

[28] Pieroth/Schlink, Rn. 393.

[29] Hemmer/Wüst, Grundwissen Staatsrecht, Rn. 113a.

Denn das staatliche Handeln ist hier keine Öffentlichkeitsarbeit, sondern die finanzielle Förderung des Vereins.

Auch die Ausweisung der Mittel im Haushalt würde als gesetzliche Grundlage hier nicht ausreichen. Zwar genügt es nach h.M. im Bereich der Leistungsverwaltung grundsätzlich dem Vorbehalt des Gesetzes, wenn die Mittel durch Parlamentsbeschluss im Haushalt ausgewiesen sind. Etwas anderes muss aber für wesentliche, insbesondere grundrechtssensible Fragen gelten. Ein solcher Fall ist aufgrund des Eingriffs in Art. 4 GG gegeben (vgl. auch Fall 21).

hemmer-Methode: Warnungen und Informationen der Bundesregierung selbst können demnach gerechtfertigt sein, denn die Rspr. entnimmt eine gesetzliche Grundlage hierfür eben aus Art. 62 ff. GG[30].

Der Eingriff ist nicht verfassungsrechtlich gerechtfertigt.

4. Ergebnis

Das Grundrecht der G aus Art. 4 GG ist verletzt.

IV. Zusammenfassung

- Der Schutzbereich des Art. 4 GG erfasst sachlich sowohl das „Haben" des Glaubens (**„forum internum"**) als auch die glaubensbedingten Verhaltensweisen wie kultische Handlungen und das Werben für den eigenen Glauben (**„forum externum"**).

[30] Vgl. BVerfG, NJW 2002, 2626; BVerwGE 82, 76 ff.; strenger allerdings BVerfG, NJW 2005, 2912 = **Life&Law 2005, Heft 12** (Nennung einer Gruppierung im Verfassungsschutzbericht nur auf eindeutiger gesetzlicher Grundlage).

- Das Grundrecht aus Art. 4 GG steht nicht nur dem Einzelnen, sondern auch einer Glaubensgemeinschaft als solcher zu (**kollektive** Religions- und Weltanschauungsfreiheit). Art. 19 III GG ist insoweit nicht anzuwenden.
- Eingriffe in Grundrechte ohne Gesetzesvorbehalt können – wie bei jedem anderen Grundrecht auch - **nur durch oder aufgrund eines verfassungsgemäßen Gesetzes** erfolgen.

Eine Ausnahme hiervon macht das BVerfG allein für Warnungen durch die Bundesregierung (BVerfG, NJW 2002, 2621 ff.; hierzu kritisch Murswiek, NVwZ 2003, 1; s. auch Hemmer/Wüst, Staatsrecht I, Rn. 112, 117).

Sound: Eingriff ist jede staatliche Maßnahme, durch die dem Einzelnen ein grundrechtlich geschütztes Verhalten unmöglich gemacht oder wesentlich erschwert wird. Entscheidend ist die Wirkung, die dem Staat zurechenbar ist.

hemmer-Methode: Eingriffe können direkt oder indirekt, durch einen Rechtsakt (Gesetz, Verwaltungsakt, u.a.) oder durch tatsächliches Verhalten (finanzielle Förderung, Äußerungen von Amtsträgern [vgl. dazu Fall 13]) erfolgen. Wenn Sie nicht nur die Verfassungsmäßigkeit einer Maßnahme, sondern den Erfolg einer Verfassungsbeschwerde prüfen, dann sollten Sie den weiten, modernen Eingriffsbegriff in der „Beschwerdebefugnis" erwähnen und feststellen, dass eine Grundrechtsverletzung auch durch mittelbare, faktische o.a. Eingriffe möglich sind. - Beachten Sie aber, dass durch den modernen Eingriffsbegriff keine uferlose Ausweitung auf beliebige Personen und deren Grundrechte erfolgen darf. Wird z.B. einer Person eine finanzielle Belastung auferlegt (z.B. durch Steuerbescheid), so greift diese nur in die Grundrechte dieser Person ein (in Art. 2 I GG [vgl. dazu Fall 1]). Nicht betroffen sind z.B. die Familienangehörigen, auch wenn sie natürlich die Auswirkungen dieser Belastung ggf. spüren.

V. Zur Vertiefung

Zum Schutzbereich des Art. 4 GG

- Hemmer/Wüst, Grundwissen Staatsrecht, Rn. 189 ff.
- BVerfG, Life&Law 2008, 184

Zum Eingriffsbegriff

- Hemmer/Wüst, Grundwissen Staatsrecht, Rn. 100 ff.
- BVerfG NJW 2011, 511, **Life&Law 2011, Heft 5.**

Zu den Grundrechten ohne Gesetzesvorbehalt

- Hemmer/Wüst, Grundwissen Staatsrecht, Rn. 142 ff.
- VGH Mannheim, Life&Law 2009, 116

Fall 4: Versammlungsfreiheit (Art. 8 GG) / Verfassungskonforme Auslegung und Anwendung

Sachverhalt:

Eine von V in der Stadt S geplante und angemeldete Demonstration gegen die Arbeitslosigkeit war verboten worden. Dies wurde damit begründet, dass nach polizeilichen Erkenntnissen mit Ausschreitungen einzelner Teilnehmer gerechnet werden müsse. Die damit verbundenen Gefahren könnten nicht hingenommen werden, auch wenn die große Mehrzahl der Versammlungsteilnehmer nicht als gewaltbereit anzusehen sei. Rechtsbehelfe gegen das Versammlungsverbot waren erfolglos geblieben. V, der Veranstalter der Versammlung, legt daraufhin Verfassungsbeschwerde ein. Er macht geltend, er sei in seinem Grundrecht aus Art. 8 GG verletzt. Das Versammlungsgesetz, auf dessen Grundlage das Verbot ergangen war, sei verfassungswidrig, weil es in § 15 des Versammlungsgesetzes (VersammlG) ein Verbot der Versammlung ermögliche. Es sei völlig ausreichend, während der Versammlung gegen gewaltbereite Teilnehmer vorzugehen.

***Frage:** Ist die Verfassungsbeschwerde wegen Verletzung des Art. 8 GG erfolgreich? Auf die Annahme der Verfassungsbeschwerde ist nicht einzugehen.*

§ 15 I VersammlG, der formell verfassungsgemäß zustande gekommen ist, hat folgenden Inhalt: „Die ... Behörde kann die Versammlung ... verbieten oder von bestimmten Auflagen abhängig machen, wenn ... die öffentliche Sicherheit oder Ordnung ... unmittelbar gefährdet ist.“

I. Einordnung

Können Maßnahmen aufgrund eines Gesetzes Grundrechte verletzen, so kommt eine verfassungskonforme Auslegung oder Anwendung des Gesetzes in Betracht.

II. Gliederung

1. Zulässigkeit

a) Zuständigkeit des BVerfG

b) Beschwerdeberechtigung

c) Beschwerdegegenstand

d) Beschwerdebefugnis

e) Rechtswegerschöpfung

f) Sonstiges

2. Begründetheit

a) Schutzbereich Art. 8 I GG

⇨ die Versammlung bleibt „friedlich“, auch wenn einzelne Teilnehmer gewaltbereit sind

b) Eingriff

c) Verfassungsrechtliche Rechtfertigung

aa) Verfassungsmäßigkeit des VersammlG

⇨ kann verfassungskonform angewendet werden

bb) Verfassungsmäßigkeit der Einzelmaßnahme

⇨ Verbot wegen gewaltbereiter Minderheit ist unverhältnismäßig, da nicht angemessen

⇨ Verstoß gegen Art. 8 I GG

3. Ergebnis

Verfassungsbeschwerde ist erfolgreich.

III. Lösung

Die Verfassungsbeschwerde ist erfolgreich, wenn sie zulässig und begründet ist.

1. Zulässigkeit

hemmer-Methode: Nach § 93a BVerfGG stellt sich noch vor der Frage nach der Zulässigkeit zunächst einmal die Frage, ob das BVerfG die Verfassungsbeschwerde überhaupt annehmen wird. In der Wirklichkeit scheitern die allermeisten Verfassungsbeschwerden bereits an diesem Punkt. Da die Annahme aber gerade auch von den Erfolgsaussichten abhängt, § 93a IIb BVerfGG, ist sie für die Klausur denkbar ungeeignet, weil auf diesem Weg innerhalb der Annahmevoraussetzungen die restliche Verfassungsbeschwerde inzident zu prüfen wäre. Im vorliegenden Fall ist die Annahme durch den Bearbeitervermerk ausgenommen.

a) Zuständigkeit des BVerfG

Das BVerfG ist für die Entscheidung über Verfassungsbeschwerden gem. Art. 93 I Nr. 4a GG, § 13 Nr. 8a BVerfGG zuständig.

b) Beschwerdeberechtigung

Beschwerdeberechtigt ist „jedermann" (Art. 93 I Nr. 4a GG). Dazu ist die Grundrechtsberechtigung[31] erforderlich. Grundrechtsberechtigt aus Art. 8 I GG sind alle natürlichen Personen mit deutscher Staatsangehörigkeit. Dies ist bei V anzunehmen.

c) Beschwerdegegenstand

Beschwerdegegenstand kann nach Art. 93 I Nr. 4a GG jeder Akt der öffentlichen Gewalt sein. Damit sind Maßnahmen aller drei Staatsfunktionen (Staatsgewalten) gemeint, also der Gesetzgebung, der Verwaltung und der Rechtsprechung[32]. V greift hier das behördliche Verbot und die abweisenden gerichtlichen Entscheidungen an. Diese sind taugliche Beschwerdegegenstände.

d) Beschwerdebefugnis

Gem. Art. 93a I Nr. 4a GG, § 90 I BVerfGG muss eine Verletzung von dort genannten Rechten behauptet werden. V beruft sich auf eine Verletzung seines Grundrechts aus Art. 8 I GG (Versammlungsfreiheit).

Eine Verletzung dieses Rechts durch das Versammlungsverbot und die bestätigenden gerichtlichen Entscheidungen ist nicht von vornherein ausgeschlossen. V ist auch selbst, gegenwärtig und unmittelbar betroffen[33].

e) Rechtswegerschöpfung und Subsidiarität

Gem. § 90 II S. 1 BVerfGG muss vor Erhebung der Verfassungsbeschwerde der Rechtsweg erschöpft sein. Dies ist hier erfolgt. Da andere Möglichkeiten, die Grundrechtsverletzung aus der Welt zu schaffen, nicht ersichtlich sind, ist auch dem Grundsatz der Subsidiarität genüge getan.

---

[31] Auch als Grundrechtsträgerschaft bezeichnet.

[32] Hemmer/Wüst, Grundwissen Staatsrecht, Rn. 29 f.

[33] Vgl. dazu Hemmer/Wüst, Grundwissen Staatsrecht, Rn. 37 ff.

hemmer-Methode: Subsidiarität bedeutet, dass die Verfassungsbeschwerde nur ultima ratio sein soll – schon zur Entlastung des BVerfG. Nur wenn keine andere Möglichkeit besteht, die behauptete Grundrechtsverletzung aus der Welt zu schaffen, soll der Gang nach Karlsruhe in Betracht kommen. Diese Einschränkung ist vor allem bei Verfassungsbeschwerden gegen Maßnahmen im Eilrechtsschutz und gegen Gesetze wichtig, da hier der Rechtsweg sehr schnell erschöpft sein kann bzw. bei formellen Gesetzen überhaupt keiner zur Verfügung steht.

f) Sonstiges

Von dem Vorliegen der sonstigen Voraussetzungen (Form, § 23 I S. 1 BVerfGG, Frist gem. § 93 I S. 1 BVerfGG) ist auszugehen.

2. Begründetheit

Die Verfassungsbeschwerde ist begründet, wenn der Beschwerdeführer in seinem Grundrecht auf Versammlungsfreiheit gem. Art. 8 I GG verletzt ist.

a) Schutzbereich

Es müsste der Schutzbereich der Versammlungsfreiheit eröffnet sein. Versammlung ist die Zusammenkunft von mehreren Personen zur Verfolgung des gemeinsamen Zwecks einer Meinungsäußerung[34].

Da der gemeinsame Zweck der Meinungsäußerung hier in dem Protest gegen die Arbeitslosigkeit zu sehen ist, liegen die Voraussetzungen bei der von V geplanten Demonstration vor. V ist als Deutscher auch persönlich grundrechtsberechtigt aus Art. 8 I GG[35].

hemmer-Methode: Will ein (Nicht-EG-)Aus-länder eine Versammlung durchführen, so ist dies nicht vom Schutzbereich des Art. 8 GG, wohl aber von dem Grundrecht auf freie Entfaltung der Persönlichkeit gem. Art. 2 I GG geschützt. Hier wird die Auffangfunktion dieses Grundrechts deutlich[36]!

Von Art. 8 I GG sind jedoch nur solche Versammlungen grundrechtlich geschützt, die **friedlich** und **ohne Waffen** durchgeführt werden. Dies könnte hier deshalb zweifelhaft sein, weil nach polizeilichen Erkenntnissen mit Ausschreitungen und damit von gewaltbereiten Teilnehmern der Versammlung auszugehen ist.

Die gewaltbereiten Teilnehmer sind sicherlich nicht friedlich. Sie selbst sind daher nicht von dem Grundrecht aus Art. 8 I GG geschützt. Fraglich ist jedoch, ob dies dazu führt, dass damit die gesamte Versammlung nicht „friedlich“ i.S.v. Art. 8 I GG ist.

Dies würde jedoch dazu führen, dass einzelne unfriedliche oder auch bewaffnete Teilnehmer den übrigen Versammlungsteilnehmern und den Veranstaltern den Schutz des Grundrechts aus Art. 8 I GG nehmen. Nimmt eine unfriedliche Minderheit teil, so führt dies nur dann zur Unfriedlichkeit der gesamten Versammlung, wenn dies von den Veranstaltern beabsichtigt oder zumindest gebilligt wird. Andernfalls bleibt die Versammlung von Art. 8 GG geschützt[37].

---

[34] Hemmer/Wüst, Grundwissen Staatsrecht, Rn. 208 f.

[35] S.o.

[36] Hemmer/Wüst, Grundwissen Staatsrecht, Rn. 96.

[37] Vgl. BVerfGE 69, 315, 359 ff. (Brokdorf).

Nicht ersichtlich ist, dass Veranstalter V mögliche Ausschreitungen auch nur billigt. Damit ist die Versammlung friedlich i.S.d. Art. 8 I GG.

b) Eingriff

V wird durch das Verbot ein grundrechtlich geschütztes Verhalten, nämlich die Durchführung der Versammlung, unmöglich gemacht. Ein Eingriff liegt vor.

c) Verfassungsrechtliche Rechtfertigung des Eingriffs

Gem. Art. 8 II GG können Eingriffe in das Grundrecht für Versammlungen unter freiem Himmel durch Gesetz oder aufgrund Gesetzes erfolgen. Das Verbot ist hier aufgrund des § 15 I VersammlG ergangen. Der Eingriff kann nur gerechtfertigt sein, wenn § 15 I VersammlG seinerseits verfassungsgemäß ist.

aa) Verfassungsmäßigkeit des VersammlG

Von der formellen Verfassungsmäßigkeit des VersammlG ist laut Sachverhalt auszugehen.

hemmer-Methode: Die Gesetzgebungskompetenz für das Versammlungsrecht wurde i.R.d. Föderalismusreform durch die Änderung des Art. 74 I Nr. 3 GG zur Ländersache.
Das (Bundes-)VersammlG bleibt aber solange in Kraft, bis die einzelnen Länder von ihrer neuen Gesetzgebungskompetenz Gebrauch gemacht haben, Art. 125a I GG.

Als weitere formelle Anforderung an das VersammlG ist das Zitiergebot gem. Art. 19 I S. 2 GG zu beachten. Danach muss das Gesetz, das ein Grundrecht einschränkt, das Grundrecht unter Angabe des Artikels nennen. Diese Voraussetzung ist durch § 20 VersammlG erfüllt.

Das Gesetz müsste materiell verfassungsgemäß sein. Dazu zählen das Verbot des Einzelfallgesetzes (Art. 19 I S. 1 GG), die Wesensgehaltsgarantie (Art. 19 II GG) und insbesondere die Verhältnismäßigkeit des Eingriffs.

Zudem muss das Gesetz dem gesamten objektiven Verfassungsrecht entsprechen[38].

Das Gesetz müsste **verhältnismäßig** sein. Die in § 15 I VersammlG vorgesehene Möglichkeit, eine Versammlung zu verbieten, dient dem Schutz der öffentlichen Sicherheit und Ordnung. Dies ist ein legitimes Ziel. Das Gesetz ist zur Verwirklichung dieses Ziels auch geeignet.

Erforderlich ist der Eingriff, wenn es kein weniger belastendes Mittel gibt, das den angestrebten Zweck ebenso erreicht. Alternatives Mittel wäre ein Vorgehen gegen gewaltbereite Versammlungsteilnehmer während der Versammlung anstelle eines Versammlungsverbots.

Fraglich ist jedoch, ob dies ebenso effektiv wäre. Die Gewaltbereitschaft einzelner Teilnehmer wird sich häufig erst während der Versammlung zeigen.

Dann wird jedoch in vielen Fällen ein polizeiliches Eingreifen, etwa die Festnahme dieser Person, zu spät kommen, um Straftaten wie Körperverletzungen, Sachbeschädigungen u.Ä. zu verhindern. Die gleiche Effektivität dieses Mittels ist daher zu verneinen.

---
[38] Vgl. auch schon Fall 1.

Die Möglichkeit eines gesetzlichen Verbots ist erforderlich.

(1) Angemessen ist § 15 I VersammlG, wenn eine Abwägung ergibt, dass die betroffenen Rechte sowie die durch das Gesetz geschützten Interessen nicht außer Verhältnis stehen.

Geschütztes Interesse ist hier die vorbeugende Verhinderung von Straftaten bei Versammlungen als Bestandteil des Tatbestandsmerkmals „öffentliche Sicherheit". Dabei geht es darum, nicht erst während einer laufenden Versammlung gegen einzelne gewaltbereite Personen einschreiten zu müssen. Gegenüber diesem Interesse könnte jedoch das Grundrecht der Veranstalter einer Versammlung erheblich überwiegen.

Dabei ist zu berücksichtigen, dass durch ein Versammlungsverbot die Ausübung des Grundrechts aus Art. 8 I GG in vollem Umfang vereitelt wird.

Geht die Gefahr nicht von dem Veranstalter, sondern von einzelnen Versammlungsteilnehmern aus, führt dies dazu, dass von dem Grundrecht des Veranstalters nichts übrig bleibt, obwohl er für die bestehende Gefahr keine Verantwortung trägt und nichts dagegen unternehmen kann.

Es läge damit in der Hand einzelner Versammlungsteilnehmer, ohne Zutun des Veranstalters ein Verbot der Versammlung zu ermöglichen. Diese völlige Verhinderung, die grundrechtliche Freiheit auszuüben, ist dann nicht mit Art. 8 I GG vereinbar, wenn der Veranstalter tatsächlich nicht für die Gefahr verantwortlich ist und nur einzelne Teilnehmer gewaltbereit sind.

Zu beachten ist hierbei, dass Straftaten u.a. auch noch durch ein Eingreifen während der Versammlung verhindert werden können.

Das vorherige, völlige Verbot der Versammlung hat primär den Zweck, die Möglichkeit von Straftaten von vornherein auszuschließen.

Die bestehende Wahrscheinlichkeit, dass von Einzelnen Straftaten verwirklicht werden können, bevor die Polizei auf der Versammlung einschreiten kann, kann ein Versammlungsverbot nicht begründen.

Aufgrund der **hohen Bedeutung des Grundrechts auf Versammlungsfreiheit** nicht nur für den Einzelnen, sondern für das **demokratische Gemeinwesen** insgesamt, überwiegt dieses gegenüber den Interessen die durch ein vorheriges Verbot der Versammlung in diesem Fall geschützt werden[39]. Ein Verbot in dieser Situation ist nicht angemessen.

(2) Aus diesem Grund könnte § 15 I VersammlG verfassungswidrig sein. Ein Gesetz ist jedoch dann nicht verfassungswidrig, wenn die Möglichkeit einer **verfassungskonformen Auslegung und Anwendung** besteht. § 15 I VersammlG sieht für den Fall, dass eine Gefahr für die Öffentliche Sicherheit oder Ordnung vorliegt, nicht zwingend das Verbot einer Versammlung vor. Dieses steht vielmehr im Ermessen der zuständigen Behörde.

Die Behörde kann, statt ein Verbot zu erlassen, Auflagen vorschreiben oder auch überhaupt keine Maßnahmen ergreifen.

§ 15 I VersammlG kann daher in diesem Fall verfassungskonform angewendet werden, dass bei fehlender Verantwortlichkeit des Veranstalters für die Teilnahme gewaltbereiter Personen kein Verbot ergehen darf. Daher ist § 15 I VersammlG nicht verfassungswidrig.

[39] Vgl. BVerfGE 69, 315 ff.

hemmer-Methode: Ermessensvorschriften können daher stets mit der Möglichkeit verfassungskonformer Anwendung „gerettet" werden. Dann kommt es auf die verfassungsmäßige Anwendung der Vorschrift, d.h. auf die Verfassungsmäßigkeit der Einzelmaßnahme, an. Anders ist dies bei Vorschriften, die kein Ermessen vorsehen, sondern sog. gebundene Verwaltung darstellen: Dann ist das zugrunde liegende Gesetz entweder verfassungsmäßig oder verfassungswidrig. Insbesondere die Prüfung der Verhältnismäßigkeit kann hier nur bzgl. des Gesetzes vorgenommen werden. Allerdings kann auch dieses Gesetz durch verfassungskonforme Auslegung u.U. „gerettet" werden, v.a. wenn der Gesetzgeber sog. unbestimmte Rechtsbegriffe verwendet hat.

(3) Zwischenergebnis: § 15 I VersammlG ist in verfassungskonformer Anwendung verfassungsgemäß.

bb)Verfassungsmäßigkeit der Einzelmaßnahme

Die Einzelmaßnahme darf auf ihre Verfassungswidrigkeit, nicht aber auf ihre einfachgesetzliche Rechtswidrigkeit überprüft werden. Das BVerfG ist keine Superrevisionsinstanz. Die Einzelmaßnahme ist nur verfassungswidrig, wenn sie spezifisches Verfassungsrecht verletzt.

Dies ist der Fall, wenn bei der Anwendung des einfachen Rechts die Bedeutung eines Grundrechts nicht erkannt wurde, oder überhaupt übersehen wurde, dass das Verhalten des Betroffenen grundrechtlich geschützt ist. Irrelevant ist hingegen die Verletzung des einfachen Rechts.

Die Einzelmaßnahme muss gerade verfassungs- bzw. grundrechtswidrig und nicht lediglich rechtswidrig sein.

Diese Verletzung spezifischen Verfassungsrechts ist insbesondere gegeben, wenn die Notwendigkeit einer verfassungskonformen Anwendung des Gesetzes, auf dessen Grundlage die Einzelmaßnahme erging, nicht beachtet wurde. Hier ist ein Verbot dieser Versammlung unverhältnismäßig. § 15 I VersammlG hätte dahingehend verfassungskonform angewendet werden müssen, dass ein Verbot im hier vorliegenden Fall nicht ergeht. Das Verbot verstößt daher gegen Art. 8 I GG (s.o.).

Das Verbot verletzt V in seinem Grundrecht aus Art. 8 I GG. Die Verfassungsbeschwerde ist begründet.

3. Ergebnis

Die Verfassungsbeschwerde ist erfolgreich.

IV. Zusammenfassung

- **Versammlung ist** die Zusammenkunft von mehreren Personen zur Verfolgung des gemeinsamen Zwecks einer Meinungsäußerung.
- Eine Versammlung ist auch dann noch friedlich i.S.v. Art. 8 I GG, wenn einzelne Teilnehmer gewaltbereit sind.
- Ist eine (behördliche oder gerichtliche) **Einzelmaßnahme** zu prüfen, so muss bei der Prüfung der verfassungsrechtlichen Rechtfertigung zwischen der Verfassungsmäßigkeit des Gesetzes, auf dessen Grundlage die Einzelmaßnahme erging, und der Verfassungsmäßigkeit der Einzelmaßnahme unterschieden werden.

Sound: Aufgrund der Wirkung von Grundrechten oder sonstigem Verfassungsrecht kann ein einfaches Gesetz verfassungskonform auszulegen oder anzuwenden sein.

hemmer-Methode: Im Aufbau müssen Sie unterscheiden, ob Beschwerdegegenstand nur ein Gesetz ist, oder, wie hier, eine Einzelmaßnahme (behördliche/gerichtliche Entscheidung). Im ersteren Fall prüfen Sie i.R.d. verfassungsrechtlichen Rechtfertigung des Eingriffs durch das Gesetz die Verfassungsmäßigkeit des Gesetzes (vgl. Fälle 1 und 2).
Wird jedoch gegen eine Einzelmaßnahme vorgegangen, so müssen Sie zwischen deren Verfassungsmäßigkeit und der Verfassungsmäßigkeit des Gesetzes, auf dem die Einzelmaßnahme beruht, unterscheiden. Beides ist zu prüfen, denn die Einzelmaßnahme ist nur dann verfassungsgemäß, wenn sie auf einem verfassungsmäßigen Gesetz beruht (vgl. auch Pieroth/Schlink, Rn. 346 f.). Aber: Die Verfassungsmäßigkeit eines bestehenden, formellen Gesetzes ist nur dann in Zweifel zu ziehen, wenn dies im Sachverhalt angesprochen wird (wie hier)! - Im Fall 3 war nicht die Verfassungsmäßigkeit eines Gesetzes zu prüfen, denn dort gab es gerade kein Gesetz, auf dem die Einzelmaßnahme beruhte!

V. Zur Vertiefung

Zur Versammlungsfreiheit

- Hemmer/Wüst, Grundwissen Staatsrecht, Rn. 206 ff.
- Vgl. VGH Mannheim, Life&Law 2001, 57 ff.; BverfG, Life&Law 2001, 649 ff.; BVerfG, Life&Law 2002, 402 ff.; BVerfG, Life&Law 2008, 123; BVerfG NJW 2011, 1201 = Life&Law 2011, 260; BVerfG DÖV 2011, 282 = . Life&Law 2011, 575.

* die Zusammenkunft mehrerer Personen die durch innere Verbundenheit einen gemeinsamen Zweck verfolgen.

Fall 5: Pressefreiheit (Art. 5 I S. 2 GG) / Mittelbare Drittwirkung der Grundrechte

Sachverhalt:

In einer Zeitschrift, die von dem Presseunternehmen P herausgegeben wird, wurde eine Werbeanzeige der Firma B abgedruckt. Diese Anzeige zeigte ein Bild mit abgemagerten, schwer arbeitenden Kindern in der Dritten Welt, und trug den Schriftzug der Firma B. Die Zentrale zur Bekämpfung unlauteren Wettbewerbs e.V. (Z-e.V.) klagte vor den Zivilgerichten gem. §§ 3, 8 UWG auf Unterlassung dieser Werbung. Der Klage wurde stattgegeben, Rechtsmittel des Presseunternehmens P blieben in allen Instanzen ohne Erfolg.

Frage: *Ist P durch die Urteile in Grundrechten verletzt?*

§ 3 I UWG lautet: „Unlautere geschäftliche Handlungen sind unzulässig, wenn sie geeignet sind, die Interessen von Mitbewerbern, Verbrauchern oder sonstigen Marktteilnehmern spürbar zu beeinträchtigen.“

I. Einordnung

Die Grundrechte gelten im Verhältnis des Einzelnen gegenüber dem Staat. Gelten sie auch im Zivilrecht, d.h. zwischen Privaten?

II. Gliederung

1. Schutzbereich

2. Eingriff

⇨ Durch zivilgerichtliches Urteil? Auch im Zivilrecht haben die Grundrechte Geltung

⇨ sog. mittelbare Drittwirkung

3. Verfassungsrechtliche Rechtfertigung

⇨ Die Einzelmaßnahme ist nicht verfassungsgemäß, denn sie beachtet nicht die Bedeutung des Art. 5 I S. 2 GG. Im konkreten Fall sind keine überwiegenden Rechtsgüter ersichtlich.

4. Ergebnis:
Art. 5 I S. 2 GG ist verletzt.

III. Lösung

Verletzung von Grundrechten des Presseunternehmens P

Es könnte das Grundrecht auf Pressefreiheit gem. Art. 5 I S. 2 GG verletzt sein.

1. Schutzbereich

a) Der Abdruck der Anzeige in der Zeitschrift des Presseunternehmens P müsste von dem Schutzbereich der Pressefreiheit umfasst sein. **Presse** sind alle zur Verbreitung geeigneten und bestimmten Druckerzeugnisse[40]. Dies ist bei der von P verlegten Zeitschrift der Fall.

b) Die Pressefreiheit umfasst dabei alle für die Herstellung und Verbreitung des Presseerzeugnisses erforderlichen Tätigkeiten.

[40] Hemmer/Wüst, Basics Öffentliches Recht, Band 1, Rn. 161.

Geschützt werden das Presseerzeugnis selbst und seine Gestaltung. Dazu gehören der Abdruck von Werbung und die Entscheidung darüber, welche Art von Werbung in das Presseerzeugnis aufgenommen wird. Die Werbung in dieser Zeitschrift ist daher von der Pressefreiheit des P geschützt.

c) Träger des Grundrechts sind auch die im Pressewesen tätigen privaten Unternehmen. Die Pressefreiheit ist auf diese juristischen Personen ihrem Wesen nach anwendbar (Art. 19 III GG).

Die Veröffentlichung der Anzeige ist daher vom Schutzbereich der Pressefreiheit des Unternehmens umfasst.

2. Eingriff

a) Eingriff ist jede staatliche Maßnahme, durch die dem Träger des Grundrechts ein grundrechtlich geschütztes Verhalten unmöglich gemacht oder wesentlich erschwert wird.

Das Zivilgericht verpflichtet P in seiner Entscheidung, die Veröffentlichung dieser Anzeige in Zukunft zu unterlassen. Dadurch wird P dieses grundrechtlich geschützte Verhalten (zukünftig) rechtlich unmöglich gemacht.

b) Fraglich ist jedoch, ob die Entscheidung des Zivilgerichts **überhaupt einen Eingriff in Grundrechte darstellen kann**. Das Zivilgericht entscheidet über den zivilrechtlichen Anspruch des Z-e.V. Die den P treffende Belastung und damit der mögliche Eingriff ist der zivilrechtliche Unterlassungsanspruch des Z-e.V. gegen P. Dieser hindert P daran, sein grundrechtlich geschütztes Verhalten auszuüben.

Es ist daher zu prüfen, ob das Grundrecht auf Pressefreiheit P auch gegenüber zivilrechtlichen Ansprüchen von anderen Privaten schützt.

Denn die Grundrechte wirken herkömmlich im Verhältnis zwischen dem Einzelnen und dem Staat. Zweifelhaft ist daher eine Geltung im Verhältnis zwischen Privaten untereinander (Frage der sog. **Drittwirkung der Grundrechte** im Zivilrecht).

c) Gegen eine solche Drittwirkung spricht zunächst Art. 1 III GG, wonach der Staat in Form aller drei Staatsfunktionen (Gesetzgebung, Verwaltung und Rechtsprechung) grundrechtsverpflichtet ist. Würde man eine Geltung der Grundrechte auch zwischen Privaten annehmen, so wären diese grundrechtsverpflichtet. Eine solche Grundrechtsverpflichtung Privater kann jedoch zumindest Art. 1 III GG nicht entnommen werden.

d) Anzuführen ist auch die traditionelle Entwicklung und Entstehungsgeschichte der Grundrechte. Deren klassische Wirkung ist das Abwehrrecht des Einzelnen gegen Eingriffe des Staates. Etwas völlig anderes ist demgegenüber die Abwehr von Beeinträchtigungen, die durch Private und deren zivilrechtliche Ansprüche resultieren.

e) Darüber hinaus ist eine Wirkung der Grundrechte im zivilrechtlichen Verhältnis zwischen Privaten im Grundgesetz selbst vereinzelt normiert. So bestimmt Art. 9 III S. 2 GG, dass Abreden, welche die Koalitionsfreiheit einschränken sollen, nichtig sind. Diese Vorschrift betrifft insbesondere zivilrechtliche Abreden. Ebenso betreffen Art. 20 IV GG und Art. 48 II GG i.V.m. Art. 38 I S. 2 GG das Zivilrecht[41].

[41] Pieroth/Schlink, Rn. 175.

Anhand dieser systematischen Auslegung muss jedoch der Schluss gezogen werden, dass die privatrechtliche Wirkung von Grundrechten und grundrechtsgleichen Rechten die Ausnahme und grundsätzlich nicht im Grundgesetz vorgesehen ist.

Diese Wirkung kann gerade nicht ohne weiteres der bloßen Existenz eines Grundrechts entnommen werden. Wäre nach dem Grundgesetz von einer solchen Drittwirkung auszugehen, so müsste diese Wirkung gerade nicht in Art. 9 III S. 2, 20 IV und 48 II GG i.V.m. Art. 38 I S. 1 GG festgelegt werden.

f) Für die Drittwirkung der Grundrechte im Zivilrecht sprechen zwei Aspekte.

Dies ist zum einen Art. 1 II GG, nach dem die Grundrechte „Grundlage jeder menschlichen Gemeinschaft" sind. Daraus kann ihre Bedeutung nicht nur im Staat-Bürger-Verhältnis, also im Öffentlichen Recht, angenommen werden, sondern in der gesamten Rechtsordnung und damit auch im Zivilrecht.

Zum anderen können die realen gesellschaftlichen Verhältnisse angeführt werden. Die Freiheit des Einzelnen und die tatsächliche Ausübung grundrechtlicher Gewährleistungen werden nicht nur durch den Staat gefährdet, sondern können auch durch gesellschaftliche Kräfte bedroht werden, wenn im einzelnen Fall ein erhebliches Ungleichgewicht in einer zivilrechtlichen Rechtsbeziehung besteht. Dies kann bei mächtigen Privaten der Fall sein, wie etwa Konzernen, Verbänden u.a.

g) Das BVerfG und die ganz h.L. gehen einen Mittelweg. Abgelehnt wird, eine identische Wirkung der Grundrechte wie im Verhältnis des Einzelnen zum Staat auch im Zivilrecht anzunehmen. Es gibt demnach **keine unmittelbare Drittwirkung der Grundrechte**.

Zugleich wird jedoch eine gewisse, abgeschwächte Wirkung der Grundrechte im Zivilrecht anerkannt. Begründet wird dies damit, dass die Grundrechte zwar vorrangig, aber nicht nur Rechte des Einzelnen gegen den Staat beinhalten.

Die Grundrechte sind zugleich eine **objektive Wertordnung**, die als **verfassungsrechtliche Grundentscheidung** für alle Bereiche des Rechts gilt.

Sie haben **Ausstrahlungswirkung** im Zivilrecht dergestalt, dass die zivilrechtlichen Vorschriften, insbesondere die auslegungsbedürftigen **Generalklauseln**, so auszulegen sind, dass der in den Grundrechten zum Ausdruck kommenden Wertentscheidungen Rechnung getragen wird[42].

Die Generalklauseln des Zivilrechts, im BGB insbesondere §§ 133, 138, 157, 242, 315, 823, 826 BGB, sind die **„Einbruchstellen" der Grundrechte in das Zivilrecht**.

Da die Grundrechte im Zivilrecht nicht wie im Staat-Bürger-Verhältnis wirken (keine unmittelbare Drittwirkung), sondern in anderer Art und Weise, wird die Wirkung im Zivilrecht als **mittelbare Drittwirkung der Grundrechte** bezeichnet.

Daher entfalten die Grundrechte auch im zivilrechtlichen Verhältnis zwischen Privaten Wirkung. Das Zivilgericht hat dies bei der Entscheidung zivilrechtlicher Streitigkeiten zu beachten, insbesondere bei der Auslegung zivilrechtlicher Generalklauseln. Eine solche ist auch § 3 UWG. Die Entscheidung stellt daher einen Eingriff in die Pressefreiheit des P dar.

---

[42] Hemmer/Wüst, Grundwissen Staatsrecht, Rn. 84.

hemmer-Methode: Beachten Sie unbedingt, dass bei dem Problem der mittelbaren Drittwirkung außer Acht zu lassen ist, dass das Zivilgericht als Organ der Rechtsprechung und damit als Teil des Staats tätig wird.
Bei der Anwendung zivilrechtlicher Normen gilt auch für das Gericht nur die mittelbare Drittwirkung. Würde man das Gericht gem. Art. 1 III GG insoweit unmittelbar an die Grundrechte binden, so würde dies eine unmittelbare Drittwirkung begründen.

3. Verfassungsrechtliche Rechtfertigung des Eingriffs

Der Eingriff müsste verfassungsrechtlich gerechtfertigt sein. Eingriffe in die Pressefreiheit können gem. Art. 5 II GG erfolgen.

a) Verfassungsmäßigkeit des Gesetzes

Gegen die Verfassungsmäßigkeit des § 3 UWG bestehen keine Bedenken. Dies ist insbesondere auch ein allgemeines Gesetz i.S.d. Art. 5 II GG. Denn es richtet sich nicht gegen einen bestimmten Presseinhalt, sondern ist inhaltsneutral. Zudem dient es dem Schutz des Rechtsguts „Lauterkeit des geschäftlichen Wettbewerbs“, das gegenüber der Pressefreiheit höherwertig sein kann.

Die Voraussetzungen der vom BVerfG vertretenen Auffassung zu Art. 5 II GG, welche die Sonderrechtslehre und die Abwägungslehre kombiniert, sind damit erfüllt[43].

b) Verfassungsmäßigkeit der Einzelmaßnahme

Die Einzelmaßnahme ist verfassungswidrig, wenn sie spezifisches Verfassungsrecht verletzt. Dies ist insbesondere gegeben, wenn die Geltung eines Grundrechts nicht erkannt wurde, oder die Bedeutung und Tragweite eines Grundrechts falsch gewichtet wurde.

Bei der Auslegung der „guten Sitten“ i.S.v. § 3 UWG ist hier das Grundrecht auf Pressefreiheit des P gem. Art. 5 I S. 2 GG zu berücksichtigen. Insbesondere ist zu prüfen, ob im konkreten Fall durch den Eingriff Rechtsgüter geschützt würden, die gegenüber der Pressefreiheit höherwertiger sind.

Wettbewerbsinteressen der Konkurrenten des Presseunternehmens oder auch der Firma, in deren Auftrag die Werbung gemacht wurde, sind hier nicht betroffen. Denn diese müssen Werbung, die nicht aus anderen Gründen unzulässig ist, hinnehmen.

Schützenswerter Belang kann hier allein der Schutz des Publikums vor der Belästigung bei der Wahrnehmung dieser Werbung sein. Auch wenn sich ein Teil oder eine Mehrheit der Betrachter dadurch belästigt sieht, ist jedoch zu fragen, ob dies einen Eingriff in die Pressefreiheit tragen kann.

Denn es ist üblich und liegt im Wesen jeder Werbung, „durch gefühlsbetonte Motive Aufmerksamkeit zu erregen und Sympathie zu gewinnen“ (BVerfGE 102, 347, 364). In allen Medien, auch in der Werbung, werden die Betrachter z.T. mit mitleiderregenden Umständen und Darstellungen konfrontiert.

[43] Hemmer/Wüst, Staatsrecht I, Rn. 211 ff.

Dies kann jedoch nicht als eine ausreichend erhebliche Belästigung des Publikums angesehen werden. „Ein vom Elend der Welt unbeschwertes Gemüt des Bürgers ist kein Belang, zu dessen Schutz der Staat Grundrechtspositionen einschränken darf" (BVerfG, a.a.O.).

Die Verurteilung zur Unterlassung ist daher unverhältnismäßig und trägt der Bedeutung des Grundrechts auf Pressefreiheit nicht in ausreichender Weise Rechnung.

Die Einzelmaßnahme ist daher nicht verfassungsgemäß. Der Eingriff ist nicht verfassungsrechtlich gerechtfertigt.

4. Ergebnis

Die Urteile verletzen P in seinen Grundrechten.

IV. Zusammenfassung

- Die Grundrechte sind eine **objektive Wertordnung**. Als verfassungsrechtliche Grundentscheidung haben sie im Zivilrecht **mittelbare Drittwirkung**. Sie sind insbesondere bei der **Auslegung der zivilrechtlichen Generalklauseln** zu beachten.

Sound: Im Zivilrecht haben die Grundrechte mittelbare Drittwirkung.

hemmer-Methode: Aus dem Begriff „mittelbare Drittwirkung" werden die Kernaussagen deutlich. „Drittwirkung" umschreibt die Frage nach der Geltung im Grundrechte im Zivilrecht. Es geht nicht um das „Zwei-Personen-Verhältnis" zwischen Staat und Einzelnem, sondern um einen weiteren Privaten als Dritten neben Staat und Einzelnem. „Mittelbar" bezeichnet die abgewandelte und abgeschwächte Geltung der Grundrechte im Zivilrecht. Diese besteht im Wesentlichen in der Ausstrahlungswirkung über den „Umweg" der zivilrechtlichen Generalklauseln. Eine unmittelbare Geltung der Grundrechte im Zivilrecht bejaht das BVerfG, wenn der Staat zivilrechtlich auftritt, sei es durch Behörden, die zivilrechtliche handeln, oder durch Gesellschaften des Privatrechts, die aber aufgrund der Gesellschafteranteile von der öffentlichen Hand beherrscht werden, vgl. BVerfG NJW 2011, 1201 = **Life&Law 2011, Heft 4**.

V. Zur Vertiefung

Zur mittelbaren Drittwirkung der Grundrechte

- Hemmer/Wüst, Grundwissen Staatsrecht, Rn. 83 ff.

Zur Pressefreiheit und Art. 5 I GG insgesamt

- Hemmer/Wüst, Grundwissen Staatsrecht, Rn. 186 ff.
- BVerfG, **Life&Law 2008, 262**; BVerfG, NJW 2009, 749 f. = **Life&Law 2009, 336**; BVerfG, NJW 2010, 47 = **Life&Law 2010, 111**.

Fall 6: Grundrecht auf Berufsfreiheit (Art. 12 GG)

Sachverhalt:

Handwerksgeselle G möchte die Meisterprüfung als Gerüstbauer ablegen, um sich selbstständig machen zu können. Er nimmt an der Prüfung teil, besteht diese jedoch nicht, weil er in dem Prüfungsteil „betriebswirtschaftliche, kaufmännische und rechtliche Kenntnisse" durchgefallen ist. Er erhebt Klage zum Verwaltungsgericht auf Feststellung, dass er zur Führung eines selbstständigen Handwerksbetriebs berechtigt ist. Dies ist jedoch gem. § 1 I Handwerksordnung (HandwO) nur den in die Handwerksrolle eingetragenen Personen gestattet. In die Handwerksrolle wird wiederum nur eingetragen, wer die Meisterprüfung bestanden hat (§ 7 I S. 1 HandwO). Die Klage des G wird abgewiesen, Rechtsmittel bleiben erfolglos. G ist der Ansicht, dass die HandwO seine Grundrechte verletze, indem sie für den selbstständigen Betrieb eines Handwerks auch betriebswirtschaftliche Kenntnisse verlangt. Schließlich könnten viele andere Berufe ohne jegliche betriebswirtschaftliche Kenntnisse selbstständig ausgeübt werden, wie z.B. Ärzte und Rechtsanwälte.

Frage: *Ist G in Art. 12 GG verletzt?*

I. Einordnung

Für Eingriffe in die Berufsfreiheit gelten besondere Anforderungen an die Verhältnismäßigkeit nach der Rspr. zur Drei-Stufen-Theorie.

II. Gliederung

1. Schutzbereich Art. 12 I GG

2. Eingriff

3. Verfassungsrechtliche Rechtfertigung

⇨ Art. 12 I GG beinhaltet ein einheitliches Grundrecht der Berufsfreiheit mit einem einheitlichen Eingriffsvorbehalt.

⇨ Verhältnismäßigkeit des Eingriffs:

⇨ **Drei-Stufen-Theorie**

4. Ergebnis

Art. 12 I GG ist nicht verletzt.

III. Lösung

G könnte in seinem Grundrecht auf Berufsfreiheit gem. Art. 12 I GG verletzt sein.

1. Schutzbereich Art. 12 I GG

Das von G angestrebte Verhalten, der selbstständige Betrieb des Gerüstbauerhandwerks, müsste vom Schutzbereich des Art. 12 I GG umfasst sein. Art. 12 I S. 1 GG schützt die freie Wahl des Berufs. **Beruf** ist eine Tätigkeit, die auf Dauer angelegt ist und der Schaffung und Erhaltung einer Lebensgrundlage dient[44]. Diese Voraussetzungen liegen bei dem Betrieb eines Handwerks vor.

[44] Hemmer/Wüst, Grundwissen Staatsrecht, Rn. 217.

2. Eingriff

Es müsste ein Eingriff vorliegen. Eingriff ist jede staatliche Maßnahme, durch die dem Träger des Grundrechts ein grundrechtlich geschütztes Verhalten unmöglich gemacht oder wesentlich erschwert wird.

Durch die Vorschriften in der HandwO, die den selbstständigen Betrieb eines Handwerks letztlich an das Bestehen der Meisterprüfung knüpfen, und die ablehnenden behördlichen und gerichtlichen Entscheidungen wird G dieses grundrechtlich geschützte Verhalten unmöglich gemacht.

Allerdings beinhaltet nicht jede Regelung oder sonstige staatliche Maßnahme, welche die Berufsfreiheit betrifft, zugleich einen Eingriff in das Grundrecht aus Art. 12 I GG. Denn die Ausübung eines Berufs beinhaltet eine Vielzahl von Handlungen.

In die Berufsfreiheit wird nur dann eingegriffen, wenn die staatliche Maßnahme eine **berufsregelnde Tendenz** aufweist. Dies kann zum einen in einer sog. **subjektiv** berufsregelnden Tendenz liegen, wenn die Regelung ausdrücklich die Berufswahl oder -ausübung zum Regelungsgegenstand hat (z.B. die persönlichen Qualifikationen und Anforderungen für die Ausübung eines Berufs)[45].

Ist dies nicht der Fall, so kann eine **objektiv** berufsregelnde Tendenz vorliegen. Dazu muss sich die eigentlich berufsneutrale Regelung auf die berufliche Tätigkeit objektiv in erheblichem Ausmaß auswirken.

Die Regelung in der HandwO bestimmt die persönlichen Voraussetzungen für den selbstständigen Handwerksberuf.

Sie hat eine subjektiv berufsregelnde Tendenz und stellt daher einen Eingriff in Art. 12 I GG dar.

3. Verfassungsrechtliche Rechtfertigung

Der Eingriff könnte verfassungsrechtlich gerechtfertigt sein. Fraglich ist, welche Eingriffe in die Berufsfreiheit nach Art. 12 I GG überhaupt zulässig sein können.

Art. 12 I S. 1 GG bestimmt das Recht zur freien Wahl von Beruf, Arbeitsplatz und Ausbildungsstätte. Nach Satz 2 kann der Gesetzgeber die Berufsausübung regeln. Nach seinem Wortlaut scheint Art. 12 GG zwischen Berufswahl und -ausübung zu unterscheiden.

Dies ist jedoch nach ganz h.M. nicht so. Vielmehr beinhaltet Art. 12 I GG ein einheitliches Grundrecht der Berufsfreiheit, das die Wahl des Berufs, des Arbeitsplatzes und der Ausbildungsstätte sowie die Freiheit der Berufsausübung insgesamt umfasst[46]. Dies gilt schon deshalb, weil Berufsausübung und -wahl sich nicht sauber trennen lassen.

Die Berufswahl ist Voraussetzung für die Berufsausübung. Die Ausübung ist Bestätigung der Wahl.

Für dieses einheitliche Grundrecht enthält Art. 12 I S. 2 GG zudem die einheitliche Schranke, dass in die Berufsfreiheit durch Gesetz oder aufgrund Gesetzes eingegriffen werden kann. Der eigentlich dort nur enthaltene Regelungsvorbehalt (vgl. Wortlaut, „geregelt“) wird als normaler Gesetzesvorbehalt verstanden[47].

---

[45] Hemmer/Wüst, Grundwissen Staatsrecht, Rn. 222.

[46] Hemmer/Wüst, Grundwissen Staatsrecht, Rn. 220.

[47] Hemmer/Wüst, Grundwissen Staatsrecht, Rn. 226; Pieroth/Schlink, Rn. 808.

hemmer-Methode: Während Sie ansonsten bei den Grundrechten für unterschiedliche Formulierungen sensibel sein müssen, wird Art. 12 I GG mit der Brechstange passend gemacht. Vom Wortlaut, der doch erheblich von Grundrechten mit einheitlichem Schutzbereich und Eingriffsvorbehalt abweicht[48] (vgl. z.B. Art. 2 II GG), bleibt nicht viel übrig.

Eingriffe in die Berufsfreiheit können daher durch Gesetz oder aufgrund Gesetzes erfolgen, wenn die weiteren verfassungsrechtlichen Anforderungen gewahrt sind.

a) Verfassungsmäßigkeit des Gesetzes

Die gesetzliche Regelung in der HandwO, dass zum selbstständigen Handwerksbetrieb die Meisterprüfung erforderlich ist, müsste verfassungsmäßig sein.

Von der formellen Verfassungsmäßigkeit ist auszugehen. Das Gesetz müsste auch materiell verfassungsmäßig sein.

aa) Das Zitiergebot des Art. 19 I S. 2 GG ist bei Eingriffen in die Berufsfreiheit nicht zu beachten, da Art. 12 I GG keinen Einschränkungsvorbehalt im eigentlichen Sinn beinhaltet.

bb) Der Eingriff durch das Gesetz müsste verhältnismäßig sein.

Die HandwO und die darin vorgeschriebene Meisterprüfung verfolgen das Ziel, den Leistungsstand und die Leistungsfähigkeit des Handwerks zu sichern.

Dies ist ein legitimes Ziel, dessen Erreichung durch diese Voraussetzung erreicht wird.

Dazu gehört auch, dass der Handwerksbetrieb in betriebswirtschaftlicher Hinsicht ordentlich geführt wird. Auch dies dient jedenfalls mittelbar der Qualitätssicherung, indem verhindert wird, dass insbesondere zu niedrig kalkuliert wird.

Fraglich ist jedoch, ob der Eingriff erforderlich ist. Bei der Prüfung der Erforderlichkeit und Angemessenheit i.R.d. Verhältnismäßigkeit eines Eingriffs in Art. 12 I GG sind die besonderen Anforderungen der **Drei-Stufen-Theorie** zu beachten.

Drei-Stufen-Theorie:

Diese unterteilt **Eingriffe** in die Berufsfreiheit **in drei verschiedene Stufen** mit ansteigender Intensität des Eingriffs:

1. Stufe:
Regelungen der Berufsausübung

2. Stufe:
Subjektive Zulassungsbeschränkungen, d.h. die Wahl eines bestimmten Berufs wird von persönlichen Voraussetzungen abhängig gemacht

3. Stufe:
Objektive Zulassungsbeschränkungen, d.h. die Möglichkeit, einen Beruf zu ergreifen, wird durch objektive Kriterien begrenzt. Dabei sind objektive Kriterien im Gegensatz zu subjektiven Voraussetzungen solche, die nicht von den Bewerbern abhängen und nicht von ihnen beeinflusst werden können. Bsp.: zahlenmäßige Beschränkung (Kontingentierung)

Dabei ist ein Eingriff auf einer bestimmten Stufe nur dann erforderlich, wenn das damit verfolgte Ziel nicht mit einem Eingriff auf einer niedereren Stufe ebenso effektiv erreicht werden kann.

---
48 Zum Unterschied zwischen Eingriffsvorbehalt und Regelungsvorbehalt vgl. Pieroth/Schlink, Rn. 219 ff.

In seiner neueren Rechtsprechung verzichtet das BVerfG zum Teil auf die Drei-Stufen-Theorie und prüft stattdessen „nur" die Verhältnismäßigkeit.[49] Allerdings handelt es sich nur um Einzelfälle, bei denen ohnehin nur auf der ersten Stufe der Berufsausübung eingriffen wird und damit die Drei-Stufen-Theorie nicht viel weiter hilft. Ein „Trendwende" dürfte damit nicht verbunden sein, sodass Sie in der Klausur weiterhin die Drei-Stufen-Theorie verwenden sollten.

Im vorliegenden Fall ist der selbstständige Betrieb eines Handwerks ein eigenständiger Beruf. Handwerksmeister und -geselle sind unterschiedliche Berufsbilder.

Die Regelung in der Handwerksordnung, dass ein Handwerk nur mit Meisterprüfung selbstständig betrieben werden kann, stellt daher eine subjektive Zulassungsbeschränkung und damit einen Eingriff auf der 2. Stufe dar.

Es ist nicht ersichtlich, wie die angestrebte Sicherung der Qualität und der Leistungsfähigkeit des Handwerks auf der Stufe von Berufsausübungsregelungen erreicht werden könnte.

hemmer-Methode: Eine bloße Berufsausübungsregelung würde es darstellen, wenn der Handwerker jeweils nur solche Handwerksaufträge ausführen dürfte, für die er tatsächlich die erforderlichen Kenntnisse besitzt. Eine solche Regelung wäre allerdings nicht gleich effektiv, da dies praktisch nicht kontrollierbar wäre.

Ebenso ist nicht ersichtlich, wie das angestrebte Ziel durch eine andere, mildere Regelung auf der gleichen Stufe erreicht werden könnte. Die Vorschriften in der HandwO sind daher erforderlich.

cc) Angemessen ist der Eingriff, wenn eine Abwägung ergibt, dass das geschützte Rechtsgut das beeinträchtigte überwiegt. Bei Eingriffen in Art. 12 I GG ist hierzu auf die Drei-Stufen-Theorie zurückzugreifen.

Diese ordnet jeder der drei Eingriffsstufen die Rechtsgüter zu, welche die Beeinträchtigung der Berufsfreiheit überwiegen können[50].

- Eingriffe auf der <u>1. Stufe</u> (Regelungen der Berufsausübung) sind danach zulässig, wenn **vernünftige Erwägungen des Allgemeinwohls** diese Regelung begründen können. Insoweit besagt die Drei-Stufen-Theorie nicht mehr als das, was ohnehin i.R.d. Verhältnismäßigkeit bei jedem Grundrecht zu prüfen ist.

- Eingriffe auf der <u>2. Stufe</u> (subjektive Zulassungsbeschränkungen) sind nur dann angemessen, wenn sie zum **Schutz wichtiger Gemeinschaftsgüter** erfolgen.

- Ein Eingriff der <u>3. Stufe</u> (objektive Zulassungsbeschränkungen) ist nur zulässig zum **Schutz überragend wichtiger Gemeinschaftsgüter**, die andernfalls höchstwahrscheinlich gefährdet wären.

Demnach müsste hier ein wichtiges Gemeinschaftsgut durch die HandwO geschützt werden. Die Sicherung der Qualität und der Leistungsfähigkeit müsste ein solches Rechtsgut sein.

[49] BVerfG, NJW 2006, 1261 ff. (Oddset-Entscheidung), bspr. in **Life&Law 2006, 420**; NJW 2008, 2409 = **Life&Law 2008, 619** (Rauchverbot).

[50] Hemmer/Wüst, Grundwissen Staatsrecht, Rn. 227 ff.

Dies kann damit begründet werden, dass aufgrund der besonderen gesellschaftlichen und wirtschaftlichen Bedeutung des Handwerks gewährleistet sein muss, dass handwerkliche Leistungen einen Mindeststandard an Qualität aufweisen.

Auch das Erfordernis ausreichender betriebswirtschaftlicher Kenntnisse kann damit begründet werden, dass dies der Erhaltung der wirtschaftlichen Leistungsfähigkeit des Handwerks dient. Dies fördert das Vertrauen in das Handwerk, indem dadurch etwa das Risiko der Zahlungsunfähigkeit von Handwerksbetrieben zumindest verringert wird und damit letztlich auch die Vertragspartner geschützt werden.

Diese Ziele stellen aufgrund der breiten gesellschaftlichen Bedeutung des Handwerks nicht nur vernünftige Erwägungen des Allgemeinwohls, sondern wichtige Gemeinschaftsgüter dar.

Sie überwiegen das Interesse der Personen, die ohne Meisterprüfung ein Handwerk selbstständig ausüben möchten.

hemmer-Methode: Dies kann man auch anders sehen. So aber das BVerfG (E 13, 97 ff., zur a.A. vgl. Jarass/Pieroth, Art. 12 GG, Rn. 37 m.w.N.).

Der Eingriff ist daher angemessen. Die HandwO ist verfassungsgemäß.

b) Verfassungsmäßigkeit der Einzelmaßnahme

Die Einzelmaßnahme, d.h. hier die Versagung des Meistertitels und die Nichtberechtigung zur selbstständigen Ausübung eines Handwerksbetriebs, dürfte nicht spezifisches Verfassungsrecht verletzen.

Nach dem oben genannten ist es jedoch verfassungsrechtlich gerechtfertigt, bei Nichtbestehen der Meisterprüfung den selbstständigen Betrieb eines Handwerks nicht zu gestatten. Auch die Einzelmaßnahme ist daher verfassungsgemäß.

hemmer-Methode: Da hier die Einzelmaßnahme durch das Gesetz zwingend festgelegt ist, und kein Entscheidungsspielraum verbleibt, ist für eine weitergehende Prüfung der Einzelmaßnahme kein Raum. Etwas anderes wäre es, wenn es (auch) darum gehen würde, dass G etwa die konkreten Prüfungsanforderungen, das Prüfungsverfahren oder die -bewertung anzweifeln würde. Darum geht es aber hier nicht.

4. Ergebnis

G Ist nicht in seiner Berufsfreiheit verletzt.

IV. Zusammenfassung

- Die Verhältnismäßigkeit eines Eingriffs in die Berufsfreiheit nach Art. 12 I GG ist anhand der Drei-Stufen-Theorie zu prüfen.

  Diese bestimmt die Anforderungen an die Erforderlichkeit und die Angemessenheit des Eingriffs.

Sound: Die Drei-Stufen-Theorie unterscheidet zwischen Berufsausübungsregelungen sowie subjektiven und objektiven Zulassungsbeschränkungen.

hemmer-Methode: Die Abgrenzung zwischen der 1. Stufe (Berufsausübungsregelungen) und der 2. und 3. Stufe (Zulassungsbeschränkungen) kann schwierig sein und hängt entscheidend davon ab, was man als einen eigenständigen „Beruf" (auch als „Berufsbild" bezeichnet) ansieht und was nicht. Die Regelung, dass Anwälte erst fünf Jahre nach ihrer Anwaltszulassung am OLG auftreten dürfen, ist eine Berufsausübungsregelung, da man das Auftreten am OLG (lediglich) als Ausübung des Berufs „Rechtsanwalt" ansieht. Ginge man hingegen davon aus, dass „OLG-Anwalt" ein eigenständiger Beruf im Gegensatz zum „normalen" Anwalt ist, so wäre die Vorschrift eine (subjektive) Berufszulassungsregelung. Das BVerfG geht z.T. dazu über, sich mit einer „normalen" Verhältnismäßigkeitsprüfung zu begnügen und die Drei-Stufen-Theorie nicht mehr zu erwähnen. Allerdings betrifft dies bislang nur Entscheidungen, die Berufsausübungsregelungen betreffen. Soweit sich der Gesetzgeber ohnehin auf der untersten Stufe bewegt, ist der Gewinn durch die Anwendung der Drei-Stufen-Theorie aber ohnehin nur gering. Bis sich hier ein grundsätzlicher Wechsel in der Rechtsprechung nachweisen lässt, sollten Sie in der Klausur aber auf jeden Fall weiter die Drei-Stufen-Theorie heranziehen.

V. Zur Vertiefung

Zu Art. 12 GG

- Hemmer/Wüst, Grundwissen Staatsrecht, Rn. 216 ff.
- Vgl. BVerfG, **Life&Law 2001, 120 ff.**; BVerwG, **Life&Law 2002, 190 ff.**; Das Problem, „Das staatliche Sportwettenmonopol wankt, fällt aber (noch) nicht", in **Life&Law 2006, 420**; BVerfG, **Life&Law 2008, 619**.

Fall 7: Eigentumsgrundrecht (Art. 14 I GG)

Sachverhalt:

E ist Eigentümer eines Grundstücks im Außenbereich, das nicht bebaut ist und auch nicht landwirtschaftlich genutzt wird. Auf diesem stehen zwei alte Bäume. E möchte diese fällen und das Holz verkaufen. Die zuständige Behörde verbietet ihm jedoch, die Bäume zu fällen, da diese nach dem Naturschutzgesetz des Bundeslandes als Naturdenkmal festgesetzt sind und deshalb aufgrund des Naturschutzgesetzes ein Verbot besteht, die Bäume zu fällen (vgl. z.B. Art. 9 BayNatSchG). E klagt ohne Erfolg gegen das Verbot. Er ist der Ansicht, dass damit sein Eigentum völlig entwertet würde.

Frage: *Ist E in Grundrechten verletzt?*

I. Einordnung

Art. 14 GG sieht zwei Arten von Beeinträchtigungen vor: die Inhalts- und Schrankenbestimmung gem. Art. 14 I GG und die Enteignung (Art. 14 III GG).

II. Gliederung

1. Schutzbereich Art. 14 I GG

⇨ jede konkrete vermögenswerte Rechtsposition

⇨ nicht nur das „Haben“, sondern auch die Nutzung ist geschützt

2. Eingriff

3. Verfassungsrechtliche Rechtfertigung

a) Enteignung oder Inhalts- und Schrankenbestimmung

⇨ Inhalts- und Schrankenbestimmung, keine Enteignung, da bloße Belastung der Eigentümerbefugnisse des E

b) Verfassungsmäßigkeit des Gesetzes

⇨ das Gesetz ist eine verfassungsgemäße Inhalts- und Schrankenbestimmung

c) Verfassungsmäßigkeit der Einzelmaßnahme

4. Ergebnis:

E ist nicht in Grundrechten verletzt.

III. Lösung

E könnte in seinem Grundrecht auf Eigentum gem. Art. 14 I GG verletzt sein.

1. Schutzbereich des Art. 14 I GG

a) Das in Art. 14 I GG geschützte **Eigentum** ist jede, durch das einfache Recht gewährte, konkrete vermögenswerte Rechtsposition. Dazu zählt zum einen das Eigentum i.S.d. BGB[51], also das Sacheigentum an beweglichen und unbeweglichen Sachen.

Umfasst wird darüber hinaus jede weitere private vermögenswerte Rechtsposition, z.B. beschränkt-dingliche Rechte, Forderungsrechte und Ansprüche.

51 Hemmer/Wüst, Grundwissen Staatsrecht, Rn. 234.

Danach ist das Eigentum des E an seinem Grundstück und den darauf befindlichen Bäumen eine durch Art. 14 I GG geschützte Eigentumsposition.

Dabei wird nicht nur das Eigentümerrecht als solches (das „Haben") geschützt, sondern auch die Nutzung dieser Rechtspositionen und die Verfügung darüber. Daher fällt auch das von E geplante Fällen und Verkaufen der Bäume unter den Eigentumsbegriff.

b) Etwas anderes könnte sich daraus ergeben, dass nach dem Naturschutzgesetz des Bundeslandes das Fällen dieser Bäume auf dem Grundstück des E verboten ist.

Gem. Art. 14 I S. 1 GG bestimmen die Gesetze Inhalt und Schranken des Eigentums. Das Eigentumsgrundrecht ist ein sog. **normgeprägtes Grundrecht** (oder Grundrecht mit normgeprägtem Schutzbereich).

Um ein solches normgeprägtes Grundrecht handelt es sich dann, wenn das grundrechtlich geschützte Verhalten oder der geschützte Zustand nicht außerrechtlich vorgegeben ist, sondern überhaupt erst durch gesetzliche Regelungen geschaffen wird.

hemmer-Methode: Die körperliche Unversehrtheit einer Person (Art. 2 II S. 1 GG) ist ein außerrechtlich, quasi durch die Natur vorgegebener Zustand. Ohne dass irgendwelche Rechtsnormen diesen Zustand definieren, ist der Schutzbereich dieses Grundrechts (medizinisch) zu bestimmen. Eigentum entsteht jedoch erst durch die rechtliche Anerkennung eines bestimmten Zustands. Eigentum ist eine Rechtsposition. Dies kann auch der Definition des Schutzbereichs entnommen werden.

Weiteres normgeprägtes Grundrecht ist das Grundrecht der Ehe (Art. 6 I GG) sowie teilweise die Vereinigungsfreiheit gem. Art. 9 I GG[52].

Das besondere Problem normgeprägter Grundrechte ist, dass der (einfache) Gesetzgeber den Inhalt eines solchen Grundrechts überhaupt erst bestimmt und bestimmen muss. Solche gesetzlichen Ausgestaltungen stellen keinen Eingriff in das Grundrecht dar.

Andererseits kann der Gesetzgeber jedoch auch nicht beliebig das Grundrecht ausgestalten. Vielmehr beinhaltet auch ein normgeprägtes Grundrecht einen durch die Verfassung vorgegebenen „Kern", ein „Leitmotiv" der grundrechtlichen Gewährleistung.

Dieser „Kern" ist i.R.d. Art. 14 I GG die sog. Institutsgarantie. Diese bedeutet, dass die „zum elementaren Bestand grundrechtlich geschützter Betätigung im vermögensrechtlichen Bereich"[53] gehörenden Rechtspositionen nicht verändert werden dürfen.

Das Grundrecht steht demnach nicht zur freien Verfügung des Gesetzgebers. Dieser kann das Grundrecht ausgestalten, hierbei ist er jedoch zur Wahrung dieses „Kerns" verpflichtet.

c) Darüber hinaus ergibt sich bei den normgeprägten Grundrechten ein weiteres Problem. Eine Ausgestaltung des Schutzbereichs kann dazu führen, dass bisherige Rechtspositionen nachteilig verändert werden oder gar nicht mehr existieren.

Daraus ergibt sich folgende Konsequenz in zeitlicher Hinsicht: Für Personen, die zuvor nicht Inhaber dieser Rechtsposition waren, stellt diese Ausgestaltung keinen Eingriff dar.

---

52 Pieroth/Schlink, Rn. 209 ff.

53 BVerfGE 24, 367, 389.

Dass sie nicht mehr Inhaber dieser Rechtsposition werden können, greift nicht in ihr Grundrecht aus Art. 14 I GG ein. Denn dieses setzt eine bestehende konkrete Rechtsposition voraus.

Anders ist es jedoch für die Personen, die im Zeitpunkt der gesetzlichen Ausgestaltung bereits Inhaber einer solchen Position sind. Verlieren diese dadurch die Position, so sind sie in ihrem Eigentumsgrundrecht betroffen.

hemmer-Methode: Würde etwa der Gesetzgeber das Pfandrecht an beweglichen Sachen abschaffen, so würde dies in das Eigentumsgrundrecht der aktuellen Pfandgläubiger eingreifen. Kein Eingriff in Art. 14 I GG liegt jedoch gegenüber allen anderen vor, denen dadurch lediglich die Möglichkeit genommen wurde, in Zukunft ein Pfandrecht an beweglichen Sachen zu erwerben.

Im Fall des E konnte durch das Naturschutzgesetz die Möglichkeit, die Bäume zu fällen, von vornherein nicht zu seinen eigentumsfähigen Rechtspositionen zählen. Das Grundstück des E und sein Eigentum an den Bäumen bestehen jedoch schon, als das Fällen verboten wird, indem die Bäume als Naturdenkmal festgesetzt werden.

Demnach ist die Möglichkeit des E, die Bäume zu fällen, als Nutzung seines Eigentums eine eigentumsfähige Rechtsposition, die von Art. 14 I GG umfasst ist.

2. Eingriff

Ein Eingriff liegt hier darin, dass das geschützte Verhalten, das Fällen der Bäume, E durch das Gesetz, das behördliche Verbot und die gerichtlichen Entscheidungen rechtlich unmöglich gemacht wird.

3. Verfassungsrechtliche Rechtfertigung

Das Gesetz müsste verfassungsmäßig sein. Gegen die formelle Verfassungsmäßigkeit bestehen keine Bedenken.

Das Gesetz müsste auch materiell verfassungsmäßig sein.

a) Enteignung oder Inhalts- und Schrankenbestimmung

Bei Art. 14 I GG ist für die verfassungsrechtliche Rechtfertigung danach zu unterscheiden, um welche Art von Eingriff es sich handelt.

Art. 14 GG selbst sieht zwei Arten von Eingriffen vor:

- die Inhalts- und Schrankenbestimmung gem. Art. 14 I GG,

sowie

- die Enteignung gem. Art. 14 III GG.

Da für diese beiden Arten von Eingriffen unterschiedliche verfassungsrechtliche Anforderungen gelten, ist zu klären, welche Art von Eingriff hier vorliegt.

Dabei ist die Enteignung der **zielgerichtete Entzug konkreter vermögenswerter Rechtspositionen**.

Eine Inhalts- und Schrankenbestimmung liegt dagegen vor, wenn **Eigentümerbefugnisse verkürzt** werden.

Als Abgrenzungskriterium wird zudem angeführt, dass die Enteignung konkret-individuell sei, während eine Inhalts- und Schrankenbestimmung abstrakt-generell sei.

hemmer-Methode: Dies ist allerdings insoweit irreführend, als auch ein Gesetz, das die Möglichkeit einer Enteignung vorsieht, notwendigerweise abstrakt-generell formuliert sein muss. So z.B. die Enteignungsgesetze, die eine Enteignung ermöglichen, um Einrichtungen der Schulen, Hochschulen u.a. zu schaffen[54].

Maßgeblich für die Abgrenzung ist zum einen die Zielgerichtetheit (Finalität)[55]. Zum anderen kommt es darauf an, ob eine verselbstständigte Rechtsposition ganz oder teilweise entzogen wird (dann Enteignung), oder Eigentümerbefugnisse „nur" belastet werden (dann Inhaltsbestimmung). Entscheidend hierfür ist, was als verselbstständigte Rechtsposition angesehen wird.

hemmer-Methode: Der weitgehende Ausschluss der Kündigung von vermietetem Wohnraum ist eine Inhalts- und Schrankenbestimmung, da die Kündigungsmöglichkeit keine verselbstständigte Rechtsposition, sondern lediglich eine aus dem Sacheigentum folgende Eigentümerbefugnis ist. Würde man das Kündigungsrecht als verselbstständigte Rechtsposition ansehen, so würde diese durch das Mietrecht entzogen.

Hier wird durch das Naturschutzgesetz die Möglichkeit des E, die Bäume zu fällen und durch Veräußerung wirtschaftlich zu verwerten, beschränkt. Diese Nutzung seines Eigentums ist jedoch keine verselbstständigte Rechtsposition. Sie ist lediglich eine Eigentümerbefugnis, die aus dem Sacheigentum an Grundstück und Bäumen folgt.

Durch das Naturschutzgesetz wird E nicht final eine konkrete Rechtsposition entzogen, sondern sein Eigentum an den Bäumen wird belastet und beschränkt. Das Verbot des Fällens der Bäume ist daher eine Inhalts- und Schrankenbestimmung i.S.v. Art. 14 I S. 2 GG.

b) Verfassungsmäßigkeit der Inhalts- und Schrankenbestimmung

Inhalts- und Schrankenbestimmungen müssen insbesondere die Institutsgarantie des Eigentums beachten sowie ansonsten verhältnismäßig sein.

Insbesondere i.R.d. Verhältnismäßigkeit ist die Sozialbindung des Eigentums nach Art. 14 II GG zu berücksichtigen.

Der Gesetzgeber hat bei Eingriffen in das Eigentumsgrundrecht, wie bei anderen Grundrechtseingriffen auch, den verfassungsrechtlich gewährleisteten Schutz des Grundrechts zu beachten.

Anders als bei anderen Grundrechten ist jedoch bei dem Eigentumsgrundrecht dem Gesetzgeber durch die **Sozialbindung gem. Art. 14 II GG** der Auftrag erteilt, die Eigentumsordnung auch zum Wohl der Allgemeinheit zu regeln.

Das Eigentumsrecht und die Sozialbindung müssen daher durch den Gesetzgeber in einen gerechten Ausgleich gebracht werden. Allgemeinwohl und geschütztes Rechtsgut bedeuten bei der Regelung des Naturschutzgesetzes, dass besondere Naturschönheiten erhalten werden, damit sich alle daran erfreuen können.

Dieses Rechtsgut überwiegt auch das Interesse der Eigentümer an der Nutzung ihres Eigentums, sog. Privatnützigkeit.

---

54 Vgl. z.B. Art. 1 I Nr. 2 BayEnteignungsG.

55 Hemmer/Wüst, Grundwissen Staatsrecht, Rn. 238 f.

Die Grundstücke werden dadurch auch nicht vollständig entwertet, zumal Ausnahmen von dem Gesetz im Einzelfall möglich sind.

c) Verfassungsmäßigkeit der Einzelmaßnahme

Da die Festsetzung als Naturdenkmal mit dem daraus folgenden Verbot des Fällens der Bäume verfassungsgemäß ist, bestehen hier keine Anhaltspunkte für die Verfassungswidrigkeit der Einzelmaßnahme.

4. Ergebnis

E ist nicht in Grundrechten verletzt.

IV. Zusammenfassung

- Art. 14 GG ist ein **normgeprägtes Grundrecht**. Deren Schutzbereiche setzen rechtliche Regelungen voraus, sie bedürfen daher der **Ausgestaltung** des Gesetzgebers.
- Bei Eingriffen in das Eigentumsgrundrecht ist zwischen **Enteignungen** (Art. 14 III GG) sowie **Inhalts- und Schrankenbestimmungen** zu unterscheiden.

Sound: Enteignung ist der finale Entzug konkreter verselbstständigter vermögenswerter Rechtspositionen. Eine Inhalts- und Schrankenbestimmung liegt bei der Beschränkung von Eigentümerbefugnissen vor.

hemmer-Methode: Im Zweifel sollten Sie in der Klausur von einer Inhalts- und Schrankenbestimmung ausgehen. Eine Enteignung liegt dagegen stets vor, wenn Folge der Maßnahme ist, dass Inhaber einer eigentumsfähigen konkreten Rechtsposition nunmehr der Staat ist (Enteignung als klassische Güterbeschaffung). Zu den Problemen der Enteignung und dem Verhältnis zwischen der Enteignung durch Gesetz (sog. Legalenteignung) und aufgrund Gesetzes (sog. Administrativenteignung) vgl. noch Fall 23.

V. Zur Vertiefung

Zu Art. 14 GG

- Hemmer/Wüst, Grundwissen Staatsrecht, Rn. 231 ff.
- Vgl. BVerfG, Life&Law 2000, 190 ff.; OVG Münster, Life&Law 2000, 340 ff.; BVerwG, Life&Law 2001, 799 ff.; Life&Law 2009, 761 = DVBl. 2009, 913.

Fall 8: Gleichheitssatz (Art. 3 I GG)

Sachverhalt:

A ist Inhaber eines Kiosks in der Stadt L. Er verkauft Zeitungen und Zeitschriften. Nach dem Ladenschlussgesetz (LadschlG) muss er an Wochentagen abends um 20 Uhr schließen, an Samstagen um 19 Uhr und am Sonntag darf er nur von 11 Uhr bis 13 Uhr öffnen (vgl. §§ 3 I, 5 LadschlG). Nach dem LadschlG dürfen Tankstellen an allen Tagen durchgehend geöffnet sein, und dabei auch ohne Einschränkung Zeitungen und Zeitschriften verkaufen (vgl. §§ 6, 2 II LadschlG). Das Gleiche gilt für Verkaufsstellen auf Bahnhöfen (vgl. §§ 8 I, 2 II LadschlG). A ist der Ansicht, dass das LadschlG gegen Art. 3 I GG verstoße, da er offensichtlich im Vergleich zu Tankstellen und Läden auf Bahnhöfen benachteiligt werde. Sein Kiosk liege an einer vielbefahrenen Bundesstraße.

Frage: *Verstößt das formell verfassungsgemäße LadschlG gegen Art. 3 I GG? (Die Bundeskompetenz für das Ladenschlussrecht ist mit der Föderalismusreform weggefallen, vgl. Art. 74 I Nr. 11 GG. Das LadschlG bleibt aber dennoch solange wirksam, bis die Länder eigene Gesetze in diesem Bereich erlassen, Art. 125a I GG. In einigen Bundesländern wie Hamburg, Hessen, Berlin ist dies bspw. bereits geschehen).*

I. Einordnung

Für die Prüfung des allgemeinen Gleichheitssatzes gilt ein völlig anderer Aufbau als bei den Freiheitsgrundrechten.

II. Gliederung

Verstoß gegen Art. 3 I GG

1. Ungleichbehandlung von wesentlich Gleichem

a) Vergleichsgruppen
zum einen Kioske, zum anderen Tankstellen und Bahnhofsläden, die Zeitungen und Zeitschriften verkaufen

b) Ungleichbehandlung der Vergleichsgruppen bzgl. Bindung an Ladenschlusszeiten

2. Sachlicher Grund für die Ungleichbehandlung

III. Lösung

Das LadschlG könnte gegen Art. 3 GG verstoßen.

hemmer-Methode: Denken Sie auch an die speziellen Gleichheitssätze aus Art. 3 II, III (str., vgl. unten), 6 V, 33 I - III, 38 I S. 1 GG. Diese gehen als Spezialregelungen dem Art. 3 I GG vor.

Gem. Art. 3 I GG sind „alle Menschen vor dem Gesetz gleich". Der Gleichheitsgrundsatz gilt damit für die Anwendung der Gesetze durch Verwaltung und Rechtsprechung. Ebenso gilt er für die Verwaltung im gesetzesfreien Raum.

Jedoch ist auch der Gesetzgeber bei dem Erlass von Gesetzen an Art. 3 I GG gebunden[56].

[56] Hemmer/Wüst, Grundwissen Staatsrecht, Rn. 166.

Das LadschlG kann daher gegen Art. 3 I GG verstoßen.

Ein Verstoß gegen den Gleichheitsgrundsatz des Art. 3 I GG liegt vor, wenn wesentlich Gleiches ungleich behandelt wird, und für die Ungleichbehandlung kein sachlicher Grund vorhanden ist.

hemmer-Methode: Darüber hinaus verbietet Art. 3 I GG auch, wesentlich Ungleiches gleich zu behandeln, wenn eine unterschiedliche Behandlung geboten ist[57].

1. Ungleichbehandlung von wesentlich Gleichem

a) Vergleichsgruppe

Es müsste wesentlich Gleiches ungleich behandelt werden.

Dazu muss zunächst eine Vergleichsgruppe definiert werden, die zumindest hinsichtlich einer Eigenschaft „gleich" ist mit A.

Vergleichsgruppe sind hier die Tankstellen und Verkaufsstellen auf Personenbahnhöfen, die ebenso wie A Zeitungen und Zeitschriften verkaufen. Das „Gleiche" besteht zwischen A bzw. allen anderen Kioskbetreibern, die Zeitungen verkaufen, und den Tankstellen und Läden in Bahnhöfen in dem Verkauf von Zeitungen und Zeitschriften.

hemmer-Methode: Gehen Sie bei dem Auffinden der Vergleichsgruppe besonders sorgfältig vor. Sie müssen insbesondere klar sagen, inwieweit diese „gleich" sind.

[57] Hemmer/Wüst, Grundwissen Staatsrecht, Rn. 171.

Aus diesen beiden Vergleichsgruppen entsteht dann eine „Obergruppe". Dies sind hier die Verkäufer von Zeitungen und Zeitschriften.

b) Ungleichbehandlung der Vergleichsgruppen

Die Ungleichbehandlung liegt darin, dass für A und alle anderen Kioskbesitzer, die Zeitungen und Zeitschriften verkaufen, Ladenschlusszeiten gelten. Dagegen kann die Vergleichsgruppe ohne zeitliche Beschränkung diese Waren anbieten.

2. Sachlicher Grund für die Ungleichbehandlung

Für die Ungleichbehandlung dürfte kein sachlicher Grund gegeben sein

Die Anforderungen an den sachlichen Grund differieren in der Rspr. des BVerfG[58].

Z.T. wird Art. 3 I GG lediglich als Willkürverbot verstanden, insbesondere bei Ungleichbehandlungen und Benachteiligungen geringerer Intensität.

Ungleichbehandlungen größerer Intensität, insbesondere personenbezogene Ungleichbehandlungen, sind nur dann mit Art. 3 I GG vereinbar, wenn „zwischen beiden Gruppen Unterschiede von solcher Art und solchem Gewicht bestehen, dass sie die ungleiche Behandlung rechtfertigen können" (sog. Neue Formel)[59].

Welche Anforderungen hier zu stellen sind, kann offen bleiben, wenn auch die strengeren Anforderungen der „neuen Formel" erfüllt sind.

[58] Vgl. dazu Hemmer/Wüst, Grundwissen Staatsrecht, Rn. 172 ff.; Pieroth/Schlink, Rn. 439 ff.

[59] BVerfGE 55, 72, 88; BVerfG, NJW 2008, 2409 = **Life&Law 2008, 619** (Rauchverbot).

Dabei ist zwischen dem Differenzierungsziel und dem Differenzierungskriterium zu unterscheiden.

Das Ziel ergibt sich dabei aus der Auslegung des Gesetzes (teleologische Auslegung). Es ist daher festzustellen, welches Ziel der Gesetzgeber mit der Ungleichbehandlung verfolgt.

Das Differenzierungskriterium ist das Tatbestandsmerkmal der Norm, das zu der Einbeziehung der einen Vergleichsgruppe und der Ausgrenzung der anderen Vergleichsgruppe führt.

hemmer-Methode: Werden Kindergartengebühren nach dem Einkommen der Eltern gestaffelt, so ist das Differenzierungsziel die geringere Belastung der Familien mit geringerem Einkommen. Differenzierungskriterium ist das tatsächliche Einkommen der Eltern. Hierbei wären auch andere Differenzierungskriterien denkbar, etwa die Vermögensverhältnisse oder die Anzahl der Autos im Haushalt.

Sowohl Differenzierungsziel als auch Differenzierungskriterium können unzulässig sein. Die Zulässigkeit des Differenzierungsziels ergibt sich aus den verfassungsrechtlichen Anforderungen. So ist es z.B. gem. Art. 3 III GG grds. ein unzulässiges Ziel, Personen bestimmter Abstammung zu benachteiligen.

hemmer-Methode: Es ist zwar grds. zulässig, dass der Staat einkommensschwächere Personen und Familien fördert, u.U. ist dies sogar aufgrund des Sozialstaatsprinzips geboten.
Bezweifelt wurde jedoch die Förderung bei der Vergabe von Kindergartenplätzen, da Gebühren für staatliche Leistungen grundsätzlich an den Wert der Leistung anknüpfen.

Das Differenzierungsziel Förderung einkommensschwächerer Personen ist jedoch auch bei den Kindergartengebühren zulässig[60].

Ist das Differenzierungsziel zulässig, so muss auch das Differenzierungskriterium den verfassungsrechtlichen Vorgaben genügen. Es muss insbesondere verhältnismäßig für die Erreichung des Differenzierungsziels sein.

hemmer-Methode: So ist das Kriterium der Anzahl der Autos in der Familie wohl nicht geeignet, jedenfalls aber nicht erforderlich i.S.d. Verhältnismäßigkeit für die Erreichung des Differenzierungsziel „Förderung Einkommensschwacher“. Denn die reine Anzahl ist wenig aussagekräftig über die wirtschaftliche Situation einer Person oder Familie. Man denke nur an den Unterschied, der hierbei zwischen den Bewohnern der Innenstädte und ländlichen Gebieten bestehen kann.

Differenzierungsziel des LadschlG ist hier, den Reisenden zeitlich unbegrenzt zu ermöglichen, Zeitungen und Zeitschriften zu erwerben. Der Gesetzgeber sieht es insofern als besonders schützenswert an, Reisenden den Erwerb einer Reiselektüre zu ermöglichen.

Vor allem aber ist das Informationsbedürfnis der Reisenden zu berücksichtigen, die im Gegensatz zu anderen Personen keinen oder doch weniger Zugang zu anderen Informationsquellen haben.

60 BVerfGE 97, 332 ff.

hemmer-Methode: Dies kann allerdings auch bezweifelt werden, da zum einen Autofahrer die Informationsquelle Radio haben, zum anderen bei Reisen innerhalb von Deutschland das für die Dauer der Reise bestehende aktuelle Informationsbedürfnis durch gedruckte Medien gedeckt werden kann.
Denn die Neuigkeiten in den gedruckten Medien sind immer von gestern. Daher können Sie hier mit guten Gründen schon das zulässige Differenzierungsziel ablehnen.

Differenzierungskriterium ist die örtliche Lage, in der Zeitungen und Zeitschriften verkauft werden (an der Tankstelle, im Bahnhof, und an anderen Orten).

Dieses Differenzierungskriterium müsste für die Erreichung des Ziels, Reisenden zeitlich unbegrenzt den Erwerb von Zeitungen und Zeitschriften zu ermöglichen, verhältnismäßig sein.

Es ist geeignet, da dadurch den Reisenden, die sich an Bahnhöfen befinden bzw. an Tankstellen vorbeifahren, der Erwerb gedruckter Medien ermöglicht wird.

Erforderlich ist es, wenn es kein Alternativmittel gäbe, das weniger belastend für die benachteiligte Gruppe wäre, jedoch ebenso effektiv das Ziel erreichen würde. Dies wäre natürlich die völlige Freigabe des Verkaufs von Zeitungen und Zeitschriften.

Der Gesetzgeber verfolgt jedoch mit dem LadschlG vorrangig die Ziele des Schutzes der Arbeitnehmer und der Nacht- und Wochenendruhe. Dieses Ziel würde dann nicht mehr erreicht, das Alternativmittel ist also nicht ebenso effektiv.

Dass der Gesetzgeber davon ausgeht, dass die Reisenden v.a. an Tankstellen und Bahnhöfen Zeitungen und Zeitschriften erwerben, ist nicht zu beanstanden.

Zwar mag es auch noch andere Orte geben, an denen ein ähnlicher Bedarf von Reisenden bestehen würde, wie an vielbefahrenen Bundesstraßen. Dass der Gesetzgeber hier diese klare Grenze gezogen hat, ist aufgrund einer **zulässigen Typisierung** gerechtfertigt.

Das Differenzierungskriterium der örtlichen Lage des Zeitschriften- und Zeitungsverkaufs ist auch angemessen.

Bei einer Abwägung der betroffenen Interessen (Ladenschluss als Arbeitnehmerschutz und Nacht- und Wochenendruhe, Informationsbedürfnis der Reisenden und gewerbliches Interesse der Kioskbetreiber) konnte in Bezug auf die Interessen der Kioskbetreiber dem Ladenschluss der Vorrang gegeben werden.

IV. Zusammenfassung

Art. 3 I GG verbietet die Ungleichbehandlung von wesentlich Gleichem ohne sachlichen Grund.

Sound: Nach der „Neuen Formel“ ist eine Ungleichbehandlung zulässig, wenn Differenzierungsziel und Differenzierungskriterium angemessen sind. Diese neue Formel zieht das BVerfG dann heran, wenn es sich anders als hier um eine personen- und nicht um eine sachbezogene Differenzierung handelt.

hemmer-Methode: Die besonderen Anforderungen aus Art. 3 III GG werden von der wohl h.M. als besonderer Gleichheitssatz geprüft. Nach anderer Ansicht beziehen sie sich auf die Prüfung des „sachlichen Grundes". Die dort genannten Merkmale stellen prinzipiell keinen sachlichen Grund für eine Ungleichbehandlung dar. Im Hinblick auf die „Neue Formel" bezieht sich das sowohl auf das Differenzierungsziel (es darf nicht das Ziel verfolgt werden, Anhänger eines bestimmten Glaubens zu bevorzugen) als auch auf das Differenzierungskriterium (ein bestimmter Glaube darf nicht Anknüpfungspunkt für eine bestimmte Maßnahme sein [Pieroth/Schlink, Rn. 448 ff., 453 ff.]). Soweit eine Ungleichbehandlung an ein grundrechtlich geschütztes Verhalten angeknüpft wird, wird allerdings vorrangig das jeweilige Grundrecht und nicht der Gleichheitssatz verletzt sein (Hemmer/Wüst, Grundwissen Staatsrecht, Rn. 79).

V. Zur Vertiefung

Zu Art. 3 GG

- Hemmer/Wüst, Grundwissen Staatsrecht, Rn. 165 ff.
- VGH Mannheim, Life&Law 2009, 116

Fall 9: Vereinigungsfreiheit (Art. 9 GG)

Sachverhalt:

G betreibt einen Baustoffhandel. Er ist damit als Gewerbetreibender Mitglied in der örtlichen Industrie- und Handelskammer (IHK) (vgl. § 2 I IHKG). Gesetzliche Aufgabe der Industrie- und Handelskammern ist es, das Gesamtinteresse der ihnen zugehörigen Gewerbetreibenden ihres Bezirks wahrzunehmen und für die Förderung der gewerblichen Wirtschaft zu wirken, vgl. § 1 I IHKG. G ist der Ansicht, er brauche die IHK überhaupt nicht. Er habe noch nie irgendwelche Angebote der IHK wahrgenommen. Die Zwangsmitgliedschaft verletze seine Grundrechte aus Art. 9 und 12 GG.

Frage: *Stellt das IHKG einen Eingriff in Grundrechte des G dar?*

§ 3 I IHKG bestimmt: „Die Industrie- und Handelskammer ist Körperschaft des öffentlichen Rechts".

I. Einordnung

Art. 9 I GG schützt die Bildung von Vereinigungen, die Mitgliedschaft und den Bestand der Vereinigungen vor staatlichen Eingriffen.

II. Gliederung

1. Grundrecht der Vereinigungsfreiheit gem. Art. 9 I GG

⇨ Geschützt ist auch die **negative** Vereinigungsfreiheit, nicht jedoch bzgl. **öffentlich-rechtlichen Vereinigungen** (h.M.);
Schutzbereich nicht eröffnet

2. Berufsfreiheit, Art. 12 I GG

a) Schutzbereich

b) Eingriff (-)
da keine berufsregelnde Tendenz

3. Freie Entfaltung der Persönlichkeit, Art. 2 I GG

a) Schutzbereich (+)

b) Eingriff (+)

4. Ergebnis

Art. 2 I GG betroffen, Art. 9 I, 12 I GG nicht.

III. Lösung

Greift das IHKG in Grundrechte des G ein?

1. Grundrecht der Vereinigungsfreiheit gem. Art. 9 I GG

Der Schutzbereich der Vereinigungsfreiheit müsste eröffnet sein. Gem. Art. 9 I GG ist das Recht aller Deutschen, Vereine und Gesellschaften zu bilden, geschützt. Dies müsste die Möglichkeit des G beinhalten, nicht Mitglied der IHK zu sein.

a) Der Schutzbereich der Vereinigungsfreiheit umfasst die Gründung und den Bestand einer Vereinigung[61]. Geschützt ist darüber hinaus auch die Betätigung des Vereins nach außen[62].

61 Hemmer/Wüst, Basics Ö-Recht, Bd. 1, Rn. 189.
62 Hemmer/Wüst a.a.O. Rn. 190.

hemmer-Methode: Insoweit ist jedoch Vorsicht geboten. Denn bei der Betätigung eines Vereins nach außen sind in den meisten Fällen andere Grundrechte spezieller. Veranstaltet eine Vereinigung eine Versammlung oder äußern ihre Vertreter eine Meinung, so sind die Grundrechte aus Art. 8 I GG bzw. Art. 5 I S. 1 GG spezieller. Art. 9 I GG ist dann nicht anwendbar.

b) Der Begriff der „Vereine und Gesellschaften" ist dabei weit zu verstehen.

Dazu zählt jeder freiwillige Zusammenschluss mehrerer Personen zu einem gemeinsamen Zweck, der eine organisierte Willensbildung beinhaltet[63].

Insbesondere ist Art. 9 I GG nicht auf eingetragene Vereine i.S.d. § 21 BGB und die Gesellschaften des Zivilrechts wie GmbH und AG beschränkt.

c) Geschützt ist auch die Freiheit, einem Verein fernzubleiben oder aus ihm auszutreten (sog. **negative Vereinigungsfreiheit**). Daher könnte auch G, soweit es um sein Fernbleiben von der IHK geht, geschützt sein.

d) Fraglich ist jedoch, ob Art. 9 I GG auch die Freiheit schützt, nicht Mitglied in einer **öffentlich-rechtlichen Vereinigung** zu sein. Dies ist umstritten.

Nach BVerfG und h.M. unterfällt die Nichtmitgliedschaft in einer öffentlich-rechtlichen Vereinigung nicht dem Schutz des Art. 9 I GG[64].

Begründet wird dies zum einen damit, dass die positive Vereinigungsfreiheit, d.h. das Recht zur Gründung von Vereinen, nur privatrechtliche Vereine erfasst. Einzelne können niemals eine öffentlich-rechtliche Vereinigung bilden.

Dies kann nur der Staat, indem er durch einen Hoheitsakt eine solche Vereinigung ins Leben ruft. So ist dies auch bei den Industrie- und Handelskammern, die kraft Gesetzes (vgl. § 3 I IHKG) existieren.

Deshalb könne sich auch die negative Vereinigungsfreiheit als „Spiegelbild" der positiven Vereinigungsfreiheit nur auf privatrechtliche Zusammenschlüsse beziehen.

Darüber hinaus wird angeführt, dass das umfassende System der Zwangsmitgliedschaft in öffentlich-rechtlichen Verbänden schon bei Inkrafttreten des Grundgesetzes vorhanden gewesen sei (Zwangsmitgliedschaft in den IHK und den Kammern der „freien Berufe" wie Rechtsanwälte, Ärzte, Zahnärzte, Apotheker).

Daran habe Art. 9 GG nichts ändern wollen.

Wäre die Nichtmitgliedschaft in öffentlich-rechtlichen Vereinigungen von Art. 9 I GG umfasst, so wäre die Zwangsmitgliedschaft kaum mit Art. 9 I GG vereinbar, da dieser keinen Gesetzesvorbehalt enthält[65].

hemmer-Methode: Diese sehr ergebnisorientierte Argumentation lässt sich mit der Entstehungsgeschichte des Grundgesetzes begründen, der nicht zu entnehmen ist, dass die Kammerzwangsmitgliedschaften angetastet werden sollten.

Nach a.A. ist der Schluss von dem Umfang der positiven auf die negative Vereinigungsfreiheit verfehlt.

---

63 Pieroth/Schlink, Rn. 720.

64 Hemmer/Wüst, Basics Öffentliches Recht, Band 1, Rn. 189; BVerfGE 38, 281,297.

65 So BVerwGE 107, 169, 173.

Diese schließt vielmehr von der grundsätzlichen Anerkennung der negativen Vereinigungsfreiheit, d.h. dem Schutz vor der Zwangsmitgliedschaft in privatrechtlichen Vereinigungen, darauf, dass das Gleiche auch im Hinblick auf öffentlich-rechtliche Vereinigungen gelten müsse[66].

Aus den genannten Gründen ist jedoch der h.M. zu folgen.

hemmer-Methode: Dies ist auch klausurtaktisch häufig der bessere Weg, denn nur damit eröffnen Sie sich die Möglichkeit, weitere Grundrechte zu prüfen!

Daher ist die Nichtmitgliedschaft des G in der IHK nicht vom Schutzbereich des Art. 9 I GG gedeckt.

2. Grundrecht der Berufsfreiheit gem. Art. 12 I GG

a) Schutzbereich

Es müsste der Schutzbereich des Art. 12 I GG eröffnet sein. **Beruf** ist eine Tätigkeit, die auf Dauer angelegt ist und der Schaffung und Erhaltung einer Lebensgrundlage dient[67].

Von Art. 12 I GG ist auch die Ausübung des Berufs geschützt. Die Tätigkeit des G als Baustoffhändler ist die Ausübung eines Berufs. Der Schutzbereich des Art. 12 I GG ist eröffnet.

hemmer-Methode: Machen Sie sich klar, dass der Ansatzpunkt für die Grundrechtsprüfung bei diesem Grundrecht ein anderer ist als bei Art. 9 GG.

Oben wurde auf die Nichtmitgliedschaft in der IHK abgestellt, während hier auf die gewerbliche Tätigkeit des G Bezug genommen wird.

b) Eingriff

Ein Eingriff in die Berufsfreiheit nach Art. 12 I GG liegt nur dann vor, wenn eine staatliche Maßnahme eine **berufsregelnde Tendenz** aufweist.

Bei der Zwangsmitgliedschaft in der IHK fehlt es an einer subjektiv berufsregelnden Tendenz, da diese nicht zielgerichtet die Wahl oder Ausübung eines bestimmten Berufs betrifft.

Daran ändert es auch nichts, dass die Mitgliedschaft an die gewerbliche und damit i.d.R. berufliche Tätigkeit anknüpft. Insoweit wird nicht ein bestimmter Beruf betroffen, sondern alle Gewerbetreibenden.

Ein Eingriff in Art. 12 I GG liegt daher nur dann vor, wenn die Maßnahme objektiv berufsregelnde Tendenz hat. Dazu müsste sie für die Berufsfreiheit von ausreichendem erheblichem Gewicht sein.

Die Zwangsmitgliedschaft betrifft jedoch die Ausübung der gewerblichen Tätigkeit der Kammerzugehörigen nur minimal. Eine irgendwie geartete Belastung durch die reine Zugehörigkeit ist nicht ersichtlich.

Auch wenn man die Tatsache berücksichtigt, dass die Kammerzugehörigen zur Entrichtung der Kammerbeiträge verpflichtet sind (vgl. § 3 II IHKG) und daher eine finanzielle Belastung besteht, ist dies ebenfalls nicht von erheblicher Bedeutung für die Berufsfreiheit.

Mangels berufsregelnder Tendenz greift die Pflichtmitgliedschaft in der IHK nicht in Art. 12 I GG ein.

---

66 Dazu Pieroth/Schlink, Rn. 730 m.w.N.

67 Hemmer/Wüst, Grundwissen Staatsrecht, Rn. 218.

3. Grundrecht auf freie Entfaltung der Persönlichkeit gem. Art. 2 I GG

a) Schutzbereich

Art. 2 I GG schützt jegliches menschliche Verhalten vor staatlichen Eingriffen. Dazu zählt auch die Nichtmitgliedschaft in einer öffentlich-rechtlichen Vereinigung. Der Schutzbereich ist daher eröffnet.

b) Eingriff

§ 2 I IHKG stellt einen Eingriff in das Grundrecht dar, indem er die Pflichtmitgliedschaft in der IHK anordnet.

4. Ergebnis

Das IHKG greift in das Grundrecht des G gem. Art. 2 I GG ein.

In die Grundrechte aus Art. 9 I GG sowie Art. 12 I GG wird nicht eingegriffen.

IV. Zusammenfassung

- Art. 9 I GG schützt auch die negative Vereinigungsfreiheit, d.h. die Freiheit, nicht zwangsweise Mitglied einer Vereinigung zu sein. Dies gilt nach h.M. jedoch nicht für die Zwangsmitgliedschaft in öffentlich-rechtlichen Vereinigungen, da Art. 9 I GG insgesamt nicht auf diese bezogen ist.
- Maßstab für die Zwangsmitgliedschaft in öffentlich-rechtlichen Vereinigungen ist allein Art. 2 I GG.

Sound: Art. 9 I GG schützt nicht vor der Zwangsmitgliedschaft in öffentlich-rechtlichen Vereinigungen.

hemmer-Methode: Der Eingriff in Art. 2 I GG durch die Kammerzwangsmitgliedschaft ist nach h.M. auch verfassungsrechtlich gerechtfertigt, insbesondere verhältnismäßig. Die Zwangsmitgliedschaft ist erforderlich und angemessen, um das gesetzgeberische Ziel, die kollektive Interessenwahrnehmung der gewerblichen Wirtschaft und einen Interessenausgleich zwischen den Mitgliedern innerhalb der Kammern, zu erreichen (BVerwGE 107, 169, 175 ff.).

V. Zur Vertiefung

Zur Vereinigungsfreiheit gem. Art. 9 GG

- Hemmer/Wüst, Basics Öffentliches Recht, Band 1, Rn. 187 ff.

Zum Grundrecht auf freie Entfaltung der Persönlichkeit

- Hemmer/Wüst, Grundwissen Staatsrecht, Rn. 148 ff.
- Vgl. BVerfG, Life&Law 2001, 427 ff.

Fall 10: Kunstfreiheit (Art. 5 III GG) / Grundrechte als Teilhaberechte

Sachverhalt:

Gemäldeliebhaber M unterstützt regionale Maler, indem er diesen Räumlichkeiten zur Ausstellung ihrer Werke zur Verfügung stellt, für diese Ausstellungen wirbt, und in seiner Freizeit persönlich in der Ausstellung tätig ist. Er tut dies nicht, um Gewinn zu erzielen, sondern um Künstler zu fördern. In einem Landesgesetz ist vorgesehen, dass privaten Museen sowie anderen privaten Einrichtungen im Kunst- und Kulturbereich finanzielle Zuschüsse gewährt werden. In den vergangenen Jahren hat M stets Zuschüsse nach diesem Gesetz erhalten. Nunmehr wird das Gesetz durch den Landtag gestrichen. Ein Antrag des M auf Gewährung der Zuschüsse wird abgelehnt. M ist der Ansicht, dass ihm eine Förderung gewährt werden müsse. Die Ausstellungen könnten niemals kostendeckend betrieben werden. Ohne Zuschüsse müsse er die Förderung der Künstler einstellen. Kaum eine Einrichtung im Kunst- und Kulturbereich arbeite kostendeckend, insbesondere auch nicht die staatlichen Einrichtungen.

Frage: *Ist M in Grundrechten verletzt?*

I. Einordnung

Kann der Einzelne einen Anspruch auf staatliche Leistungen haben, die ihm die Ausübung einer grundrechtlichen Freiheit erst ermöglichen?

II. Gliederung

1. Schutzbereich der Kunstfreiheit Art. 5 III GG

a) Kunstbegriff

b) Werkbereich und Wirkbereich

c) Grundrechtsberechtigung des M aus Art. 5 III GG

2. Eingriff

⇨ die Versagung staatlicher Leistung ist kein Eingriff, da Art. 5 III GG **kein originäres Leistungs- und Teilhaberecht** des Einzelnen beinhaltet

3. Ergebnis

Kein Verstoß gegen Grundrechte

III. Lösung

M könnte in seinen Grundrechten verletzt sein, indem ihm die weitere Förderung seiner Ausstellungen versagt wird.

Er könnte dadurch in seinem Grundrecht auf Kunstfreiheit gem. Art. 5 III GG verletzt sein.

1. Schutzbereich der Kunstfreiheit gem. Art. 5 III GG

Die Ausstellung der Werke regionaler Maler durch M müsste vom Schutzbereich der Kunstfreiheit umfasst sein.

a) Kunstbegriff

Für den Begriff der Kunst bestehen unterschiedliche Ansätze.

Nach dem **formalen Kunstbegriff** sind solche Werke Kunst, wenn sie bestimmten Werktypen wie Theater, Gesang, Dichtung, Malerei, Bildhauerei zugeordnet werden können[68].

Nach dem **materiellen Kunstbegriff** ist Kunst die „freie schöpferische Gestaltung, in der Eindrücke, Erfahrungen und Erlebnisse des Künstlers durch das Medium einer bestimmten Formensprache zu unmittelbarer Anschauung gebracht werden“[69].

Der **offene Kunstbegriff** sieht als kennzeichnend an, dass es „wegen der Mannigfaltigkeit ihres Aussagegehalts möglich ist, der Darstellung im Wege einer fortgesetzten Interpretation immer weiterreichende Bedeutung zu entnehmen“[70].

Sicher ist, dass die herkömmlichen Werktypen i.S.d. formalen Kunstbegriffs dem Art. 5 III GG unterfallen, Kunst jedoch nicht hierauf beschränkt ist. Welche Grenzen dem Kunstbegriff im Einzelnen zu ziehen sind, kann hier dahin stehen, da es vorliegend um Malerei geht und diese ein anerkannter Werktyp der Kunst ist.

hemmer-Methode: Lernen Sie nicht stur Definitionen auswendig. Es ist nicht erforderlich, dass Sie in der Klausur (anders als in der Hausarbeit) genau den Wortlaut der BVerfG-Entscheidungen wiedergeben. Sie müssen aber wissen, dass es diese drei verschiedenen Kunstbegriffe gibt, und was sie inhaltlich besagen.

[68] Hemmer/Wüst, Grundwissen Staatsrecht, Rn. 200.

[69] BVerfGE 30, 173, 189.

[70] BVerfGE 67, 213, 226 f.

b) Werkbereich und Wirkbereich

Von der Gewährleistung der Kunstfreiheit ist dabei dem Umfang nach die Herstellung des Kunstwerks erfasst, d.h. z.B. das Malen des Bildes. Dies wird als der Werkbereich der Kunst bezeichnet.

Geschützt ist jedoch ebenso, die Kunst einem Publikum zu zeigen. Denn Kunst wird üblicherweise zu dem Zweck gemacht, sie anderen Personen darzubieten (sog. Wirkbereich). Dazu zählt auch die Ausstellung von Kunstwerken.

c) Grundrechtsberechtigung des M aus Art. 5 III GG (personaler Schutzbereich)

Personell geschützt wird der Künstler selbst durch Art. 5 III GG, wenn er das Kunstwerk herstellt und darbietet.

Mit der Kunst ist jedoch i.d.R. auch deren Darstellung verbunden. In diesem Wirkbereich wird häufig nicht nur der Künstler selbst tätig, sondern auch dritte Personen, ohne deren Tätigkeit die künstlerische Darstellung nicht möglich wäre.

Zum effektiven Schutz der Kunstfreiheit sind daher auch diejenigen Personen Träger des Grundrechts, die eine „**unentbehrliche Mittlerfunktion**“ zwischen dem Künstler und dem Publikum haben (h.M.). Dazu zählt derjenige, der an der Verbreitung eines Kunstwerks mitwirkt, oder auch nur dafür wirbt[71].

Da M hier selbstständig die Ausstellung durchführt und auch für sie wirbt, ist er im Wirkbereich dieser Kunst tätig. Sein Verhalten, die Ausstellung der Kunstwerke, ist von Art. 5 III GG geschützt.

[71] Pieroth/Schlink, Rn. 614 f.

hemmer-Methode: Bloße „Dienstleister“ sind aber nicht von Art. 5 III GG geschützt, wie z.B. derjenige, der solche Ausstellungsräumlichkeiten nur vermietet, oder der Partyservice für eine Vernissage.

2. Eingriff

Eingriff ist jede staatliche Maßnahme, durch die dem Einzelnen ein grundrechtlich geschütztes Verhalten unmöglich gemacht oder wesentlich erschwert wird[72]

Die an den M ergangene Ablehnung, seine Ausstellungen weiterhin zu fördern, führt dazu, dass ihm das grundrechtlich geschützte Verhalten, die Fortführung der Ausstellung, zumindest wesentlich erschwert wird.

Fraglich ist jedoch, ob dies tatsächlich einen Eingriff darstellen kann. Denn diese Beeinträchtigung des M ergibt sich allein daraus, dass er nicht (mehr) gefördert wird. Sie ergibt sich also nicht aufgrund einer staatlichen Maßnahme, sondern aufgrund einer Untätigkeit des Staats.

hemmer-Methode: Es kann nicht stets einen Eingriff darstellen, wenn dem Einzelnen aus finanziellen Gründen ein bestimmtes Verhalten unmöglich ist. So kann nicht jeder jeden Monat erster Klasse nach Australien fliegen. Dass der Staat keine kostenlosen Flüge anbietet und Flüge erster Klasse auch nicht subventioniert, sodass sie sich jeder leisten kann, stellt aber sicher keinen Eingriff dar.

Aufbaumäßig ist es auch möglich, hier zunächst einen Eingriff anzunehmen und die nachfolgenden Ausführungen i.R.d. verfassungsrechtlichen Rechtfertigung zu machen. Möglich ist auch, hier von vornherein von der üblichen Prüfung (1. Schutzbereich, 2. Eingriff, 3. Rechtfertigung) abzuweichen, und direkt nach einem Anspruch aus Grundrechten zu fragen!

Ein Eingriff in die Kunstfreiheit kann nur in dem Unterlassen der Förderung gesehen werden, wenn aus Art. 5 III GG ein **Anspruch** auf Förderung bestehen könnte. Nur unter der Voraussetzung, dass der Staat zur Förderung Privater im Kunstbereich verpflichtet ist, kann die Nichtförderung überhaupt das Grundrecht auf Kunstfreiheit beeinträchtigen.

Es ist daher zu prüfen, ob aus Art. 5 III GG ein solcher Anspruch folgen kann. Dazu müsste das Grundrecht neben seiner „normalen“ **Funktion**, den Einzelnen vor eingreifenden staatlichen Maßnahmen zu schützen (**Grundrechte als Abwehrrechte**), die weitere Funktion beinhalten, einen Anspruch auf staatliche Leistung oder ein sonstiges Tätigwerden zu geben (**Grundrechte als Leistungs- und Teilhaberechte**).

hemmer-Methode: Machen Sie sich die Frage klar, die sich hier stellt. Die Grundrechte sollen den Einzelnen vor staatlichen Eingriffen schützen. Sie sind Abwehrrechte des Einzelnen gegen den Staat, und darauf gerichtet, dass ein staatliches Verhalten unterbleibt[73]. Dies ist die klassische Grundrechtsfunktion.

---

[72] Pieroth/Schlink, Rn. 240.

[73] Hemmer/Wüst, Grundwissen Staatsrecht, Rn. 77 f.

Eine andere Frage ist es, ob aus Grundrechten auch Rechte des Einzelnen auf positives Tätigwerden des Staats folgen.

Primäre Funktion der Grundrechte ist die Abwehr staatlicher Eingriffe. Dies folgt schon aus der geschichtlichen Entwicklung der Grundrechte, die den Schutz des Einzelnen vor Eingriffsmaßnahmen zum Ziel hatte.

Einen Anspruch des Einzelnen auf Leistungen oder ein sonstiges Tätigwerden des Staates sieht das Grundgesetz nur an einigen Stellen vor. So hat gem. Art. 6 IV GG jede Mutter Anspruch auf Schutz und Fürsorge.

Art. 19 IV GG sieht den Anspruch auf Rechtsschutz gegen die öffentliche Gewalt vor und damit das Recht, dass der Staat eine Gerichtsbarkeit bereitstellen muss. Ebenso verlangen die „Justizgrundrechte" Art. 101 I S. 2 GG und Art. 103 I GG entsprechende staatliche Vorkehrungen. Nicht zuletzt erlegt Art. 1 I S. 2 GG dem Staat die Verpflichtung zum Schutz der Menschenwürde auf.

Leistungsrechte im Zusammenhang mit anderen Grundrechten sind daher fraglich. Ansatzpunkt für ihre Begründung ist die Überlegung, dass grundrechtliche Freiheiten nicht nur durch staatliche Eingriffsmaßnahmen gefährdet sind. Die **tatsächliche Ausübung grundrechtlicher Freiheiten** setzt demgegenüber in der heutigen Gesellschaft häufig voraus, dass der Staat überhaupt erst die Bedingungen hierfür schafft und zur Verfügung stellt.

Dementsprechend hat das BVerfG[74] in der „numerus-clausus-Entscheidung" für den Zugang zum Hochschulstudium entschieden, dass aus dem Grundrecht der Berufsfreiheit gem. Art. 12 I GG i.V.m. dem Gleichheitsgrundsatz gem. Art. 3 I GG und dem Sozialstaatsprinzip, ein Recht auf Zulassung zum Hochschulstudium folgt. Es besteht ein Anspruch auf Zulassung bis zur Ausschöpfung der vorhandenen Kapazitäten.

Darüber hinaus wird in dieser Entscheidung erwogen, ob nicht nur ein Anspruch auf Zulassung bis zur Grenze der vorhandenen Kapazitäten, sondern darüber hinaus ein Anspruch auf Schaffung zusätzlicher Kapazitäten bestehen kann[75].

Allerdings ist fraglich, ob dieser Ansatz auf andere Grundrechte übertragen werden kann. Zu beachten ist, dass es bei der genannten Entscheidung des BVerfG zunächst darum ging, ob der Einzelne einen Anspruch auf vorhandene staatliche Einrichtungen hat.

Zum anderen ist der Zugang zum Hochschulstudium durch die besondere Situation geprägt, dass das Hochschulwesen in Deutschland durch die staatlichen Einrichtungen dominiert ist. Unter diesen Umständen ist der Einzelne bei der Ausübung seines Grundrechts aus Art. 12 I GG darauf angewiesen, die staatliche Leistung „Hochschulausbildung" in Anspruch nehmen zu können.

Im Fall des M geht es jedoch darum, nicht nur vorhandene Einrichtungen und Leistungen zu „verteilen", sondern Leistungen überhaupt erst bereitzustellen.

hemmer-Methode: Unterscheiden Sie zwischen der Teilhabe an vorhandenen Einrichtungen und Leistungen („derivate Teilhaberechte"), und der Frage nach einem Anspruch auf deren erstmalige Bereitstellung („originäre Teilhaberechte")[76].

[74] BVerfGE 33, 303 ff.

[75] BVerfGE 33, 303, 333.

[76] Vgl. zu diesen Begrifflichkeiten Hemmer/Wüst, Grundwissen Staatsrecht, Rn. 81 f.

Bei ersteren besteht grds. ein Anspruch, hierbei ist insbesondere auch Art. 3 I GG zu beachten. Einen Anspruch auf erstmalige Bereitstellung staatlicher Leistungen besteht jedoch grds. nicht.

Ein solcher Anspruch kann aber grundsätzlich nicht aus den Grundrechten abgeleitet werden. Etwas anderes gilt auch nicht bei dem hier betroffenen Grundrecht auf Kunstfreiheit.

Zwar ist es tatsächlich so, dass weite Bereiche der Kunst ohne Förderung aus dem staatlichen Bereich nicht existieren können. Allerdings lässt sich hieraus und aus der Tatsache, dass sowohl private als auch öffentliche Einrichtungen gefördert werden, jedenfalls nicht die Pflicht des Staates herleiten, jede Art von Kunst zu fördern.

Der Staat hat lediglich die Pflicht, ein „freiheitliches Kunstleben zu erhalten und zu fördern“ (BVerfGE 81, 108, 116).

Auch bei einer Verletzung dieser Pflicht wäre jedoch fraglich, ob sich dann jemals ein konkreter Anspruch des Einzelnen auf eine bestimmte Förderung ergeben könnte.

Darüber hinaus besteht auch nicht die Pflicht, eine bisherige Förderung Privater weiterzuführen. Daher kann es keinen Anspruch auf Kunstförderung aus Art. 5 III GG geben.

Die Ablehnung der Förderung des M stellt daher keinen Eingriff in sein Grundrecht aus Art. 5 III GG dar.

hemmer-Methode: Der Schutzbereich des Art. 12 I GG ist nicht eröffnet, da laut Sachverhalt die Ausstellung nicht der Erhaltung der Lebensgrundlage des M dient und daher nicht sein Beruf ist.

3. Ergebnis

M ist nicht in Grundrechten verletzt.

IV. Zusammenfassung

Sound: Die Grundrechte haben die Funktion der Abwehrrechte gegen den Staat. Originäre Leistungs- und Teilhaberechte beinhalten sie nur in Ausnahmefällen.

hemmer-Methode: Der Bereich der Grundrechte als Leistungs- und Teilhaberechte ist ebenso groß wie unübersichtlich. Dazu tragen auch unterschiedliche und unklare Begrifflichkeiten bei. Die Leistungs- und Teilhaberechte werden z.T. auch mit dem Begriff „status positivus“ umschrieben[77]. Insgesamt können bei den Leistungs- und Teilhaberechten unterschieden werden:

- derivative Leistungs- und Teilhaberechte
- originäre Leistungs- und Teilhaberechte
- Schutzgewährrechte
- Grundrechte als Verfahrens- und Organisationsrechte

[77] Vgl. Pieroth/Schlink, Rn. 60.

Insbesondere die Schutzpflichten sind von erhöhter Relevanz. So ist der Staat gem. Art. 2 II S. 1 GG nicht nur verpflichtet, bei Eingriffsmaßnahmen das Grundrecht auf Leben und körperliche Unversehrtheit zu schützen, sondern er ist auch verpflichtet, durch die Rechtsordnung und die staatlichen Organe (Polizei, Justiz) dieses Grundrecht gegenüber Dritten zu schützen. Würde der Strafrahmen für Mord und Totschlag auf höchstens sechs Monate gesenkt, so wäre dies ein Verstoß gegen die aus Art. 2 II S. 1 GG folgende Schutzgewährpflicht! Aus Art. 2 II S. 1 GG folgt auch die Pflicht zum Schutz des ungeborenen Lebens, welcher der Staat mit den §§ 218 ff. StGB nachgekommen ist. Ebenso gehört dazu, dass bei gefährlichen Industrieanlagen eine behördliche Kontrolle durch ein Genehmigungsverfahren stattfindet (z.B. BImSchG, AtomG, usw.). Die Schutzgewährrechte sind nicht auf die Grundrechte aus Art. 2 II S. 1 GG beschränkt, werden aber hieran besonders deutlich!

V. Zur Vertiefung

Zur Kunst- und Wissenschaftsfreiheit

- Hemmer/Wüst, Grundwissen Staatsrecht, Rn. 198 ff.

Zu den Grundrechtsfunktionen

- Hemmer/Wüst, Grundwissen Staatsrecht, Rn. 74 ff.

Fall 11: Freizügigkeit (Art. 11 GG)

Sachverhalt:

P wohnt in der Stadt S. Er handelt auf bestimmten Plätzen in der Innenstadt von S gewerbsmäßig mit Drogen. Ermittlungsverfahren wegen Straftaten nach dem BtmG wurden gegen ihn eingeleitet. Um P am weiteren Drogenverkauf zu hindern, erlässt die Polizei ein Aufenthaltsverbot gegen P aufgrund des Polizeigesetzes des Bundeslandes. Das Verbot beinhaltet, dass sich P während der Dauer von zwei Monaten auf insgesamt drei verschiedenen Plätzen und jeweils 100 m Umkreis um diese Plätze nicht mehr aufhalten darf. P ist der Ansicht, das Verbot verstoße gegen seine Grundrechte aus Art. 2 II S. 2 GG und Art. 11 GG. Er habe sich in der Vergangenheit regelmäßig den ganzen Tag auf diesen Plätzen aufgehalten, und wolle dies auch künftig tun, da sein gesamter Bekanntenkreis sich dort täglich aufhalte. Außerdem sei der Landesgesetzgeber nicht für eine Beschränkung der Freizügigkeit zuständig.

Frage: *Sind Grundrechte des P verletzt?*

Das Polizeigesetz des Bundeslandes enthält folgende Vorschrift: „Die Polizei kann die erforderlichen Maßnahmen treffen, um eine im einzelnen Fall bestehende Gefahr für die öffentliche Sicherheit oder Ordnung abzuwehren.“

I. Einordnung

In welchem Verhältnis stehen die Grundrechte der Freizügigkeit gem. Art. 11 GG und der Freiheit der Person, Art. 2 II S. 2 GG?

II. Gliederung

1. Freizügigkeit Art. 11 GG

a) Schutzbereich

b) Eingriff

c) Verfassungsrechtliche Rechtfertigung

aa) Qualifizierter Gesetzesvorbehalt des Art. 11 II GG

⇨ Art. 11 II GG (+), da Maßnahme zur Vorbeugung von Straftaten

bb) Verfassungsmäßigkeit des Gesetzes

⇨ Gesetz ist formell verfassungsgemäß: Art. 73 I Nr. 3 GG beinhaltet nicht Eingriffe in Art. 11 GG zur Gefahrenabwehr aufgrund der Polizeigesetze

cc) Verfassungsmäßigkeit der Einzelmaßnahme

⇨ (+), insbes. verhältnismäßig

2. Freiheit der Person Art. 2 II S. 2 GG

Schutzbereich nicht eröffnet, da nur die körperliche Fortbewegungsfreiheit umfasst (h.M.).

3. Ergebnis

P ist nicht in seinen Grundrechten verletzt.

III. Lösung

P könnte in seinen Grundrechten verletzt sein.

1. Freizügigkeit Art. 11 GG

a) Schutzbereich

Die Möglichkeit des P, sich zu den von dem Aufenthaltsverbot betroffenen Orten zu bewegen, müsste vom Schutzbereich des Art. 11 I GG umfasst sein. Dieser schützt die Freizügigkeit. Freizügigkeit bedeutet, dass eine Person „an jedem Ort innerhalb des Bundesgebietes Aufenthalt und Wohnsitz nehmen kann".

Über die Voraussetzungen des Aufenthalts i.d.S. besteht keine Einigkeit[78]. Z.T. wird jeder noch so kurze Aufenthalt an einem Ort als von Art. 11 GG geschützt angesehen. Nach anderer Auffassung wird eine gewisse Dauer verlangt. Weiter wird vertreten, dass der Aufenthalt von Bedeutung für die jeweilige Person sein muss.

Eine Entscheidung unter diesen Ansichten kann hier offen bleiben, da bei dem hier vorliegenden Aufenthaltsverbot sowohl eine gewisse Dauer (zwei Monate) als auch eine ausreichende Bedeutung für P vorliegen, da er sich bisher regelmäßig dort aufgehalten hat.

Der Schutzbereich des Art. 11 GG ist eröffnet.

hemmer-Methode: Hier lässt sich auch ein anderes Ergebnis vertreten, da der jeweilige Aufenthalt an dem fraglich Ort nicht von Dauer, sondern nur vorübergehend sein soll. Mit dieser Argumentation würde Art. 11 GG u.U. ausscheiden und Sie müssten auf Art. 2 I GG abstellen.

Da Art. 11 GG nach der obigen Definition des Schutzbereichs nur den Aufenthalt im Bundesgebiet erfasst, ist nur die Freiheit der Einreise in das Bundesgebiet geschützt, nicht jedoch die Ausreisefreiheit[79]. Letztere wird nur durch Art. 2 I GG geschützt.

b) Eingriff

Indem ihm der Aufenthalt an diesen Plätzen verboten wird, wird ihm das grundrechtlich geschützte Verhalten unmöglich gemacht. Ein Eingriff in Art. 11 GG liegt vor.

c) Verfassungsrechtliche Rechtfertigung

aa) Qualifizierter Gesetzesvorbehalt des Art. 11 II GG

Eingriffe in die Freizügigkeit können gem. Art. 11 II GG nur dann erfolgen, wenn sie bestimmten Zwecken dienen. Art. 11 GG enthält damit einen sog. **qualifizierten Gesetzesvorbehalt**. Eingriffe in dieses Grundrecht sind daher nicht zugunsten jedes legitimen Ziels zulässig, sondern nur zum Schutz der in Art. 11 II GG abschließend aufgeführten Belange.

hemmer-Methode: Dagegen können die Grundrechte mit „normalem" Gesetzesvorbehalt, wie z.B. Art. 2 II GG, zugunsten jedes legitimen Ziels eingeschränkt werden.

---
[78] Vgl. dazu Hemmer/Wüst, Staatsrecht I, Rn. 256.

[79] Hemmer/Wüst, Staatsrecht I, Rn. 256.

Der Eingriff, d.h. hier das Aufenthaltsverbot, diente hier der Verhinderung weiterer Straftaten nach dem BtmG und damit der Vorbeugung strafbarer Handlungen (vgl. Art. 11 II GG a.E.).

Die Maßnahme erfolgte damit zugunsten eines durch den qualifizierten Gesetzesvorbehalt zugelassenen Ziels.

bb)Verfassungsmäßigkeit des Gesetzes

(1)Formelle Verfassungsmäßigkeit

Das Gesetz müsste formell verfassungsmäßig sein. Dazu müsste dem Bundesland die Gesetzgebungszuständigkeit zustehen. Gem. Art. 73 I Nr. 3 GG ist jedoch der Bund für die Regelungen der Freizügigkeit ausschließlich zuständig.

Hieraus kann jedoch nicht geschlossen werden, dass die Polizei- und Sicherheitsgesetze der Länder nicht auch Beschränkungen der Freizügigkeit ermöglichen könnten. Denn das Polizei- und Sicherheitsrecht zählt zur Gesetzgebungszuständigkeit der Länder, da insoweit keine Zuständigkeit des Bundes begründet ist.

Zu den i.R.d. Polizeirechts notwendigen Maßnahmen zählen auch solche, die in die Freizügigkeit eingreifen. Dementsprechend enthalten die Polizeigesetze der Länder auch regelmäßig die Bestimmungen, dass aufgrund dieser Gesetze auch das Grundrecht der Freizügigkeit eingeschränkt werden kann[80].

Art. 73 I Nr. 3 GG ist daher dahingehend auszulegen, dass er nicht Eingriffe in die Freizügigkeit zur Gefahrenabwehr betrifft.

hemmer-Methode: Eine derart detaillierte Auseinandersetzung kann von Ihnen in einer Klausur nicht verlangt werden.
Wichtig ist hier, dass Sie Art. 73 I Nr. 3 GG finden und sich für die eine oder andere Auslegung entscheiden. Legt man Art. 73 I Nr. 3 GG anders aus, so würde man jedoch nicht die polizeiliche Generalklausel als insgesamt verfassungswidrig ansehen, sondern man würde lediglich feststellen, dass auf diese keine Maßnahmen gestützt werden können, die in Art. 11 GG eingreifen.

Da keine sonstige Zuständigkeit des Bundes in dieser Sache begründet ist, sind gem. Art. 70 GG die Länder zuständig.

Auch ansonsten bestehen keine Zweifel an der formellen Verfassungsmäßigkeit der Vorschrift. Von der Einhaltung des Zitiergebots nach Art. 19 I S. 2 GG ist auszugehen.

(2)Materielle Verfassungsmäßigkeit des Gesetzes

Bedenken gegen die materielle Verfassungsmäßigkeit des Gesetzes bestehen nicht. Insbesondere verstößt das Gesetz nicht gegen das rechtsstaatliche Bestimmtheitsgebot (Art. 20 III GG), denn die Begriffe „Sicherheit“ und „Ordnung“ sind durch jahrzehntelange Rechtsprechung in ausreichendem Maße konkretisiert.

Zudem sieht die Vorschrift Ermessen vor und kann daher im Zweifel verfassungskonform angewendet werden[81]. Sollten einzelne darauf gestützte Maßnahmen gegen Grundrechte verstoßen, so ist dies eine Frage der Verfassungsmäßigkeit der Einzelmaßnahme.

[80] Vgl. z.B. Art. 74 BayPAG, § 7 NRWPolG, § 79b Nr. 5 SäPolG.

[81] Vgl. dazu schon Fall 4.

cc) Verfassungsmäßigkeit der Einzelmaßnahme

Die Einzelmaßnahme ist verfassungswidrig, wenn sie eine Verletzung spezifischen Verfassungsrechts darstellt. Dies ist insbesondere dann der Fall, wenn dabei die Bedeutung und Tragweite eines Grundrechts verkannt würde.

Die Maßnahme müsste insbesondere verhältnismäßig sein. Sie verfolgt ein legitimes Ziel, denn sie dient der Verhinderung weiterer Straftaten durch P.

Erforderlich ist die Maßnahme, wenn es keine Alternative gibt, die weniger belastend ist und dabei ebenso effektiv. Die Alternative könnte darin bestehen, dass die Polizei diese Plätze häufiger kontrolliert und damit verhindert, dass P dort mit Drogen handelt.

Die Effektivität einer Maßnahme ist jedoch auch anhand des erforderlichen behördlichen Aufwands zu beurteilen. Dieser wäre höher, wenn letztlich pausenlos kontrolliert werden müsste, ob P Drogen verkauft. Zwar muss auch das Aufenthaltsverbot durchgesetzt und kontrolliert werden.

Dieses ist jedoch für die Polizei insofern einfacher, als sie P ohne weiteres entfernen kann, wenn er sich trotz des Verbots dort aufhält. Sie kann ihn ggf. auch wegen des Verstoßes gegen das Verbot in Gewahrsam nehmen. Das Alternativmittel ist daher nicht ebenso effektiv.

Schließlich müsste die Maßnahme angemessen sein. Dazu müsste bei einer Abwägung die Verhinderung von Straftaten die Freizügigkeit des P überwiegen.

Auch wenn P sich nicht nur dort aufhalten möchte, sondern sein Aufenthalt der Pflege sozialer Kontakte dient und ihn das Verbot daher besonders intensiv betrifft, so überwiegt hier doch eindeutig das öffentliche Interesse an der Verhinderung von Straftaten.

Das Aufenthaltsverbot verstößt nicht gegen Art. 11 GG.

2. Freiheit der Person, Art. 2 II S. 2 GG

Es müsste der **Schutzbereich** des Art. 2 II S. 2 GG betroffen sein. Freiheit der Person bedeutet nach h.M. die **körperliche Fortbewegungsfreiheit** (Hemmer/Wüst, Staatsrecht I, Rn. 174; Jarass/Pieroth, Art. 2 GG, Rn. 84.).

Nur soweit es um die tatsächliche Möglichkeit der Fortbewegung von einem bestimmten Ort geht, ist der Schutzbereich des Art. 2 II S. 2 GG eröffnet.

Nach a.A. umfasst die Freiheit der Person i.d.S. auch die Freiheit von Verboten, einen bestimmten Ort aufzusuchen (so Pieroth/Schlink, Rn. 414). Dies ist jedoch abzulehnen, da dann die Abgrenzung zu Art. 11 GG unklar ist.

Zudem spricht für die h.M. der Zusammenhang mit den Rechten aus Art. 2 II S. 1 GG (Leben und körperliche Unversehrtheit), die sich auf die Möglichkeiten tatsächlich-physischer Freiheitsbetätigung beziehen.

Um die körperliche Fortbewegungsfreiheit geht es bei P jedoch nicht, sondern um die Freiheit von dem Verbot, einen bestimmten Ort aufzusuchen. Daher ist der Schutzbereich des Art. 2 II S. 2 GG nicht eröffnet.

3. Ergebnis

P ist nicht in Grundrechten verletzt.

IV. Zusammenfassung

Sound: Freizügigkeit gem. Art. 11 GG ist die Freiheit, an jedem Ort innerhalb des Bundesgebietes Aufenthalt und Wohnsitz zu nehmen. Str. ist, ob der Aufenthalt von einer gewissen Dauer sein muss, oder von einer bestimmten Bedeutung für die betroffene Person.

hemmer-Methode: Beachten Sie bei den Grundrechten mit qualifiziertem Gesetzesvorbehalt noch, dass die qualifizierten Gesetzesvorbehalte insofern nicht abschließend sind, als diese Grundrechte auch noch aufgrund kollidierenden Verfassungsrechts eingeschränkt werden können. Es gelten für die Grundrechte mit qualifiziertem Gesetzesvorbehalt zusätzlich die „verfassungsimmanenten Schranken" wie bei den Grundrechten ohne Gesetzesvorbehalt! (Jarass/Pieroth, Art. 11 GG, Rn. 13). Dies kann im Wege eines Erst-Recht-Schlusses begründet werden, da die Schranken, die für Grundrechte ohne Gesetzesvorbehalt „kraft Verfassung" gelten, auch für die Grundrechte mit (qualifiziertem) Gesetzesvorbehalt gelten. Bei den Grundrechten mit einfachem Gesetzesvorbehalt erübrigt sich diese Argumentation, denn bei diesen sind Eingriffe zugunsten jedes legitimen Zwecks möglich!

V. Zur Vertiefung

Zu Art. 11 GG

- Hemmer/Wüst, Staatsrecht I, Rn. 255 ff.

Zu Art. 2 II S. 2 GG

- Hemmer/Wüst, Staatsrecht I, Rn. 174 ff.
- BayVGH, Life&Law 2007, 122 ff.

Fall 12: Ehe und Familie (Art. 6 I GG)

Sachverhalt:

M ist wegen mehrerer Verbrechen verurteilt und verbüßt eine Freiheitsstrafe in der Justizvollzugsanstalt. Aus dieser ist er schon zweimal ausgebrochen. Es besteht der Verdacht, dass seine Ehefrau E ihm dabei geholfen hat, indem sie M bei Besuchen in der JVA Werkzeuge u.Ä. übergab. Daher lässt die Anstaltsleitung nunmehr nur noch Besuche der E unter Einsatz einer Trennscheibe zu. Dabei befinden sich M und E in einem Raum, der jedoch durch eine Glasscheibe vollständig geteilt ist, sodass auch jeglicher körperlicher Kontakt unmöglich ist. M macht geltend, die Sicherheit der Anstalt könne auch durch andere Maßnahmen als die Trennscheibe gewährleistet werden. Das Strafvollzugsgesetz (StVollzG) ermächtige überhaupt nicht zum Einsatz einer Trennscheibe und sei auch zu unbestimmt.

***Frage:** Ist M durch den Trennscheibeneinsatz in seinem Grundrecht aus Art. 6 GG verletzt?*

§ 27 StVollzG gestattet, Besuche des Gefangenen aus Gründen der Sicherheit oder Ordnung der Anstalt zu überwachen.

I. Einordnung

Unter welchen Voraussetzungen sind Eingriffe in das Grundrecht auf Ehe gem. Art. 6 I GG zulässig?

II. Gliederung

Verletzung des Grundrechts auf Ehe gem. Art. 6 I GG

1. Schutzbereich

⇨ Geschützt ist auch das eheliche Zusammenleben

2. Eingriff

3. Verfassungsrechtliche Rechtfertigung

a) Rechtfertigung von Eingriffen in Art. 6 I GG

⇨ kein Gesetzesvorbehalt, Eingriffe nur i.R.d. verfassungsimmanenten Schranken

⇨ Strafrechtspflege ist Rechtsgut mit Verfassungsrang

b) Verfassungsmäßigkeit des Gesetzes § 27 StVollzG ist nicht zu unbestimmt (Art. 20 III GG)

c) Verfassungsmäßigkeit der Einzelmaßnahme

⇨ nicht zu prüfen, ob § 27 StVollzG die Rechtsgrundlage für den Trennscheibeneinsatz ist (keine spezifische Verfassungsverletzung)

⇨ Maßnahme ist verhältnismäßig

4. Ergebnis

keine Verletzung des Art. 6 I GG

III. Lösung

Verletzung des Grundrechts auf Ehe gem. Art. 6 I GG

M könnte durch den Einsatz der Trennscheibe in seinem Grundrecht auf Ehe aus Art. 6 I GG verletzt sein.

1. Schutzbereich

Das Grundrecht auf Ehe gem. Art. 6 I GG schützt sowohl die Freiheit, eine Ehe einzugehen, als auch das eheliche Zusammenleben[82]. Dies beinhaltet insbesondere die Möglichkeit räumlicher Anwesenheit des jeweils anderen Ehegatten.

Die Tatsache, dass M eine Freiheitsstrafe verbüßt und dadurch das eheliche Zusammenleben nicht in vollem Umfang verwirklicht werden kann, hat darauf keinen Einfluss. M ist durch Art. 6 I GG geschützt, weil er mit E verheiratet ist.

Dieser Schutz umfasst auch die Besuche der E in der JVA, denn hierbei findet das eheliche Zusammenleben statt. Der Schutzbereich des Grundrechts auf Ehe gem. Art. 6 I GG ist eröffnet.

hemmer-Methode: Die Geltung der Grundrechte für M ist nicht aufgrund der Strafhaft ausgeschlossen. Diese Auffassung, die unter dem Stichwort „besonderes Gewaltverhältnis" in früheren Zeiten vertreten wurde, ist unter der umfassenden Geltung der Grundrechte (Art. 1 III GG) nicht vertretbar[83], und wird auch nicht mehr vertreten. Daher brauchen Sie das in der Klausur nicht mehr zu erwähnen.

2. Eingriff

Ein Eingriff stellt eine staatliche Maßnahme dar, die dem Einzelnen ein grundrechtsgeschütztes Verhalten unmöglich macht.

hemmer-Methode: Art. 6 I GG ist z.T. ein sog. normgeprägtes Grundrecht, da das grundrechtlich geschützte Verhalten erst durch die Existenz bestimmter Regelungen (rechtliche Anerkennung der Ehe durch die Rechtsordnung) möglich ist. Daher können Regelungen, welche die Ehe betreffen, auch bloße Ausgestaltungen sein, denen der Eingriffscharakter fehlt[84]. Dies ist aber bei dem Einsatz der Trennscheibe offensichtlich nicht der Fall.

Durch den Einsatz der Trennscheibe ist M und E bei den Besuchen kein körperlicher Kontakt möglich. Davon abgesehen hat die Teilung des Besucherraums durch eine Trennscheibe schon bei einer normalen Unterhaltung eine erhebliche Wirkung. Denn eine normale Gesprächsatmosphäre ist dabei ohne Zweifel nicht vorhanden.

Der Trennscheibeneinsatz stellt daher einen Eingriff in das Grundrecht des M aus Art. 6 I GG dar.

hemmer-Methode: In gleichem Maße wird selbstverständlich auch in das Grundrecht der E aus Art. 6 I GG eingegriffen.

3. Verfassungsrechtliche Rechtfertigung

Der Eingriff könnte verfassungsrechtlich gerechtfertigt sein. Das Grundrecht auf Ehe gem. Art. 6 I GG steht nicht unter Gesetzesvorbehalt. Eingriffe in das Grundrecht können daher nur aufgrund kollidierenden Verfassungsrechts erfolgen (**verfassungsimmanente Schranken**).

---

[82] Hemmer/Wüst, Staatsrecht I, Rn. 223.

[83] BVerfGE 33, 1 ff.

[84] Vgl. zu diesem Problem bei normgeprägten Grundrechten Fall 7.

a) Rechtfertigung von Eingriffen in Art. 6 I GG

Der Strafvollzug ist ein solches kollidierendes Rechtsgut mit Verfassungsrang. Dies ergibt sich zwar nicht schon aus der Erwähnung in Art. 74 I Nr. 1 GG, da aus der bloßen Erwähnung dieses Begriffs in den Regelungen der Gesetzgebungszuständigkeiten gem. Art. 73 ff. GG noch nicht auf einen Verfassungsrang geschlossen werden kann.

Der Verfassungsrang der Strafrechtspflege ergibt sich jedoch schon aus der Schutzpflicht des Staates für die durch die Strafgesetze geschützten Rechtsgüter, wie insbesondere die Grundrechte des Einzelnen (Leben, körperliche Unversehrtheit, Eigentum). Zur Strafrechtspflege gehört auch der Strafvollzug als Durchführung der Sanktion „Freiheitsstrafe“.

hemmer-Methode: Dies ist offensichtlich, sonst wäre der Vollzug einer Freiheitsstrafe bei Ehegatten nicht zulässig.

Damit sind der Strafvollzug und seine ordnungsgemäße und sichere Durchführung ein Rechtsgut mit Verfassungsrang, zu dessen Gunsten das Grundrecht aus Art. 6 I GG eingeschränkt werden kann.

Wie bei den Grundrechten mit Gesetzesvorbehalt, so dürfen auch Einschränkungen der Grundrechte ohne Gesetzesvorbehalt nur durch Gesetz oder aufgrund Gesetzes erfolgen. Der Einsatz der Trennscheibe muss daher auf einer verfassungsmäßigen Rechtsgrundlage beruhen. Dies könnte hier § 27 StVollzG sein.

b) Verfassungsmäßigkeit des Gesetzes

Von der formellen Verfassungsmäßigkeit des StVollzG ist auszugehen.

Das Gesetz müsste auch dem aus dem Rechtsstaatsprinzip gem. Art. 20 III GG folgenden **Bestimmtheitsgebot** genügen.

hemmer-Methode: Ein Grundrecht ist auch dann verletzt, wenn der Eingriff nicht auf einer verfassungsmäßigen gesetzlichen Grundlage erfolgt. Dabei kann das Gesetz auch gegen sonstiges (objektives!) Verfassungsrecht außerhalb des Grundrechtsteils der Art. 1 - 19 GG verstoßen!

Für die Bestimmtheit ist es jedoch ausreichend, dass die Bedeutung eines Gesetzes durch die Rechtsprechung konkretisiert werden kann. Gesetze sind nicht nur auslegungsfähig, sondern aufgrund ihrer grundsätzlich abstrakt-generellen Formulierung auch auslegungsbedürftig.

§ 27 StVollzG verwendet die hergebrachten Begriffe der „Sicherheit“ und „Ordnung“. Diese sind durch die langjährige Rspr. zu den Sicherheits- und Polizeigesetzen konkretisiert, und die dort gewonnenen Erkenntnisse können auch für das Strafvollzugsrecht fruchtbar gemacht werden. Die Vorschrift genügt dem rechtsstaatlichen Bestimmtheitsgebot.

Ob die Vorschrift tatsächlich zum Einsatz einer Trennscheibe ermächtigt, ist keine Frage der Verfassungsmäßigkeit des Gesetzes, sondern eine Frage der Auslegung und Anwendung des Gesetzes im Einzelfall. Dies kann daher erst i.R.d. Verfassungsmäßigkeit der Einzelmaßnahme relevant werden.

hemmer-Methode: Arbeiten Sie am Sachverhalt und achten Sie auf jeden Satz! Sie müssen die Angaben im Sachverhalt in die richtigen juristischen Fragestellungen übersetzen. Dies ist bei den Klausuren im Studium ebenso wichtig wie später im Examen. Genau das ist die hemmer-Methode: **Versetzen Sie sich in den Ersteller der Klausur hinein und finden Sie heraus, welches Problem er hören will („Echo-Prinzip").** M macht zwei Einwände geltend, der eine ist eine Frage der Verfassungsmäßigkeit des Gesetzes, der andere betrifft die Verfassungsmäßigkeit der Einzelmaßnahme.

§ 27 StVollzG ist verfassungsmäßig.

c) Verfassungsmäßigkeit der Einzelmaßnahme

Verfassungswidrig ist die Einzelmaßnahme, wenn sie spezifisches Verfassungsrecht verletzt. Dies ist insbesondere der Fall, wenn die Bedeutung und Tragweite des Ehegrundrechts gem. Art. 6 I GG im konkreten Fall verkannt wurde.

aa) Zunächst könnte die Annahme, § 27 StVollzG ermögliche nicht den Einsatz einer Trennscheibe, zur Verfassungswidrigkeit der Einzelmaßnahme führen. Jedoch ermöglicht § 27 StVollzG zu Maßnahmen, die der Überwachung der Besuche dienen. Die Auslegung, dass zu den Überwachungsmaßnahmen auch der Einsatz einer Trennscheibe zählt, stellt keinen Verstoß gegen spezifisches Verfassungsrecht dar. Dies verstößt nicht gegen allgemein anerkannte Auslegungsgrundsätze.

hemmer-Methode: Das BVerfG prüft nicht, ob die Einzelmaßnahme tatsächlich auf dem Gesetz beruht. Das einfache Recht wird nicht geprüft, denn dies ist allein Sache der Instanzgerichte. Das BVerfG ist **keine Superrevisionsinstanz**. Daher müssen Sie stets vorsichtig sein, sollten Sie zu der Frage kommen, ob die Voraussetzungen der gesetzlichen Grundlage erfüllt sind.
Das Gleiche gilt, wenn Sie wie hier nicht eine Verfassungsbeschwerde, sondern lediglich die Verfassungsmäßigkeit einer Maßnahme zu prüfen haben. Nicht jeder Verstoß gegen einfaches Recht begründet zugleich einen Verfassungsverstoß.

bb) Der Trennscheibeneinsatz hat hier deshalb besonderes Gewicht, da die Besuche der E in der JVA die einzige Möglichkeit ehelichen „Zusammenlebens" darstellen, oder jedenfalls einen ganz wesentlichen Teil dessen, wenn man die Möglichkeit von Briefen und Telefongesprächen[85] dazu nimmt.

Demgegenüber ist jedoch das Interesse an dem ordnungsgemäßen Strafvollzug zu berücksichtigen. Dies beinhaltet, dass Vorkehrungen gegen einen Ausbruch getroffen werden. Bestehen Anhaltspunkte dafür, dass die Sicherheit durch Besuche des Ehegatten gefährdet wird, so muss das Grundrecht aus Art. 6 I GG zurückstehen.

Die Verfassungswidrigkeit der Einzelmaßnahme könnte sich dann nur noch aus deren Unverhältnismäßigkeit ergeben. Sie müsste insbesondere erforderlich sein.

---

[85] In manchen JVA haben die Insassen dazu in Grenzen die Möglichkeit.

Möglich wäre es, statt der Trennscheibe den Besuch der E durch Anwesenheit eines Vollzugsbediensteten zu überwachen, oder aber E und M vor und nach dem Besuch zu durchsuchen.

Erstere Alternative ist jedoch nicht ebenso effektiv, da es der Aufmerksamkeit des Bediensteten entgehen könnte, wenn Gegenstände übergeben werden. Die Durchsuchung der Personen würde nicht nur zusätzlich in Rechte des M eingreifen, sondern v.a. auch in das allgemeine Persönlichkeitsrecht der E. Sie ist daher kein ebenso effektives Mittel.

hemmer-Methode: Anders könnte dies zu beurteilen sein, wenn sich nicht nur M, sondern auch E zu einer Durchsuchung bereit erklären würden und damit zum Ausdruck bringen, dass sie dies als weniger belastend empfinden. Dem müsste dann gefolgt werden[86].

Die Maßnahme ist auch angemessen, denn das Interesse an dem ordnungsgemäßen Strafvollzug überwiegt das Grundrecht des M.

Die Einzelmaßnahme ist verfassungsmäßig.

4. Ergebnis

M ist nicht in seinem Grundrecht auf Ehe gem. Art. 6 I GG verletzt.

IV. Zusammenfassung

- Art. 6 I GG ist ein **normgeprägtes Grundrecht**. Es kann und muss durch den Gesetzgeber **ausgestaltet** werden. Daher stellt nicht jede Regelung der Ehe auch einen Eingriff dar.
- Liegt ein **Eingriff** vor, so ist dieser nur i.R.d. **verfassungsimmanenten Schranken**, d.h. zugunsten kollidierenden Verfassungsrechts, zulässig.

Sound: Das Grundrecht auf Ehe gem. Art. 6 I GG schützt sowohl die Freiheit der Eheschließung als auch das eheliche Zusammenleben. Es ist dabei nicht nur Freiheitsrecht, sondern (vor allem) Gleichheitsrecht: Eheleute dürfen auf keinen Fall schlechter gestellt werden als bspw. Partner einer nichtehelichen Lebensgemeinschaft.[87] Aus diesem Grund forderte die (früher) h.M., § 1362 BGB, § 739 ZPO analog auf die nichteheliche Lebensgemeinschaft anzuwenden. Der BGH ist dem entgegentreten, weil er die planwidrige Regelungslücke verneint. Die Folge könnte die Verfassungswidrigkeit der Norm sein.[88]

[86] BVerfGE 89, 315, 326 f.

[87] BVerfG, FamRZ 2005, 2047 = **Life&Law 2006, Heft 1** (Zweitwohnungssteuer).

[88] Vgl. BGH, NJW 2007, 992 = LNR 2006, 29545 = **Life&Law 2007, 237 ff.**

hemmer-Methode: Nochmals sei darauf hingewiesen, dass nicht zu prüfen ist, ob das Gesetz richtig angewendet wurde, d.h. die Einzelmaßnahme auch tatsächlich auf dem Gesetz beruht. Dies ist nicht zu untersuchen, wenn die Verfassungsmäßigkeit der Einzelmaßnahme zu prüfen ist. Wurde das Gesetz falsch angewendet und beruht die Einzelmaßnahme nicht auf diesem, so ist sie rechtswidrig. Sie ist aber nicht unbedingt verfassungswidrig. Verfassungswidrig ist sie nur dann, wenn gegen spezifisches Verfassungsrecht verstoßen wird. Dies ist insbesondere dann der Fall, wenn ein Grundrecht übersehen wurde, oder Bedeutung und Tragweite eines Grundrechts verkannt wurden. Diese Grundsätze gelten bei der Frage nach der Verfassungsmäßigkeit einer Maßnahme, aber vor allem auch bei der Prüfung einer Verfassungsbeschwerde. Das BVerfG ist keine Superrevisionsinstanz. Es prüft nicht die richtige Auslegung und Anwendung des einfachen Rechts. Dies ist Aufgabe der Fachgerichte.

V. Zur Vertiefung

Zu Art. 6 I GG

- Hemmer/Wüst, Staatsrecht I, Rn. 223 ff.
- BVerfG, NJW 2008, 246 = **Life&Law 2008, 393** (Bevorzugung der Ehe gegenüber Lebenspartnerschaften zulässig).

Fall 13: Wahlrechtsgrundsätze (Art. 38 I S. 1 GG)

Sachverhalt:

Polizeibeamte aus mehreren Bundesländern haben den Verein „Polizisten für Bundeskanzler B e.V.“ gegründet. Der Verein hat zum Ziel, die Wiederwahl des amtierenden Bundeskanzlers zu unterstützen. Zwei Monate vor der Bundestagswahl werden im Fernsehen Werbespots des Vereins ausgestrahlt, in denen der Bundesinnenminister S auftritt. Er äußert sich u.a. folgendermaßen: „Wie Sie wissen, haben wir in den vergangenen Jahren Außerordentliches für die innere Sicherheit getan. Wenn Sie weiterhin in Sicherheit leben wollen, empfehle ich Ihnen als Ihr Bundesinnenminister, durch Ihre Stimme mitzuhelfen, dass B Bundeskanzler bleibt.“

O ist Kandidat einer Oppositionspartei für die Bundestagswahl. Er ist der Ansicht, die Werbung mit dem Auftreten des Innenministers sei verfassungswidrig. Nachdem er erfolglos geklagt hat, erhebt er Verfassungsbeschwerde.

Frage: *Ist diese Verfassungsbeschwerde erfolgreich?*

I. Einordnung

Äußerungen von Amtsträgern und staatlichen Stellen müssen im Hinblick auf Wahlen rechtlichen Grenzen unterliegen.

II. Gliederung

1. Zulässigkeit der Verfassungsbeschwerde

a) Zuständigkeit des BVerfG

b) Beschwerdeberechtigung

c) Beschwerdegegenstand

d) Beschwerdebefugnis
O ist möglicherweise in seinem **Recht auf Freiheit der Wahl gem. Art. 38 I S. 1 GG** verletzt.

e) Rechtswegerschöpfung

f) Sonstiges

2. Begründetheit
⇨ Verletzung des Art. 38 I S. 1 GG

a) Schutzbereich

b) Eingriff

⇨ hier staatliche Beeinflussung der Wahlentscheidung: Innenminister handelte in amtlicher Eigenschaft als Mitglied der Bundesregierung

⇨ keine **zulässige Öffentlichkeitsarbeit**, sondern **Wahlwerbung**

c) verfassungsrechtliche Rechtfertigung (-)
Art. 38 I S. 1 GG verletzt

3. Ergebnis
Verfassungsbeschwerde erfolgreich

III. Lösung

Die Verfassungsbeschwerde hat Erfolg, wenn sie zulässig und begründet ist.

1. Zulässigkeit der Verfassungsbeschwerde

a) Zuständigkeit des BVerfG

Das BVerfG ist für die Entscheidung über Verfassungsbeschwerden gem. Art. 93 I Nr. 4a GG, § 13 Nr. 8a BVerfGG zuständig.

hemmer-Methode: Richtige Verfahrensart ist nicht das Organstreitverfahren gem. Art. 93 I Nr. 1 GG. Denn es geht nicht um die Rechte eines Abgeordneten nach Art. 38 I S. 2 GG, sondern um das grundrechtsgleiche Recht aus Art. 38 I S. 1 GG. Unterscheiden Sie unbedingt zwischen diesen beiden Regelungen innerhalb des Art. 38 I GG, die völlig unterschiedlichen Bereichen angehören (S. 1: Außenrechtsverhältnis Staat-Einzelner ⇔ S. 2: organinterne Rechte der Mitglieder des Bundestags).

b) Beschwerdeberechtigung

Beschwerdeberechtigt ist jedermann (Art. 93 I Nr. 4a GG). Dazu ist die Grundrechtsberechtigung[89] erforderlich. Grundrechtsberechtigt aus Art. 38 I S. 1 GG sind alle natürlichen Personen mit deutscher Staatsangehörigkeit. Letzteres ist bei O anzunehmen.

c) Beschwerdegegenstand

Beschwerdegegenstand kann nach Art. 93 I Nr. 4a GG jeder Akt der öffentlichen Gewalt sein. Damit sind Maßnahmen aller drei Staatsfunktionen gemeint, also der Gesetzgebung, der Verwaltung und der Rechtsprechung[90]. O wendet sich gegen das Auftreten des Innenministers in der Werbung, sowie die abweisenden gerichtlichen Entscheidungen. Hierbei handelt es sich um Maßnahmen der Verwaltung bzw. der Rechtsprechung. Diese sind taugliche Beschwerdegegenstände.

d) Beschwerdebefugnis

Gem. Art. 93a I Nr. 4a GG, § 90 I BVerfGG muss eine Verletzung von dort genannten Rechten behauptet werden. O könnte in seinem grundrechtsgleichen Recht aus Art. 38 I S. 1 GG verletzt sein. Die Wahlrechtsgrundsätze schützen nicht nur die Wähler bei der Ausübung ihres **aktiven Wahlrechts**, sondern auch die Kandidaten (**passives Wahlrecht**).

Eine Verletzung dieses Rechts durch das Auftreten des Ministers und die bestätigenden gerichtlichen Entscheidungen ist nicht von vornherein ausgeschlossen. O ist auch selbst, gegenwärtig und unmittelbar betroffen[91].

e) Rechtswegerschöpfung und Subsidiarität

Gem. § 90 II S. 1 BVerfGG muss vor Erhebung der Verfassungsbeschwerde der Rechtsweg erschöpft sein. Dies ist hier erfolgt. Andere Möglichkeiten, die behauptete Grundrechtsverletzung aus der Welt zu schaffen, sind nicht ersichtlich, sodass auch dem Grundsatz der Subsidiarität genüge getan ist.

f) Sonstiges

Von dem Vorliegen der sonstigen Voraussetzungen (Form, § 23 I S. 1 BVerfGG, Frist gem. § 93 I S. 1 BVerfGG) ist auszugehen.

[89] Auch als Grundrechtsträgerschaft bezeichnet.
[90] Hemmer/Wüst, Grundwissen Staatsrecht, Rn. 29 f.
[91] Vgl. dazu Hemmer/Wüst, Grundwissen Staatsrecht, Rn. 37 ff.

2. Begründetheit

Die Verfassungsbeschwerde ist begründet, wenn der Beschwerdeführer in Grundrechten oder grundrechtsgleichen Rechten (Art. 93 I Nr. 4a GG) verletzt ist.

O könnte in seinem grundrechtsgleichen Recht gem. Art. 38 I S. 1 GG auf freie Wahl verletzt sein.

a) Schutzbereich

Freiheit der Wahl beinhaltet, dass das aktive und das passive Wahlrecht ohne staatliche Beeinflussung ausgeübt werden können. Da sich Art. 38 I S. 1 GG auf die Wahlen zum Bundestag bezieht und O Kandidat ist, wird sein passives Wahlrecht von den Wahlrechtsgrundsätzen geschützt.

b) Eingriff

Ein Eingriff in die Freiheit der Wahl liegt vor, wenn von staatlicher Seite Druck oder Einfluss auf die Wahlentscheidung ausgeübt wird.

aa) Freiheit der Wahl bedeutet zum einen, dass der Einzelne entscheiden kann, ob er überhaupt wählt.

Eine Wahlpflicht würde daher nach umstrittener, aber richtiger Ansicht gegen Art. 38 I S. 1 GG verstoßen[92].

Darüber hinaus beinhaltet die freie Wahl, dass auf die Entscheidung, welche Partei gewählt wird, nicht von staatlicher Seite Einfluss genommen werden darf. Eine solche **staatliche Wahlbeeinflussung** beeinträchtigt dabei nicht nur das Recht der Wähler (aktives Wahlrecht), sondern auch das passive Wahlrecht der zur Wahl stehenden Kandidaten.

[92] Vgl. dazu Pieroth/Schlink, Rn. 1051.

bb) Fraglich ist, ob das Auftreten des Innenministers in diesem Fernsehspot eine staatliche Beeinflussung der Wahl darstellt.

hemmer-Methode: Beachten Sie, dass bei einem Eingriff in die Wahlfreiheit gem. Art. 38 I S. 1 GG mit der Bejahung eines Eingriffs i.d.R. zugleich fest steht, dass der Eingriff verfassungswidrig ist. Denn Art. 38 I S. 1 GG steht nicht unter Gesetzesvorbehalt, auch Art. 38 III GG enthält keinen solchen. Für Beeinträchtigungen der Wahlfreiheit lassen sich kaum Rechtfertigungen finden.[93] Anders z.T. bei den anderen Wahlrechtsgrundsätzen[94].

Dabei ist zunächst zu klären, ob der **Innenminister** sich überhaupt **in seiner Eigenschaft als solcher** geäußert hat. Eine unzulässige staatliche Beeinflussung kann nur dann vorliegen, wenn eine staatliche Stelle tätig geworden ist.

Die Mitglieder der Bundesregierung sind jedoch i.d.R. auch Mitglieder ihrer Partei und können für ihre Partei Wahlkampf machen.

In ihrer Eigenschaft als Parteimitglieder und Kandidaten können Sie selbstverständlich auch für ihre Partei und ihre Ansichten werben.

Entscheidend hierbei ist, dass dies außerhalb ihrer amtlichen Funktion als Bundeskanzler, Minister usw. erfolgt[95].

Dies war jedoch hier nicht der Fall. Indem der Innenminister sich in dem Fernsehspot ausdrücklich auf sein Amt berief, hat er die damit verbundene „Autorität" in Anspruch genommen.

[93] Strittig ist allerdings, ob die Einführung einer Wahlpflicht verfassungsgemäß wäre.

[94] Dazu s.u.

[95] BVerfGE 63, 230, 243.

Er ist damit in seiner amtlichen Eigenschaft als Bundesminister und Mitglied der Regierung tätig geworden, nicht als Mitglied seiner Partei.

cc) Zu beachten ist, dass die **Bundesregierung** und deren Mitglieder jedoch auch zur **Öffentlichkeitsarbeit** befugt sind. Dies beinhaltet einerseits, künftige Vorhaben in der Öffentlichkeit darzulegen und zu erläutern. Ebenso kann über bereits getroffene Maßnahmen informiert werden. Dies muss jedoch stets sachgerecht und objektiv sein[96].

Die Grenze ist dort zu ziehen, wo der informative Gehalt einer Äußerung hinter der werbenden Botschaft zurückbleibt[97].

Im vorliegenden Fall stand im Mittelpunkt der Äußerung des Innenministers, dass die Regierung die innere Sicherheit verbessert habe, dies nur mit dieser Regierung möglich gewesen sei und auch in Zukunft sein werde und insbesondere der amtierende Bundeskanzler persönlich Garant dieser angeblichen Erfolge sei.

Dies sind eindeutig werbende Aussagen ohne irgendeinen informativen Gehalt. Zudem wird ausdrücklich auf die Wahl Bezug genommen und zu einem Stimmverhalten aufgerufen, das zur Wiederwahl der aktuellen Regierung führt.

Ein informativer Gehalt der Äußerung ist auch ansonsten nicht ersichtlich. Es wird nur behauptet, dass viel für die innere Sicherheit getan wurde. Über konkrete Maßnahmen und Vorhaben wird nichts gesagt. Daher steht die Werbung für den Bundeskanzler und die Regierung und deren Wiederwahl hier völlig im Vordergrund.

Durch solche Werbung in amtlicher Eigenschaft kann die Wahlentscheidung jedenfalls eines Teils der Wahlberechtigten beeinflusst werden. Es ist anzunehmen, dass dadurch die Chancen anderer Parteien, Mandate zu erringen, geschmälert werden.

Die Äußerung des Ministers stellt daher eine Beeinträchtigung in die Freiheit der Wahl auch der einzelnen Kandidaten der anderen Parteien dar.

hemmer-Methode: Zwar wird eine solche Werbung bei vielen Personen überhaupt keine oder sogar eine gegenteilige Wirkung haben. Nahe liegend ist jedoch, dass solche Werbung zumindest in der Summe einen positiven Effekt für die beworbenen Parteien und ihre Vertreter hat.

Daher stellt die Äußerung des Innenministers einen Eingriff in die Freiheit der Wahl des O gem. Art. 38 I S. 1 GG dar.

c) Verfassungsrechtliche Rechtfertigung

Hier sind keine übergeordneten Allgemeininteressen ersichtlich, die diese Beeinträchtigungen der freien Wahl rechtfertigen könnten. Der Eingriff ist daher verfassungswidrig.

O ist durch das Auftreten des Innenministers in seinem grundrechtsgleichen Recht auf Freiheit der Wahl gem. Art. 38 I S. 1 GG verletzt. Die Verfassungsbeschwerde ist begründet.

3. Ergebnis

Die Verfassungsbeschwerde ist erfolgreich.

---
[96] BVerfGE a.a.O.
[97] BVerfGE 63, 230, 244.

IV. Zusammenfassung

- Die **Freiheit der Wahl** gem. Art. 38 I S. 1 GG beinhaltet sowohl die Abwesenheit von staatlichem Zwang und Druck, überhaupt zur Wahl zu gehen, als auch die Freiheit von staatlicher Einflussnahme auf die Wahlentscheidung.
- Eine **unzulässige staatliche Einflussnahme** liegt vor, wenn Regierungsmitglieder in ihrer Eigenschaft als solche die Grenzen zulässiger Öffentlichkeitsarbeit der Regierung überschreiten und für eine Partei oder bestimmte Personen werben.

Sound: Staatliche Wahlwerbung ist wegen des Verstoßes gegen die freie Wahl gem. Art. 38 I S. 1 GG verfassungswidrig.

hemmer-Methode: Bei der Prüfung von Grundrechten ohne Gesetzesvorbehalt können Eingriffe zugunsten kollidierenden Verfassungsrechts erfolgen. Beachten Sie jedoch, dass Art. 38 I S. 1 GG ein sog. grundrechtsgleiches Recht ist. Es befindet sich (wie auch z.B. Art. 33, 101, 103 GG) nicht im Grundrechtsteil, sondern im staatsorganisationsrechtlichen Teil des Grundgesetzes. Es ist daher fraglich, ob die zu den Grundrechten ohne Gesetzesvorbehalt entwickelten Grundsätze auch für diese gelten. Das BVerfG weicht von der bei den Grundrechten gebräuchlichen Begrifflichkeit ab. Inhaltlich geht das BVerfG bei den grundrechtsgleichen Rechten jedoch z.T. ähnlich vor wie bei den Grundrechten ohne Gesetzesvorbehalt, indem nach Verfassungsrechtsgütern gefragt wird, die eine Abweichung rechtfertigen können (s. dazu auch Fall 20).

V. Zur Vertiefung

Zu den Wahlrechtsgrundsätzen

- Hemmer/Wüst, Basics Öffentliches Recht, Band 1, Rn. 294 ff.
- BVerfG, **Life&Law 2009, 411** = DVBl. 2009, 511.

Kapitel II: Verfassungsbeschwerde

Fall 14: Verfassungsbeschwerde Minderjähriger

Sachverhalt:

Die sechzehnjährige S besucht die Schule in der Stadt A. Nachdem sie bisher stets am Religionsunterricht teilgenommen hat, möchte sie diesen nun nicht mehr besuchen, da sie mit den Unterrichtsinhalten nichts anfangen könne. Der Schulleiter lehnt dies jedoch ab, da S diesen Wunsch nicht nachvollziehbar begründen könne. Nachdem Rechtsbehelfe erfolglos bleiben, erhebt S Verfassungsbeschwerde zum BVerfG.

Frage: *Ist die Verfassungsbeschwerde der S zulässig?*

I. Einordnung

Stehen Minderjährigen Grundrechte zu und können sie selbst Verfassungsbeschwerde erheben?

II. Gliederung

Zulässigkeit der Verfassungsbeschwerde

1. Zuständigkeit des BVerfG

2. Beschwerdeberechtigung

a) Grundrechtsberechtigung

⇨ S ist mit sechzehn Jahren grundrechtsberechtigt aus Art. 4 GG

b) Prozessfähigkeit

⇨ Die Prozessfähigkeit folgt insoweit der Grundrechtsberechtigung

3. Beschwerdegegenstand

4. Beschwerdebefugnis

5. Rechtswegerschöpfung

6. Sonstiges

7. Ergebnis

Die Verfassungsbeschwerde ist zulässig.

III. Lösung

Die Verfassungsbeschwerde müsste zulässig sein.

1. Zuständigkeit des BVerfG

Das BVerfG ist für die Entscheidung über Verfassungsbeschwerden gem. Art. 93 I Nr. 4a GG, § 13 Nr. 8a BVerfGG zuständig.

2. Beschwerdeberechtigung

Beschwerdeberechtigt ist jedermann (Art. 93 I Nr. 4a GG).

a) Grundrechtsberechtigung

Voraussetzung für die Beschwerdeberechtigung ist zunächst die Grundrechtsberechtigung. Diese besitzen grds. alle natürlichen Personen, demnach auch S.

Problematisch könnte hier jedoch sein, dass S minderjährig ist. Fraglich ist, ob und in welchem Umfang Minderjährige grundrechtsberechtigt sind.

Hierzu werden zwei Positionen vertreten. Nach einer Auffassung kommt es jeweils auf die individuelle Einsichts- und Entscheidungsfähigkeit des jeweiligen Beschwerdeführers an. Daraus ergäbe sich eine sog. gleitende Altersgrenze je nach der betroffenen Person.

Nach a.A. ist jedoch von einer starren Altersgrenze für jedes einzelne Grundrecht auszugehen, und zwar unabhängig von der konkreten Person des Beschwerdeführers.

Dazu müsste dann aber für jedes einzelne Grundrecht das jeweils für dessen Ausübung erforderliche Alter festgelegt werden.

Für die letztgenannte Auffassung spricht entscheidend, dass sie die Berechtigung des Einzelnen nicht von einer Entscheidung über seine Reife abhängig macht. Unerwünschte Konsequenz der erstgenannten Ansicht könnte nämlich dann sein, dass auch bei volljährigen Beschwerdeführern deren Einsichtsfähigkeit hinterfragt werden könnte. Für eine starre Altersgrenze sprechen schließlich auch Aspekte der Gleichbehandlung.

Der letztgenannten Auffassung folgend, ergeben sich für die Grundrechtsberechtigung unterschiedliche Altersgrenzen nach dem jeweiligen Grundrecht.

Dabei wird man bei den Grundrechten, die an die menschliche Existenz als solche anknüpfen, die Grundrechtsberechtigung ab der Geburt annehmen. Dies gilt für die Menschenwürde (Art. 1 I GG), die allgemeine Handlungsfreiheit (Art. 2 I GG), das Recht auf Leben und körperliche Unversehrtheit sowie die Freiheit der Person (Art. 2 II GG). Auch das Eigentumsgrundrecht steht bereits einem Säugling zu.

hemmer-Methode: Beachten Sie auch die Sonderfälle der Grundrechtsberechtigung vor der Geburt und nach dem Tod. Das Ungeborene wird durch Art. 2 II S. 1 GG, nach neuerer Rspr. des BVerfG auch nach Art. 1 I GG geschützt[98]. Für Verstorbene entfaltet Art. 1 I GG gewisse Fortwirkungen zum Schutz des Andenkens des Verstorbenen[99].

Grundrechte, deren Ausübung privatrechtliche Rechtsgeschäfte erforderlich machen, sind dagegen mit der privatrechtlichen Geschäftsfähigkeit nach dem BGB verknüpft.

Für das hier betroffene Grundrecht auf Religions- und Weltanschauungsfreiheit wird man die Grenze dort zu ziehen haben, wo üblicherweise Minderjährige eine Reife erreicht haben, in der sie eigenverantwortlich ihren Glauben ausüben können und über ihre Glaubenszugehörigkeit entscheiden können.

Das einfache Recht sieht diese Grenze bei Vollendung des vierzehnten Lebensjahres (§ 5 RelKErzG). Zuvor sind die Eltern allein zu Entscheidungen über Religionsfragen ihrer Kinder berufen.

Da diese Grenze sachgerecht ist im Hinblick auf Religion und Weltanschauung, ist auch auf verfassungsrechtlicher Ebene von dieser Altersgrenze auszugehen.

hemmer-Methode: Die Grundrechtsberechtigung Minderjähriger ist eine verfassungsrechtliche Frage, die grundsätzlich aus dem Grundgesetz zu beantworten ist. Das einfache Recht kann diese Grenze nicht bestimmen!

[98] Pieroth/Schlink, Rn. 122.
[99] BVerfGE 30, 173, 194.

Da S sechzehn Jahre alt ist, ist sie Trägerin des Grundrechts aus Art. 4 GG.

b) Verfahrensfähigkeit

Verfahrensfähigkeit ist die Fähigkeit, in einem Rechtsstreit handeln zu können, insbesondere Verfahrenshandlungen vornehmen zu können.

hemmer-Methode: Unterscheiden Sie die Verfahrensfähigkeit von der Grundrechtsberechtigung. Die Grundrechtsberechtigung ist die Voraussetzung dafür, dass der Antragsteller überhaupt die richtige Partei des Beschwerdeverfahrens ist. Die Verfahrensfähigkeit betrifft hingegen nur die Frage, ob der Träger des Grundrechts alleine vor dem BVerfG auftreten und handeln kann, oder ob er einen Vertreter benötigt, der für ihn handelt.

Die Verfahrensfähigkeit ist für das Verfahren der Verfassungsbeschwerde vor dem BVerfG nicht im BVerfGG geregelt. In diesem Zusammenhang wird auch von der Frage der „Grundrechtsmündigkeit“[100] gesprochen.

In den sonstigen Verfahrensordnungen ist die Prozessfähigkeit üblicherweise an die Geschäftsfähigkeit geknüpft.

Z.T. wird gefordert, i.R.d. Verfassungsbeschwerde auf diese Regelungen, z.B. § 62 VwGO analog, zurückzugreifen.

Dies wird jedoch für die Verfassungsbeschwerde nach wohl h.M. anders gesehen.

Vielmehr soll es darauf ankommen, ob die minderjährige Person ausreichend einsichtsfähig ist und von der Rechtsordnung auch als reif angesehen wird[101].

[100] Vgl. dazu am Ende des Falls.

[101] Pieroth/Schlink, Rn. 1123.

Dementsprechend ist für das Grundrecht aus Art. 4 GG anerkannt, dass auch für die Frage der Prozessfähigkeit die Altersgrenze von vierzehn Jahren gilt, wie sie für die Grundrechtsberechtigung bestimmt wurde.

Daher ist S auch prozessfähig.

hemmer-Methode: Ist der Minderjährige nicht selbst verfahrensfähig, wird er durch seine gesetzlichen Vertreter, d.h. die Eltern, vertreten.

3. Beschwerdegegenstand

Beschwerdegegenstand kann nach Art. 93 I Nr. 4a GG jeder Akt der öffentlichen Gewalt sein. Dies sind Maßnahmen der Gesetzgebung, der Verwaltung und der Rechtsprechung[102]. S wendet sich gegen die Entscheidung des Schulleiters und die Gerichtsentscheidungen. Diese sind als Akte der Verwaltung und der Rechtsprechung taugliche Beschwerdegegenstände.

4. Beschwerdebefugnis

Gem. Art. 93a I Nr. 4a GG, § 90 I BVerfGG muss eine Verletzung von dort genannten Rechten behauptet werden. S ist möglicherweise in ihrem Grundrecht aus Art. 4 GG verletzt. S ist auch selbst, gegenwärtig und unmittelbar betroffen[103].

hemmer-Methode: Schwierige Probleme würden sich ergeben, wenn die Eltern der S durchsetzen wollten, dass S nicht mehr den Religionsunterricht besuchen muss.

[102] Hemmer/Wüst, Grundwissen Staatsrecht, Rn. 29 f.

[103] Vgl. dazu Hemmer/Wüst, Grundwissen Staatsrecht, Rn. 37 ff.

Dieses Recht folgt aus Art. 7 II GG. Allerdings kann dieses Recht in Konflikt mit dem Recht des Kindes aus Art. 4 GG stehen.
Dieser Konflikt wird dahingehend gelöst, dass ab Erreichen der Altersgrenze i.R.d. Art. 4 GG, d.h. mit Grundrechtsberechtigung des Kindes, das Recht der Eltern aus Art. 7 II GG nicht mehr besteht (Jarass/Pieroth, Art. 7 GG, Rn. 10).

5. Rechtswegerschöpfung

Gem. § 90 II S. 1 BVerfGG muss vor Erhebung der Verfassungsbeschwerde der Rechtsweg erschöpft sein. Dies ist hier erfolgt, da alle Rechtsbehelfe erfolglos geblieben sind.

6. Sonstiges

Von dem Vorliegen der sonstigen Voraussetzungen (Form, § 23 I S. 1 BVerfGG, Frist gem. § 93 I S. 1 BVerfGG) ist auszugehen.

7. Ergebnis

Die Verfassungsbeschwerde ist zulässig.

IV. Zusammenfassung

- Für die Grundrechtsberechtigung Minderjähriger werden eine gleitende und eine starre Altersgrenze vertreten. Nach der letzteren Ansicht gilt für jedes einzelne Grundrecht eine Altersgrenze unabhängig von dem jeweiligen Betroffenen.

Sound: Die Grundrechtsberechtigung Minderjähriger aus Art. 4 GG beginnt in Einklang mit § 5 RelKErzG mit Abschluss des vierzehnten Lebensjahres.

hemmer-Methode: Im Zusammenhang mit Minderjährigen wird auch der Begriff der „Grundrechtsmündigkeit“ gebraucht. In obiger Falllösung wird bewusst weitgehend auf diesen Begriff verzichtet. „Grundrechtsmündigkeit“ wird sowohl bei der Frage der Grundrechtsberechtigung als auch für die Prozessfähigkeit verwendet. Fest steht, dass nach allg. Meinung diese beiden Problemkreise zu unterscheiden sind. Sie betreffen zwei grundlegend verschiedene Fragen: Zum einen die nach der Inhaberschaft eines Rechts, zum anderen die nach der rechtlichen Möglichkeit, ein Recht gerichtlich durchsetzen zu können.

V. Zur Vertiefung

Zur Prozessfähigkeit

- Hemmer/Wüst, Grundwissen Staatsrecht, Rn. 27.

Fall 15: Meinungsfreiheit (Art. 5 I GG) / Grundrechtsberechtigung

Sachverhalt:

Journalist J ist Redakteur beim Westdeutschen Rundfunk (WDR). Er ist auf die Berichterstattung über Wirtschaftskriminalität spezialisiert. In einer Fernsehsendung des WDR äußert er sich dahingehend, dass Waffenhersteller W höchstwahrscheinlich in den vergangenen Jahren regelmäßig Waffen unter Verstoß gegen das Außenwirtschaftsgesetz in nahöstliche Krisengebiete ausgeführt habe. W sei ein widerlicher und skrupelloser Geschäftemacher, der den eigenen Profit über Menschenleben stelle. J wird daraufhin vom Amtsgericht Köln aufgrund dieser Äußerungen wegen Beleidigung und übler Nachrede (§§ 185, 186 StGB) zu einer Geldstrafe verurteilt. Es konnte nicht bewiesen werden, dass W illegal Waffen ausgeführt hat. Rechtmittel gegen dieses Urteil bleiben erfolglos.

Frage: *Ist eine Verfassungsbeschwerde des J und des WDR erfolgreich?*

I. Einordnung

Welchen besonderen Voraussetzungen unterliegen Eingriffe in die Meinungsfreiheit gem. Art. 5 I GG?

II. Gliederung

1. Zulässigkeit

a) Zuständigkeit des BVerfG

b) Beschwerdeberechtigung

⇨ WDR als jur. Person des öff. Rechts

⇨ Diese sind gem. Art. 19 III GG grds. nicht grundrechtsberechtigt. Ausnahmen aber für die öffentl.-rechtl. Rundfunkanstalten bzgl. Rundfreiheit (Art. 5 I S. 2 GG)

c) Beschwerdegegenstand

d) Beschwerdebefugnis

⇨ WDR kann nicht in Rundfunkfreiheit verletzt sein. Seine VB ist unzulässig.

e) Rechtswegerschöpfung

f) Sonstiges

2. Begründetheit

a) Schutzbereich des Art. 5 I GG

⇨ Äußerung des J von Meinungs-, nicht Rundfunkfreiheit erfasst

⇨ Meinungsäußerungen und Tatsachenbehauptungen

b) Eingriff

c) Verfassungsrechtliche Rechtfertigung

aa) Allgemeines Gesetz i.S.v. Art. 5 II GG

bb) Verfassungsmäßigkeit der §§ 185 ff. StGB

cc) Verfassungsmäßigkeit der Einzelmaßnahme

3. Ergebnis

Die Verfassungsbeschwerde des WDR ist unzulässig, die des J unbegründet.

III. Lösung

Die Verfassungsbeschwerden sind erfolgreich, wenn sie zulässig und begründet ist.

1. Zulässigkeit der Verfassungsbeschwerde

a) Zuständigkeit des BVerfG

Das BVerfG ist für die Entscheidung über Verfassungsbeschwerden gem. Art. 93 I Nr. 4a GG, § 13 Nr. 8a BVerfGG zuständig.

b) Beschwerdeberechtigung

Beschwerdeberechtigt ist jedermann (Art. 93 I Nr. 4a GG).

Dazu ist die Grundrechtsberechtigung erforderlich. J ist als natürliche Person Träger des Grundrechts auf Meinungsfreiheit gem. Art. 5 I S. 1 GG.

Fraglich ist jedoch, ob auch der WDR beschwerdeberechtigt ist. Der WDR ist eine öffentlich-rechtlich organisierte Rundfunkanstalt und damit eine **juristische Person des öffentlichen Rechts**. Die Grundrechtsberechtigung anderer Rechtssubjekte als natürlicher Personen richtet sich nach **Art. 19 III GG**. Danach gelten die Grundrechte für inländische juristische Personen, soweit sie ihrem Wesen nach auf diese anwendbar sind.

Dies ist insbesondere nach dem jeweiligen Grundrecht zu beurteilen. Allerdings besteht hier die Besonderheit, dass der WDR keine juristische Person des Privatrechts, sondern eine solche des öffentlichen Rechts, eine öffentlich-rechtliche Anstalt, ist. Zwar unterscheidet Art. 19 III GG nach seinem Wortlaut nicht zwischen juristischen Personen des öffentlichen Rechts und solchen des Privatrechts.

Nach der Rspr. des BVerfG und h.M. sind jedoch die Grundrechte auf juristische Personen des öffentlichen Rechts nicht anwendbar.

Diese sind daher grundsätzlich nicht grundrechtsberechtigt[104].

Grund hierfür ist, dass die juristischen Personen des öffentlichen Rechts als Träger der Staatsgewalt gem. Art. 1 III GG grundrechtsverpflichtet sind, d.h. gegenüber dem Einzelnen die Grundrechte zu beachten haben. Grundrechtsberechtigung und -verpflichtung sollen jedoch nicht in einer Person zusammenfallen (sog. **Konfusionsargument**) [105].

Zudem sollen die Grundrechte als Abwehrrechte den Einzelnen vor dem mit Hoheitsgewalt ausgestatteten Staat schützen. Ausgangspunkt der Grundrechte ist eine prinzipielle Unterlegenheit gegenüber dem Staat.

Eine solche sog. **grundrechtstypische Gefährdungslage** fehlt jedoch bei juristischen Personen des öffentlichen Rechts, die ihrerseits mit hoheitlicher Gewalt ausgestattet sind.

Eine Ausnahme gilt nur für solche juristische Personen des öffentlichen Rechts, die auf Grund der ihnen gesetzlich zugewiesenen Aufgaben selbst **grundrechtsdienende Funktion** haben[106]. Wenn und soweit sie „Sachwalter“ bei der Wahrnehmung bestimmter Grundrechte Einzelner sind, wenn also ein personales Substrat hinter ihnen steht, stehen auch ihnen Grundrechte zu.

So sind die (öffentlich-rechtlich organisierten) Universitäten Träger des Grundrechts auf Wissenschaftsfreiheit nach Art. 5 III GG.

---

[104] Hemmer/Wüst, Grundwissen Staatsrecht, Rn. 22. Ausnahmen sind die Prozessgrundrechte aus Art. 101 I S. 2 und 103 I GG, vgl. dazu Fall 14.

[105] Pieroth/Schlink, Rn. 154.

[106] Hemmer/Wüst, Staatsrecht I, Rn. 23.

Auch den Religionsgemeinschaften, die öffentlich-rechtliche Körperschaften sind (vgl. Art. 140 GG i.V.m. Art. 137 V WRV), steht das Grundrecht auf Religionsfreiheit gem. Art. 4 GG zu[107]. Diese sind nach ihrem Aufgabenbereich gerade dazu da, grundrechtliche Freiheiten der ihnen angehörigen Einzelpersonen zu verwirklichen.

Das Gleiche gilt für die öffentlich-rechtlichen Rundfunkanstalten. Denn diese sind gerade dazu geschaffen worden, Rundfunk im Interesse des Einzelnen und stellvertretend für diesen zu veranstalten.

hemmer-Methode: Besonders deutlich wird dies, wenn man bedenkt, dass es früher nur die öffentlich-rechtlichen Rundfunk- und Fernsehanstalten gab.

Diesen steht das Grundrecht der Rundfunkfreiheit gem. Art. 5 I S 2 GG zu. Der WDR ist daher beschwerdeberechtigt.

c) Beschwerdegegenstand

Beschwerdegegenstand kann nach Art. 93 I Nr. 4a GG jeder Akt der öffentlichen Gewalt sein.

Angegriffen wird hier das Urteil des AG Köln, das J verurteilt hat, sowie die gerichtlichen Entscheidungen, welche die Rechtsmittel gegen dieses Urteil zurückgewiesen haben.

Diese sind als Akte der Rechtsprechung taugliche Beschwerdegegenstände.

d) Beschwerdebefugnis

Gem. Art. 93a I Nr. 4a GG, § 90 I BVerfGG muss eine Verletzung der dort genannten Rechte behauptet werden. J beruft sich auf eine Verletzung seines Grundrechts auf Meinungsfreiheit gem. Art. 5 I GG.

aa) Eine Verletzung dieser Rechte durch die Verurteilung und die bestätigenden gerichtlichen Entscheidungen ist nicht von vornherein ausgeschlossen. J ist auch selbst, gegenwärtig und unmittelbar betroffen[108].

bb) Fraglich ist, ob der WDR substantiiert behaupten kann, in dem Grundrecht auf Rundfunkfreiheit verletzt zu sein. Auch müsste der WDR müsste betroffen sein.

Rundfunk umfasst jede an eine Vielzahl von Personen gerichtete Übermittlung von Gedankeninhalten durch physikalische, insbesondere elektromagnetische Wellen[109]. Wie die Pressefreiheit, so schützt auch die Rundfunkfreiheit sowohl die Beschaffung von Informationen als auch deren Verbreitung.

Ein Eingriff in den Schutzbereich dieses Grundrechts durch die Verurteilung des J könnte jedoch von vornherein ausgeschlossen sein. Die Rundfunkfreiheit beinhaltet für den Veranstalter, sein Rundfunkprogramm auszustrahlen und, wie oben ausgeführt, auch die dafür notwendigen Maßnahmen zur Vorbereitung durchzuführen. Die Verurteilung des J betrifft dieses Verhalten jedoch nicht.

Weder wurde dadurch die Ausstrahlung der Sendung verhindert, noch werden hieran Sanktionen zu Lasten des WDR geknüpft. Auch zukünftige Sendungen sind nicht betroffen.

---

[107] Die öffenlich-rechtlichen Religionsgesellschaften sind allerdings nicht nur aus Art. 4 GG berechtigt, sondern sie sind umfassend grundrechtsberechtigt, vgl. Pieroth/Schlink, Rn. 159.

[108] Vgl. dazu Hemmer/Wüst, Grundwissen Staatsrecht, Rn. 37 ff.

[109] Hemmer/Wüst, Staatsrecht I, Rn. 208.

Die Äußerungen des J, die im Schutzbereich seines Grundrechts auf Meinungsfreiheit liegen, sind nicht im Schutzbereich der Rundfunkfreiheit des WDR. Eine Verletzung des Grundrechts auf Rundfunkfreiheit des WDR ist daher von vornherein ausgeschlossen.

Dass J in seinen Grundrechten betroffen ist, ändert daran nichts. Denn die Beschwerdebefugnis erfordert, dass der Beschwerdeführer in eigenen Grundrechten betroffen ist (**Selbstbetroffenheit**)[110]. Dies ist hinsichtlich der Meinungsfreiheit des J nicht gegeben.

hemmer-Methode: Die Beschwerdebefugnis fehlt, wenn ein Eingriff in den Schutzbereich von vornherein ausgeschlossen ist. Im Grunde müssen Sie hier eine Prüfung des Schutzbereichs oder auch eines Eingriffs vornehmen. Aufbaumäßig erfolgt dies normalerweise erst in der Begründetheit. Wenn Sie die Beschwerdebefugnis verneinen, ist es empfehlenswert, dies aber schon an dieser Stelle in der Zulässigkeit zu prüfen!

Zwischenergebnis: Die Verfassungsbeschwerde des WDR ist unzulässig.

e) Rechtswegerschöpfung

Gem. § 90 II S. 1 BVerfGG muss vor Erhebung der Verfassungsbeschwerde der Rechtsweg erschöpft sein. Da die Rechtsmittel gegen das Urteil des AG erfolglos waren, ist dies hier erfolgt.

[110] Hemmer/Wüst, Grundwissen Staatsrecht, Rn. 37.

f) Sonstiges

Von dem Vorliegen der sonstigen Voraussetzungen (Form, § 23 I S. 1 BVerfGG, Frist gem. § 93 I S. 1 BVerfGG) ist auszugehen.

2. Begründetheit

Die Verfassungsbeschwerde ist begründet, wenn der Beschwerdeführer in seinem Grundrecht auf Meinungsfreiheit gem. Art. 5 I GG verletzt ist.

a) Schutzbereich

Fraglich ist, ob das Grundrecht auf Meinungsfreiheit J überhaupt bei der Äußerung schützt.

Da die Äußerung im Fernsehen erfolgte und J diese im Rahmen seiner Tätigkeit als Fernsehjournalist abgab, könnte hier das Grundrecht auf Rundfunkfreiheit gem. Art. 5 I S. 2 GG vorrangig sein.

J als Fernsehjournalist übt eine Tätigkeit aus, die durch das Grundrecht auf Rundfunkfreiheit geschützt ist. So ist J z.B. bei der Beschaffung von Informationen für eine Fernsehsendung durch dieses Grundrecht geschützt, nicht durch das Grundrecht auf Meinungsfreiheit.

Bei Äußerungen in Rundfunksendungen ist jedoch die Meinungsfreiheit anwendbar, nicht die Rundfunkfreiheit[111]. Denn letztere erfasst die Veranstaltung und Verbreitung des Programms. Die Meinungsfreiheit gilt speziell für Meinungsäußerungen und bleibt anwendbar, wenn eine Meinung in einem bestimmten Medium wie der Presse oder dem Rundfunk (Fernsehen) geäußert wird.

[111] Pieroth/Schlink, Rn. 574, 571.

hemmer-Methode: Im Grunde macht es keinen Unterschied, ob Rundfunk- oder Meinungsfreiheit gelten. Denn die Schranken sind für beide Grundrechte gleich! Deshalb können Sie sich an dieser Stelle relativ kurz fassen!

Es müsste der Schutzbereich der Meinungsfreiheit eröffnet sein. Die Äußerung einer Meinung ist durch ein **Element wertender Stellungnahme** gekennzeichnet.

Das Gegenteil von Meinungsäußerungen sind Tatsachenbehauptungen. Tatsachen sind Umstände, die dem Beweis zugänglich sind und daher wahr oder falsch sein können.

Fraglich ist, ob J hier eine Meinung äußert oder Tatsachen behauptet.

Die Äußerung, W sei ein widerlicher und skrupelloser Geschäftemacher, der den eigenen Profit über Menschenleben stelle, ist ohne Zweifel durch das Element wertender Stellungnahme geprägt.

Diese Äußerung ist ein Werturteil des J über den Charakter des W. Insoweit liegt die Äußerung einer Meinung vor.

Die Äußerung, W habe höchstwahrscheinlich in den vergangenen Jahren regelmäßig Waffen unter Verstoß gegen das Außenwirtschaftsgesetz in nahöstliche Krisengebiete ausgeführt, ist dagegen jedenfalls insoweit dem Beweis zugänglich, als die Ausfuhr von Waffen behauptet wird. Es handelt sich um die Behauptung einer Tatsache.

Auch die Äußerung von Tatsachen ist jedoch von der Meinungsfreiheit nach Art. 5 I S. 1 GG geschützt, wenn **mit dem Tatsachenvortrag eine wertende Stellungnahme verbunden ist**[112].

Grund dafür ist, dass hinter der Äußerung einer bestimmten Tatsache stets die (wertende) Entscheidung steht, ob, wann, wo und in welcher Form eine Tatsachenbehauptung geäußert wird. Dies führt letztlich dazu, dass beinahe jede Äußerung von Tatsachen in den Schutzbereich der Meinungsfreiheit fällt.

hemmer-Methode: Nur bewusst unwahre oder rein statistische Äußerungen sind nicht von der Meinungsfreiheit geschützt. Noch großzügiger ist das BVerfG, soweit es um die Subsumtion von Fragen unter Art. 5 I S. 1 GG geht.[113]

Auch die Tatsachenäußerung des J enthält eine wertende Stellungnahme. Diese besteht schon darin, dass die Tatsache im Zusammenhang mit der folgenden Äußerung des J („skrupelloser Geschäftemacher") erfolgte, um diese Äußerung zu stützen. Darüber hinaus hat J dies mit der Bewertung verbunden, dass die Geschäfte des W gegen das Außenwirtschaftsgesetz verstoßen.

Die gesamte Äußerung des J ist daher von der Meinungsfreiheit geschützt.

b) Eingriff

Ein Eingriff liegt vor, wenn ein grundrechtlich geschütztes Verhalten zum Anknüpfungspunkt für belastende staatliche Maßnahmen gemacht wird[114]. Dies ist bei Kriminalstrafen offensichtlich der Fall. Die Verurteilung des J ist ein Eingriff in seine Meinungsfreiheit.

---

[112] Hemmer/Wüst, Grundwissen Staatsrecht, Rn. 189.

[113] BVerfG, NJW 2004, 1034.

[114] Hemmer/Wüst, Grundwissen Staatsrecht, Rn. 100; Pieroth/Schlink, Rn. 246.

c) Verfassungsrechtliche Rechtfertigung

Der Eingriff könnte verfassungsrechtlich gerechtfertigt sein. Gem. Art. 5 II GG findet das Recht der Meinungsäußerung seine Schranke in den allgemeinen Gesetzen, den gesetzlichen Bestimmungen zum Schutz der Jugend und in dem Recht der persönlichen Ehre. Nach Ansicht des BVerfG handelt es sich dabei bei den Gesetzen zum Schutz der Jugend und der persönlichen Ehre nur um Unterfälle der allgemeinen Gesetze, so dass es entscheidend auf diesen Begriff ankommt.[115]

hemmer-Methode: Art. 5 II GG enthält damit einen sog. **qualifizierten Gesetzesvorbehalt**[116]. Die Einschränkung dieses Grundrechts ist aufgrund dieser Bestimmung möglich. Anders aber als z.B. bei Art. 2 II GG oder Art. 8 II GG kann dies nicht durch jedes Gesetz erfolgen, sondern das Gesetz muss zusätzlich zu den Voraussetzungen, die für jedes grundrechtseinschränkende Gesetz gelten (Wesensgehalt, Verhältnismäßigkeit, usw.), besonderen Anforderungen genügen.

aa) Allgem. Gesetz i.S.v. Art. 5 II GG

Fraglich ist, was unter einem allgemeinen Gesetz i.d.S. zu verstehen ist. Nach der sog. **Sonderrechtslehre** sind allgemeine Gesetze solche, die sich nicht gegen eine bestimmte Meinung richten, d.h. kein „Sonderrecht" gegen eine Meinung darstellen, sondern meinungsneutral wirken[117].

[115] BVerfGE 124, 300 = Life&Law 2010, 111.

[116] Hemmer/Wüst, Grundwissen Staatsrecht, Rn. 109.

[117] Hemmer/Wüst, Grundwissen Staatsrecht, Rn. 193.

Nach der sog. **Abwägungslehre** ist ein Gesetz allgemein i.S.d. Art. 5 II GG, wenn es ein Rechtsgut schützt, das bei einer Abwägung höher zu gewichten wäre als die Meinungsfreiheit.

Das BVerfG kombiniert beide Ansätze und verlangt sowohl die Meinungsneutralität als auch, dass der Schutz eines konkret höherrangigen Rechtsguts bezweckt sein muss.

hemmer-Methode: Art. 5 II GG gilt nicht nur für die Meinungsfreiheit, sondern auch für die anderen Grundrechte des Art. 5 I GG.
Wendet man die Sonderrechtslehre auf diese an, so wird man zu fordern haben, dass sich das Gesetz nicht gegen einen bestimmten Kommunikationsinhalt wendet.

§§ 185 ff. StGB beschränken zwar die Meinungsfreiheit als solche, sind also nicht schlechthin meinungsneutral.

hemmer-Methode: Meinungsneutral in dem Sinn wäre § 303 StGB. Dieser bestraft eine Sachbeschädigung, richtet sich also nicht gegen eine Meinungsäußerung als solche. Demnach ist er ein allgemeines Gesetz, so dass eine Meinungsäußerung, die darin besteht, dass Sie bspw. auf einen fremden PKW gesprayt wird, bestraft werden kann.

Die §§ 185 StGB sind aber insoweit meinungsneutral, als sie alle diffamierenden Meinungsäußerung gleich behandeln. Sie greifen zudem nur in den Fällen, in denen die Meinungsäußerung zugleich die Ehre einer Person verletzt. Sie richten sich nicht also gegen eine bestimmte Meinung und wirken daher meinungsneutral. Da sie dem Ehrenschutz dienen, der im konkreten Fall höherwertig sein kann, sind sie ein allgemeines Gesetz i.S.d. Art. 5 II GG.

hemmer-Methode: Das Problem der „allgemeinen Gesetze“ i.S.v. Art. 5 II GG ist ein Klassiker, den Sie unbedingt kennen müssen.

bb) Verfassungsmäßigkeit der §§ 185 ff. StGB

(1) Von der formellen Verfassungsmäßigkeit ist auszugehen.

Insbesondere steht dem Bundesgesetzgeber nach Art. 74 I Nr. 1, 72 II GG die Gesetzgebungskompetenz zu.

Weiterhin ist das Zitiergebot gem. Art. 19 I S. 1 GG bei Einschränkungen der Grundrechte des Art. 5 I GG nicht zu beachten, denn dieses gilt nur bei den „Einschränkungsvorbehalten“[118].

(2) Im Übrigen sind die §§ 185 ff. StGB verfassungsgemäß und insbesondere verhältnismäßig. Sie dienen dem Schutz der persönlichen Ehre. Der Meinungsfreiheit kann durch eine entsprechende Auslegung des § 193 StGB (Wahrnehmung berechtigter Interessen) Rechnung getragen werden. Auch der Bestimmtheitsgrundsatz des Art. 103 II GG ist gewahr, da sich jedem vernünftigen Leser der Vorschrift erschließt, welches Verhalten unter Strafe gestellt ist und welches nicht.

hemmer-Methode: Die Verfassungsmäßigkeit bestehender formeller Gesetze sollten Sie in der Klausur nicht bezweifeln, wenn nicht entsprechende Anhaltspunkte im Sachverhalt vorhanden sind (wie etwa in Fall 3). Der Schwerpunkt der Prüfung der verfassungsrechtlichen Rechtfertigung des Eingriffs liegt dann stets bei der Verfassungsmäßigkeit der Einzelmaßnahme!

cc) Verfassungsmäßigkeit der Einzelmaßnahme

Eine Einzelmaßnahme ist verfassungswidrig, wenn sie spezifisches Verfassungsrecht verletzt. Dies ist der Fall, wenn die Bedeutung eines Grundrechts nicht erkannt wurde, oder überhaupt übersehen wurde, dass das Verhalten des Betroffenen grundrechtlich geschützt ist.

I.R.d. Art. 5 I GG ist insbesondere die sog. **Wechselwirkungslehre des BVerfG** zu berücksichtigen. Das Grundrecht der Meinungsfreiheit wird durch die „allgemeinen Gesetze“ i.S.v. Art. 5 II GG beschränkt.

Jedoch sind diese Gesetze bei der Anwendung im Einzelfall wiederum „im Lichte des Grundrechts“ auszulegen. Die allgemeinen Gesetze müssen „in ihrer das Grundrecht begrenzenden Wirkung selbst wieder eingeschränkt werden“[119].

Insbesondere auch strafrechtliche Vorschriften sind so auszulegen, dass sie der Bedeutung der Meinungsfreiheit Rechnung tragen.

Fraglich ist, ob die strafgerichtliche Verurteilung hiergegen verstoßen hat.

(1) Hinsichtlich der Äußerung des J, W sei ein widerlicher und skrupelloser Geschäftemacher, ist daher zu prüfen, ob die Verurteilung die Meinungsfreiheit des J verletzt. Die Äußerung stellt eine grobe Herabsetzung des W dar.

Zwar sind in Angelegenheiten von allgemeinem Interesse, wozu die Frage illegaler Waffenexporte gezählt werden kann, auch harte und überspitzte Äußerungen zulässig.

Denn insoweit müssen die Strafgesetze nach der Wechselwirkungslehre eng ausgelegt werden (s.o.).

---

118 Jarass/Pieroth, Art. 5 GG, Rn. 55.

119 BVerfGE 7, 198, 208 f.

Hier ist jedoch zu berücksichtigen, dass lediglich fest steht, dass W Waffenhersteller ist, und allenfalls der Verdacht bestand oder besteht, dass er illegal Waffen ausführt. Dies rechtfertigt nicht eine solche diffamierende Äußerung. Es liegt insofern eine sog. Schmähkritik vor, bei der die eigentliche Aussage, die Kritik am Verhalten des W, hinter der zielgerichteten Diffamierung und Herabsetzung völlig zurücktritt.

Insbesondere kann J auch eine negative Einschätzung der Tätigkeit und des Charakters des W abgeben, ohne ihn als widerlich und skrupellos zu bezeichnen. Die Verurteilung stellt daher eine verfassungsmäßige Anwendung der strafrechtlichen Vorschriften dar. Insoweit ist der Eingriff in die Meinungsfreiheit des J gerechtfertigt.

(2) Die Verurteilung wegen der Behauptung, W habe höchstwahrscheinlich illegal Waffen ausgeführt, könnte verfassungsrechtlich gerechtfertigt sein. J hatte diese Äußerung in seiner Eigenschaft als Journalist gemacht.

Sicher ist dabei zum einen, dass in den Medien nicht grenzenlos Tatsachen behauptet werden dürfen, die nicht fest stehen und nicht bewiesen sind, jedoch andere Personen in ihrer Ehre herabsetzen.

Zwar kann auch eine Verdachtsberichterstattung zulässig sein. Spekulationen und Vermutungen müssen grundsätzlich als solche erkennbar sein und dürfen nicht als erwiesene Tatsachen dargestellt werden.

hemmer-Methode: Es geht hier darum, einen Maßstab dafür zu finden, einen Ausgleich zwischen freier Presse und dem Ehrenschutz zu finden. Unzulässig ist es, Vermutungen als Tatsachen darzustellen. Andererseits muss es aber erlaubt sein, einen begründeten Verdacht zu äußern. Dieser muss dann aber als solcher erkennbar sein, und es müssen Anhaltspunkte für den Verantwortlichen vorgelegen haben, z.B. die entsprechende Aussage eines Zeugen. Dies ist hier alles nicht der Fall.

Dies hat J hier auch nicht dadurch getan, indem er die Wahrheit seiner Behauptung als „höchstwahrscheinlich“ bezeichnet hat. Diese Einschränkung kann nicht genügen, wenn die Behauptung nicht tatsächlich wahr ist, oder zumindest handfeste Beweismittel vorlagen.

Es handelte sich um eine reine Vermutung. Diese wurde nicht als solche gekennzeichnet, sondern durch die Aussage, dies sei „höchstwahrscheinlich“ der Fall, gerade keine wirkliche Einschränkung dieser Behauptung vorgenommen.

Der Eingriff ist verfassungsrechtlich gerechtfertigt. Daher verstößt die Verurteilung nicht gegen die Meinungsfreiheit des J aus Art. 5 I S. 1 GG.

3. Ergebnis

Die Verfassungsbeschwerde des WDR ist unzulässig. Die Verfassungsbeschwerde des J ist zulässig, aber nicht begründet. Beide Verfassungsbeschwerden sind erfolglos.

IV. Zusammenfassung

- **Juristische Personen des öffentlichen Rechts** sind grundsätzlich nicht grundrechtsberechtigt, denn die Grundrechte sind auf sie ihrem Wesen nach nicht anwendbar (**Art. 19 III GG**). Die jur. Personen des öffentlichen Rechts sind schon grundrechtsverpflichtet (Art. 1 III GG, „Konfusionsargument“), und es fehlt an einer grundrechtstypischen Gefährdungslage.

- Die juristischen Personen des öffentlichen Rechts sind ausnahmsweise **grundrechtsberechtigt**, wenn sie als Sachwalter einzelne Grundrechte von Einzelpersonen wahrnehmen und verwirklichen. Eine solche **grundrechtsdienende Funktion** haben die staatlichen Universitäten (⇨ Art. 5 III GG) und die öffentlich-rechtlichen Rundfunkanstalten (Art. 5 I S. 2 GG).
- „**Meinung**“ i.S.v. Art. 5 I S. 1 GG ist durch ein **Element wertender Stellungnahme** gekennzeichnet. Auch Tatsachenbehauptungen sind von der Meinungsfreiheit geschützt, wenn eine wertende Stellungnahme enthalten ist.
- Ein „**allgemeines Gesetz**“ i.S.v. Art. 5 II GG ist nach der Rspr. des BVerfG ein solches, das nicht eine Meinung als solche verbietet, sondern meinungsneutral ist (= **Sonderrechtslehre**), und dem Schutz eines Rechtsguts dient, das Vorrang gegenüber der Meinungsfreiheit hat (= **Abwägungslehre**).
- Die Gesetze, welche die Meinungsfreiheit nach Art. 5 I S. 1 GG einschränken, sind wiederum selbst entsprechend der Bedeutung des Grundrechts einschränkend auszulegen und anzuwenden (**Wechselwirkungslehre** des BVerfG).

Sound: Ein allgemeines Gesetz i.S.d. Art. 5 II GG ist ein solches, das entweder bereits meinungsneutral formuliert ist und sich nicht gegen die Meinungsäußerung als solche richtet oder aber inhaltlich meinungsneutral ist, d.h. alle Meinungen gleichermaßen betrifft und dem Schutz eines Rechtsguts dient, das der Meinungsfreiheit vorgeht (vgl. BVerfG, NJW 2010, 47 = **Life&Law 2010, 111**).

hemmer-Methode: Die o.g. Wechselwirkungslehre des BVerfG ist im Grunde nur eine Betonung des allgemein geltenden Grundsatzes, dass die Grundrechte wie auch das übrige Grundgesetz über dem einfachen Recht stehen. Inhaltlich ist der Gedanke der Wechselwirkung mit der verfassungskonformen Auslegung und Anwendung des einfachen Rechts verwandt[120]. Die Wechselwirkungslehre wurde speziell anhand der Meinungsfreiheit und aufgrund der überragenden Bedeutung dieses Rechts für den politisch-demokratischen Prozess entwickelt. Deshalb müssen Sie dieses Schlagwort auch im Zusammenhang mit der Meinungsfreiheit kennen – auch wenn es letztlich nur eine besondere Ausprägung des allgemeinen Verhältnismäßigkeitsgrundsatzes darstellt!

[120] Dazu Fall 3.

V. Zur Vertiefung

Zu Beschwerdeberechtigung und Grundrechtsberechtigung

- Hemmer/Wüst, Grundwissen Staatsrecht, Rn. 15 ff.
- BVerfG, Life&Law 2008, 683.

Zu den Grundrechten aus Art. 5 I GG

- Hemmer/Wüst, Grundwissen Staatsrecht, Rn. 186 ff.
- BVerfG, Life&Law 2001, 736 ff.; VG Karlsruhe, Life&Law 2002, 267 ff.; BVerfG, Life&Law 2008, 262; BVerfG, Life&Law 2008, 683 ff.; BVerfG, NJW 2010, 47 = Life&Law 2010, 111.

Fall 16: Grundrechtsberechtigung

Sachverhalt:

Die Stadtwerke der Stadt D (D-AG) sind eine hundertprozentige Eigengesellschaft der Stadt D. Sie beliefern Haushalte u.a. mit Wasser. W, der Wasser von der D-AG bezieht, erhebt Klage gegen die D-AG auf Schadensersatz, da das gelieferte Wasser zu kalkhaltig gewesen und daher seine Waschmaschine kaputtgegangen sei. Ohne der D-AG Gelegenheit zur Stellungnahme zu geben und ohne mündliche Verhandlung verurteilt das Amtsgericht die D-AG zur Zahlung von 250,- €. Rechtsmittel gegen diese Entscheidung gibt es nicht. Die D-AG erhebt form- und fristgerecht Verfassungsbeschwerde.

Frage: *Ist die Verfassungsbeschwerde der D-AG zulässig?*

I. Einordnung

Juristische Personen des Privatrechts sind grds. nicht grundrechtsberechtigt, wenn sie sich in der Hand von Hoheitsträgern befinden. Eine Ausnahme besteht jedoch für die sog. Prozessgrundrechte gem. Art. 101 I S. 2 und Art. 103 I GG

II. Gliederung

Zulässigkeit der Verfassungsbeschwerde

1. Zuständigkeit des BVerfG

2. Beschwerdeberechtigung

a) Grundrechtsberechtigung juristischer Personen gem. Art. 19 III GG

b) Grundrechtsberechtigung juristischer Personen des Privatrechts in der Hand von Hoheitsträgern Art. 19 III GG

D-AG ist jur. Person des Privatrechts in der Hand eines Hoheitsträgers: Nach BVerfG mangels personalen Substrats dieser jur. Person keine Grundrechtsberechtigung

⇨ Ausnahme:

c) Prozessgrundrechte Art. 101 I S. 2, 103 I GG

3. Beschwerdegegenstand

4. Beschwerdebefugnis

5. Rechtswegerschöpfung

6. Sonstiges

7. Ergebnis

Die Verfassungsbeschwerde ist zulässig.

III. Lösung

Zulässigkeit der Verfassungsbeschwerde der D-AG:

1. Zuständigkeit des BVerfG

Das BVerfG ist für die Entscheidung über Verfassungsbeschwerden gem. Art. 93 I Nr. 4a GG, § 13 Nr. 8a BVerfGG zuständig.

2. Beschwerdeberechtigung

Beschwerdeberechtigt ist jedermann (Art. 93 I Nr. 4a GG). Dazu ist die Grundrechtsberechtigung erforderlich.

Die D-AG müsste grundrechtsberechtigt sein. Dies sind zunächst alle natürlichen Personen.

hemmer-Methode: Wäre nur die Verfassungsmäßigkeit der gerichtlichen Entscheidung zu untersuchen, so müsste die Frage der Grundrechtsberechtigung der D-AG am Anfang der Frage nach der Eröffnung des Schutzbereichs geprüft werden. Ist eine Verfassungsbeschwerde zu prüfen, ist die Frage der Grundrechtsberechtigung schon bei dem Prüfungspunkt „Beschwerdeberechtigung“ zu erörtern.

a) Grundrechtsberechtigung juristischer Personen gem. Art. 19 III GG

Die Beschwerdeführerin ist jedoch eine Aktiengesellschaft (AG) und damit eine juristische Person.
Deren Grundrechtsberechtigung richtet sich nach Art. 19 III GG, wonach die wesensmäßige Anwendbarkeit des Grundrechts erforderlich ist.

Hierbei ist zwischen juristischen Personen des Privatrechts und solchen des öffentlichen Rechts zu unterscheiden. Juristische Personen des öffentlichen Rechts sind nicht grundrechtsberechtigt, da es bei Ihnen an der sog. grundrechtstypischen Gefährdungslage fehlt und sie zudem gem. Art. 1 III GG die Grundrechtsverpflichteten sind.

b) Grundrechtsberechtigung juristischer Personen des Privatrechts in der Hand von Hoheitsträgern

Die D-AG ist jedoch eine juristische Person des Privatrechts.

Daran ändert sich auch nichts dadurch, dass die Anteile an dieser AG sich vollständig in der Hand der Stadt und damit eines Hoheitsträgers befinden.

Fraglich ist jedoch, ob nicht gerade aus diesem Grund die Grundrechtsberechtigung abzulehnen ist.

aa) Nach der Rspr. des BVerfG ist die Grundrechtsberechtigung der juristischen Personen des Privatrechts abzulehnen, wenn sie sich vollständig oder mehrheitlich in der Hand eines Trägers öffentlicher Gewalt befinden, und öffentliche Aufgaben der Daseinsvorsorge wahrnehmen[121].

Begründet werden kann dies damit, dass juristische Personen des Privatrechts nur dann grundrechtsberechtigt sind, wenn ihre Bildung und Betätigung Ausdruck der „dahinterstehenden“ grundrechtsberechtigten natürlichen Personen ist. Nur bei Vorliegen eines solchen „**personalen Substrats**“ sollen Grundrechte auf juristische Personen wesensmäßig anwendbar sein i.S.d. Art. 19 III GG[122].

Ist eine juristische Person des Privatrechts vollständig oder mehrheitlich in der Hand eines Hoheitsträgers, so fehlt es an einem solchen personalen Substrat.

Denn hinter einer solchen juristischen Person des Privatrechts stehen nicht natürliche Personen, sondern der „Staat“.

Dies ist nach dem BVerfG jedenfalls dann anzunehmen, wenn öffentliche Aufgaben der Daseinsvorsorge wahrgenommen werden.

---

[121] Hemmer/Wüst, Staatsrecht I, Rn. 24; BVerfG, NJW 1990, 1783.

[122] Pieroth/Schlink, Rn. 152.

hemmer-Methode: In diesem Fall ist die juristische Person des Privatrechts nicht Grundrechtsberechtigter, sondern sogar Grundrechtsverpflichteter, sodass ausnahmsweise auch im Zivilrecht, bspw. über § 134 BGB, die Grundrechte unmittelbar herangezogen werden können[123].

bb) Das Erfordernis des personalen Substrats wird jedoch ebenso angezweifelt wie das Ergebnis der fehlenden Grundrechtsberechtigung. Die Rspr. des BVerfG erscheint insbesondere auch insoweit angreifbar, dass bereits bei nur mehrheitlicher Beteiligung eines Hoheitsträgers die Grundrechtsträgerschaft verneint wird.

hemmer-Methode: Bei nur mehrheitlicher Beteiligung ist das Problem, dass teilweise natürliche Personen „dahinter stehen". Dem kann dadurch Rechnung getragen werden, dass diese Personen selbst u.U. gegen Eingriffe zu Lasten der juristischen Person vorgehen können, da sie in ihren Beteiligungsrechten beeinträchtigt sein können. Zweifelhaft ist auch die Abgrenzung des BVerfG, dass es auf die Wahrnehmung öffentlicher Aufgaben ankommen soll. In der Klausur können Sie sich an dieser Stelle durchaus klausurtaktisch gegen das BVerfG entscheiden, wenn sie nur so die Verfassungsbeschwerde zulässig machen können.

cc) Zu folgen ist jedoch dem BVerfG in dem hier vorliegenden Fall, dass die AG zu einhundert Prozent von einem Hoheitsträger gehalten wird.

In dieser Situation ist kein Grund ersichtlich, diese juristische Person des Privatrechts hinsichtlich der Grundrechtsberechtigung anders zu behandeln als eine solche des öffentlichen Rechts.

Bestimmte Hoheitsträger haben zwar die Befugnis, juristische Personen des Privatrechts zu gründen. Eine Anerkennung der Grundrechtsberechtigung würde jedoch dazu führen, dass Hoheitsträger nach Belieben neue Grundrechtsträger, quasi als ihre eigenen „Doppelgänger", schaffen könnten.

Demnach ist die D-AG grundsätzlich nicht grundrechtsberechtigt.

c) Prozessgrundrechte, Art. 101 I S. 2, 103 I GG

Eine Ausnahme von der fehlenden Grundrechtsberechtigung besteht jedoch für die sog. Prozessgrundrechte gem. Art. 101 I S. 2 GG (Recht auf den gesetzlichen Richter) und Art. 103 I GG (Recht auf rechtliches Gehör)[124].

Grund hierfür ist, dass dies keine Grundrechte und auch nicht nur grundrechtsgleiche Rechte sind, sondern sie sind vorrangig „objektive Verfahrensgrundsätze, die für jedes gerichtliche Verfahren gelten und daher auch jedem zugutekommen müssen, der nach den Verfahrensnormen parteifähig ist oder von dem Verfahren unmittelbar betroffen ist"[125].

Die D-AG ist daher aus dem grundrechtsgleichen Recht aus Art. 103 I GG berechtigt.

[123] BVerfG NJW 2011, 1201 = **Life&Law 2011, Heft 4**.

[124] Hemmer/Wüst, Grundwissen Staatsrecht, Rn. 24.

[125] BVerfGE 61, 82, 104.

hemmer-Methode: Der Argumentation des BVerfG folgend, ergibt sich daher die Tatsache, dass Art. 101 I S. 2, 103 I GG auch subjektive Rechte beinhalten, erst aus der Bestimmung des Art. 93 I Nr. 4a GG. Beachten Sie, dass die **Prozessgrundrechte** für **alle juristischen Personen** gelten, also auch für die des **öffentlichen Rechts**!
Sie gelten auch für ausländische jur. Personen[126]

3. Beschwerdegegenstand

Beschwerdegegenstand kann nach Art. 93 I Nr. 4a GG jeder Akt der öffentlichen Gewalt sein. Die D-AG wendet sich gegen die gerichtliche Entscheidung, die sie zur Zahlung verurteilt hat. Hierbei handelt es sich um eine Maßnahme der Rechtsprechung. Diese ist tauglicher Beschwerdegegenstand.

4. Beschwerdebefugnis

Gem. Art. 93a I Nr. 4a GG, § 90 I BVerfGG muss eine Verletzung von dort genannten Rechte behauptet werden. Die D-AG könnte in ihrem grundrechtsgleichen Recht aus Art. 103 I GG verletzt sein. Eine Verletzung dieses Rechts durch die gerichtliche Entscheidung ist nicht von vornherein ausgeschlossen. Die D-AG ist auch selbst, gegenwärtig und unmittelbar betroffen[127].

5. Rechtswegerschöpfung

Gem. § 90 II S. 1 BVerfGG muss vor Erhebung der Verfassungsbeschwerde der Rechtsweg erschöpft sein.

Dies ist hier erfolgt, da gegen die Entscheidung des AG keine Rechtsmittel möglich sind.

6. Sonstiges

Von dem Vorliegen der sonstigen Voraussetzungen (Form, § 23 I S. 1 BVerfGG, Frist gem. § 93 I S. 1 BVerfGG) ist auszugehen.

7. Ergebnis

Die Verfassungsbeschwerde ist zulässig.

IV. Zusammenfassung

Sound: Die Grundrechtsberechtigung der juristischen Personen des Privatrechts richtet sich nach Art. 19 III GG. Ist ein Hoheitsträger vollständig oder mehrheitlich daran beteiligt, so fehlt grds. die Grundrechtsberechtigung (BVerfG, str.). Die Prozessgrundrechte gem. Art. 101 I S. 2, 103 I GG gelten jedoch auch für alle juristischen Personen des Privatrechts und des öffentlichen Rechts.

[126] Hemmer/Wüst, Grundwissen Staatsrecht, Rn. 25.

[127] Vgl. dazu Hemmer/Wüst, Grundwissen Staatsrecht, Rn. 37 ff.

hemmer-Methode: Die mehrheitlich oder vollständig von einem Hoheitsträger „gehaltenen" juristischen Personen des Privatrechts stellen einen Sonderfall unter den jur. Personen des Privatrechts dar. Da die Prozessgrundrechte auch für die juristischen Personen des Öffentlichen Rechts gelten, bestehen daher insgesamt zwei Ausnahmen von der mangelnden Grundrechtsberechtigung der jur. Personen des Öffentlichen Rechts: Zum einen die Prozessgrundrechte, zum anderen der Sonderfall, dass eine juristische Person des Öffentlichen Rechts aufgrund gesetzlicher Aufgabenzuweisung als „Sachwalter" des Einzelnen Grundrechte wahrnimmt (Universitäten, öffentlich-rechtliche Rundfunkanstalten, vgl. dazu Fall 15).

V. Zur Vertiefung

Zur Beschwerdeberechtigung bei der Verfassungsbeschwerde

- Hemmer/Wüst, Grundwissen Staatsrecht, Rn. 15 ff.
- BVerfG, Life&Law 2008, 117.

Zum Grundrecht auf rechtliches Gehör gem. Art. 103 I GG

- Hemmer/Wüst, Staatsrecht I, Rn. 332.

Fall 17: Verfassungsbeschwerde / Beschwerdebefugnis

Sachverhalt:

G hat ein Gewerbe eröffnet, das nicht erlaubnispflichtig ist. Er fürchtet jedoch, dass ihm die Ausübung des Gewerbes untersagt wird (vgl. § 35 I GewO), da er in der Vergangenheit einmal geringfügig Steuern nicht bezahlt hat. Aufgrund der weiten Fassung des § 35 I GewO, der eine Gewerbeuntersagung bei „Unzuverlässigkeit“ ermöglicht, ist sich G nicht klar, ob die Behörde ihm das Gewerbe untersagen kann und wird. Er hält § 35 I GewO für zu unbestimmt und daher verfassungswidrig. Daher legt er Verfassungsbeschwerde ein.

Frage: *Ist diese Verfassungsbeschwerde zulässig?*

I. Einordnung

Unter welchen Voraussetzungen kann eine Verfassungsbeschwerde unmittelbar gegen ein Gesetz gerichtet werden?

II. Gliederung

Zulässigkeit der Verfassungsbeschwerde
1. Zuständigkeit des BVerfG
2. Beschwerdeberechtigung
3. Beschwerdegegenstand
⇨ § 35 I GewO als Akt der Gesetzgebung
4. Beschwerdebefugnis
⇨ mögliche Verletzung des Art. 12 I GG?
G müsste aber **unmittelbar betroffen** sein: Das Gesetz muss erst noch vollzogen werden. Unmittelbarkeit daher (-)
5. Ergebnis Die Verfassungsbeschwerde ist unzulässig.

III. Lösung

Zulässigkeit der Verfassungsbeschwerde des G:

1. Zuständigkeit des BVerfG

Das BVerfG ist für die Entscheidung über Verfassungsbeschwerden gem. Art. 93 I Nr. 4a GG, § 13 Nr. 8a BVerfGG zuständig.

2. Beschwerdeberechtigung

Beschwerdeberechtigt ist jedermann (Art. 93 I Nr. 4a GG). Dazu ist die Grundrechtsberechtigung[128] erforderlich. G ist als natürliche Person grundrechtsberechtigt und damit beschwerdeberechtigt.

3. Beschwerdegegenstand

Beschwerdegegenstand kann nach Art. 93 I Nr. 4a GG jeder Akt der öffentlichen Gewalt sein.

[128] Auch als Grundrechtsträgerschaft bezeichnet.

Damit sind Maßnahmen aller drei Staatsfunktionen gemeint, also der Gesetzgebung, der Verwaltung und der Rechtsprechung[129]. J wendet sich gegen § 35 I GewO. Dieser ist ein Akt der Gesetzgebung und damit tauglicher Beschwerdegegenstand.

4. Beschwerdebefugnis

Gem. Art. 93a I Nr. 4a GG, § 90 I BVerfGG muss eine Verletzung der dort genannten Rechte behauptet werden. J könnte in seinem Grundrecht auf Berufsfreiheit gem. Art. 12 I GG betroffen sein.

Erforderlich ist jedoch, dass der Beschwerdeführer selbst, gegenwärtig und unmittelbar betroffen ist[130].

a) Selbstbetroffenheit

Dies erfordert die mögliche Verletzung in eigenen Grundrechten des Beschwerdeführers, nicht einer anderen, dritten Person. Da G selbst das Gewerbe eröffnen möchte und es daher um seine eigene Berufstätigkeit geht, sind hier möglicherweise eigene Grundrechte des G betroffen.

b) Unmittelbarkeit

Erforderlich ist zudem, dass der Beschwerdeführer unmittelbar betroffen ist. Die unmittelbare Betroffenheit ist dann ausgeschlossen, wenn **Beschwerdegegenstand ein Gesetz ist** und dieses Gesetz nicht selbst eine bestimmte Rechtsfolge herbeiführt, sondern **erst noch durch einen zusätzlichen Akt vollzogen werden muss**.

Die Unmittelbarkeit fehlt, wenn ein Gesetz angegriffen wird, das die Verwaltung zu einer belastenden Rechtsfolge ermächtigt, diese Rechtsfolge jedoch nicht selbst herbeiführt.

Sieht das Gesetz jedoch selbst eine Rechtsfolge vor, ohne dass es noch eines Vollzugsaktes bedarf, so fehlt es nicht an der Unmittelbarkeit. Dann handelt es sich um ein sog. selbstausführendes Gesetz[131].

Hier sieht § 35 I GewO vor, dass die **Behörde** die Ausübung des Gewerbes zu untersagen hat. Das hier angegriffene Gesetz muss daher erst noch durch einen weiteren Akt vollzogen werden. Daher fehlt es an der unmittelbaren Betroffenheit des G.

hemmer-Methode: Würde § 35 I GewO lauten, dass „unzuverlässige Personen kein Gewerbe ausüben dürfen“, so enthielte die Vorschrift ein unmittelbar wirkendes gesetzliches Verbot. In der tatsächlichen Fassung enthält dies § 35 I GewO nicht, sondern die Vorschrift enthält die Befugnis der Behörde, ein solches Verbot zu erlassen.

Eine unmittelbare Betroffenheit lässt sich auch nicht mit dem Argument bejahen, dass § 35 I GewO eine gebundene Vorschrift darstellt, die Entscheidung der Behörde damit von Anfang an feststeht und ein Abwarten dieser Entscheidung vor Einlegung der Verfassungsbeschwerde als bloßer Formalismus unzumutbar ist.

129 Hemmer/Wüst, Grundwissen Staatsrecht, Rn. 29 f.

130 Vgl. dazu Hemmer/Wüst, Grundwissen Staatsrecht, Rn. 37 ff.

131 Bisweilen auch „self-executing“ genannt.

Zwar ist der Behörde tatsächlich kein Ermessen eingeräumt, durch die Verwendung des unbestimmten Rechtsbegriffs „Unzuverlässigkeit“ auf Tatbestandsebene werden Behörden und Gerichte aber genügend Spielräume für den Einzelfall eingeräumt, sodass die Entscheidung im Einzelfall gerade nicht von vornherein feststeht.

Unmittelbar wirken nicht nur ausdrückliche gesetzliche Verbote, sondern auch Genehmigungsvorbehalte. Denn sie machen eine Tätigkeit von der Erteilung einer Genehmigung abhängig. Da die Tätigkeit ohne Genehmigung nicht erlaubt ist, enthalten sie ein Verbot dieser Tätigkeit ohne Genehmigung, ohne das es eines weiteren Vollzugsakts bedürfte.

G ist daher nicht beschwerdebefugt.

hemmer-Methode: G muss also warten, bis die Behörde das Verbot erlässt. Machen Sie sich den Sinn des Unmittelbarkeitserfordernisses klar: Ein Gesetz, das erst noch vollzogen werden muss, beinhaltet die Ermächtigung an die Verwaltung zum (eigenverantwortlichen) Vollzug. Dabei entscheidet die Verwaltung über Auslegung und Anwendung der Vorschrift. Möglicherweise kommt sie zu dem Ergebnis, von einer gesetzlichen Befugnis überhaupt keinen Gebrauch zu machen. Der Einzelne soll nicht die Möglichkeit haben, eine Rechtsnorm anzugreifen, die ihn erst durch eine noch ausstehende Einzelmaßnahme betreffen wird.

5. Ergebnis

Die Verfassungsbeschwerde ist unzulässig.

IV. Zusammenfassung

Sound: Die Beschwerdebefugnis erfordert die unmittelbare Betroffenheit des Beschwerdeführers. Diese fehlt dann, wenn Beschwerdegegenstand ein Gesetz ist und dieses erst noch durch einen zusätzlichen Akt vollzogen werden muss. Die Unmittelbarkeit liegt dagegen vor, wenn es sich um ein sog. selbstausführendes Gesetz handelt.

hemmer-Methode: Muss das Gesetz wie hier erst noch vollzogen werden, so könnte man auch an der Gegenwärtigkeit der Beschwer zweifeln. Dennoch wird dieses Problem an dem Begriff der „Unmittelbarkeit“ festgemacht. Eine Ausnahme von dem Erfordernis der Unmittelbarkeit gilt bei Strafgesetzen und Ordnungswidrigkeitsgesetzen. Bei diesen muss der Einzelne nicht abwarten, bis der verurteilt wird. Aufgrund der erheblichen Konsequenzen insbesondere einer strafrechtlichen Verurteilung muss der Betroffene nicht das Risiko eingehen, verurteilt zu werden, um dann die Verfassungsmäßigkeit einer Strafvorschrift überprüfen lassen zu können. Das Abwarten des Vollzugsakts „Verurteilung wegen Straftat oder Ordnungswidrigkeit“ ist dem Betroffenen nicht zumutbar.

Wird also morgen eine Strafbarkeit nicht unter zehn Jahren Freiheitsstrafe für das versehentliche Fallenlassen einer Kaffeetasse eingeführt, so müssen Sie nicht Ihre Verurteilung abwarten, den Instanzenzug durchlaufen und fünf Jahre „absitzen“, bis das BVerfG dieses Gesetz für verfassungswidrig erklärt. Sie können sofort Verfassungsbeschwerde gegen das Gesetz erheben, müssen allerdings die Jahresfrist gem. § 93 III BVerfGG einhalten. Allerdings lässt sich auch gut vertreten, dass jedes Strafgesetz zugleich ein Verbotsgesetz beinhaltet. Auch ohne Strafe ist ein bestimmtes Verhalten unmittelbar durch das Gesetz verboten. Die obigen Erwägungen gehören dann nicht zur „Unmittelbarkeit“, sondern zur Frage der Subsidiarität. Eine andere Möglichkeit, die Grundrechtsverletzung aus der Welt zu schaffen, wäre neben der Verfassungsbeschwerde direkt gegen das Gesetz, das Abwarten einer Bestrafung und das Vorgehen gegen diese Bestrafung. Hierbei könnte inzident die Verfassungsgemäßheit des Gesetzes geklärt werden. Allerdings kann dies dem Bürger keinesfalls zugemutet werden, so dass er direkt gegen das Gesetz Verfassungsbeschwerde einlegen kann.

V. Zur Vertiefung

Zur Beschwerdebefugnis

- Hemmer/Wüst, Staatsrecht I, Rn. 41 ff.
- BVerfG, NJW 2011, 336 = Life&Law 2011, 337

Kapitel III: Staatsstrukturprinzipien

Fall 18: Repräsentative Demokratie

Sachverhalt:

Die Reform der Sozialsysteme wird parteiübergreifend als drängendes Thema empfunden. Keine der großen Volksparteien sieht sich jedoch in der Lage, aus eigener Kraft einen Systemwechsel in der Rentenversicherung auch nur zu befürworten. Um die eigene Wählerklientel in der älteren Generation nicht vor den Kopf zu stoßen, wird deshalb der ganz große Kompromiss geschlossen, eine Volksabstimmung über die vollständige Abschaffung der beitragsfinanzierten Rentenversicherung durchzuführen. Durch Gesetz wird daher beschlossen, die Bevölkerung darüber abstimmen zu lassen, nur noch eine steuerfinanzierte Grundrente vorzusehen, und die darüber hinausgehende Altersvorsorge der privaten Entscheidung zu überlassen.

Frage: *Ist das Gesetz verfassungsgemäß?*

I. Einordnung

Ist auf Bundesebene die Einführung direkter Demokratie zulässig?

II. Gliederung

Verfassungsmäßigkeit des Gesetzes

1. Formelle Verfassungsmäßigkeit des Gesetzes

⇨ Zuständigkeit d. Bundes zur Gesetzgebung gem. Art. 74 I Nr. 7, 12 GG

2. Materielle Verfassungsmäßigkeit des Gesetzes

a) Begriff der Demokratie

⇨ „Alle Staatsgewalt geht vom Volke aus“ Art. 20 II S. 1 GG: demokratische Legitimation der Staatsgewalt erforderlich

b) Demokratie i.S.d. Grundgesetzes

⇨ Ist repräsentative Demokratie: Das Volk übt die Staatsgewalt durch die Wahl des Bundestags aus, abgesehen von Art. 29 GG nicht durch Abstimmungen

⇨ Für direkte Demokratie besteht nach h.M. ein Verfassungsvorbehalt

3. Ergebnis

Das Gesetz ist verfassungswidrig

III. Lösung

Verfassungsmäßigkeit des Gesetzes

1. Formelle Verfassungsmäßigkeit

Da es sich um ein Bundesgesetz handelt, müsste eine Zuständigkeit des Bundes für das Gesetz vorliegen. Weil nach Art. 70 GG die Länder grundsätzlich für die Gesetzgebung zuständig sind, muss eine Zuständigkeit des Bundes ausdrücklich begründet werden.

Soweit das Gesetz die Abschaffung der beitragsfinanzierten Rentenversicherung betrifft, folgt die Zuständigkeit des Bundes aus Art. 74 I Nr. 12 GG, „Sozialversicherung“.

Zur Sozialversicherung zählen die beitragsfinanzierten Versicherungssysteme zur Absicherung des Einzelnen gegen die typischen Lebensrisiken, und damit auch die (herkömmliche) Rentenversicherung. Dies umfasst auch die Abschaffung eines Zweiges der Sozialversicherung.

Dagegen fällt die beabsichtigte Einführung einer steuerfinanzierten Grundrente mangels Beitragsfinanzierung nicht unter den Begriff der Sozialversicherung. Gem. Art. 74 I Nr. 7 GG ist der Bund jedoch für die Gesetze über „öffentliche Fürsorge" zuständig.

Dies umfasst zunächst die öffentliche Hilfe bei wirtschaftlicher Notlage und daher jedenfalls die Sozialhilfe. Man wird diesen Begriff jedoch weit auslegen können und jede staatliche Sozialleistung, die nicht durch eigene Leistungen erworben wurde, sondern ohne „Gegenleistung" durch den Staat erbracht wird, fassen[132]. Daher ist auch eine steuerfinanzierte Grundrente umfasst.

hemmer-Methode: Die a.A. ist vertretbar. Sie müssen keine Details zu den Katalogen der Art. 73 f. GG wissen. In der Klausur wird allenfalls verlangt werden, dass Sie die Vorschrift finden und auslegen.

Eine bundesgesetzlich einheitliche Regelung der Grundrechte ist auch erforderlich zur Wahrung der Rechts- und Wirtschaftseinheit i.S.d. Art. 72 II GG i.V.m. Art. 74 I Nr. 7 GG. Eine von Land zu Land unterschiedliche Regelung der Rente wäre schon angesichts der Migration der Arbeitnehmer zwischen den Bundesländern nicht machbar.

hemmer-Methode: Art. 72 II GG wurde durch die Föderalismusreform erheblich eingeschränkt. Die Erforderlichkeitsprüfung ist nun nur noch in den dort genannten Fällen durchzuführen. In allen anderen Fällen des Art. 74 I GG hat der Bund jetzt ohne weiteres die Gesetzgebungskompetenz. Im Gegenzug für diese Kompetenzerweiterung auf Seiten des Bundes erhielten die Länder in den in Art. 72 III GG genannten Fällen das Recht, von Bundesgesetzen abzuweichen. Fällt die nach Art. 72 II GG notwendige Erforderlichkeit nachträglich weg, kann dies durch Bundesgesetz nach Art. 72 IV GG festgestellt und so der Weg zu einer Gesetzgebung der Länder eröffnet werden. Dieses Bundesgesetz kann nach Art. 93 II GG durch eine Entscheidung des BVerfG ersetzt werden.

Von der übrigen formellen Verfassungsmäßigkeit ist auszugehen.

2. Materielle Verfassungsmäßigkeit

Das Gesetz müsste materiell verfassungsmäßig sein. Indem es die Entscheidung über diese Frage durch eine Volksabstimmung vorsieht, könnte ein Verstoß gegen das Demokratieprinzip gem. Art. 20 I, II GG vorliegen.

a) Begriff der Demokratie

Demokratie bedeutet, dass alle Staatsgewalt vom Volk ausgeht (Art. 20 II S. 1 GG). Unter der Staatsgewalt sind dabei jegliche Tätigkeiten staatlicher Stellen, d.h. alle drei Staatsfunktionen (Staatsgewalten) Gesetzgebung, Verwaltung und Rechtsprechung zu verstehen.

[132] Bsp. vgl. Jarass/Pieroth, Art. 74 GG, Rn. 18.

Fraglich ist nun, welche inhaltlichen Anforderungen das Demokratieprinzip an die Ausübung der Staatsgewalt durch das Volk stellt.

Art. 20 II S. 2 GG sieht vor, dass das Volk die Staatsgewalt zum einen in Wahlen und Abstimmungen ausübt, zum anderen durch die Organe der drei Staatsgewalten.

Stets ist jedoch erforderlich, dass die Ausübung staatlicher Macht durch das Volk legitimiert sein muss. Demokratie bedeutet demokratische Legitimation der Staatsgewalt in „einer ununterbrochenen demokratischen Legitimationskette"[133].

Demokratische Legitimation durch das Volk wird gem. Art. 20 II S. 2 GG in Wahlen und Abstimmungen vermittelt. In **Wahlen** wird über die Personen entschieden, die Repräsentativorgane besetzen, während in **Abstimmungen** unmittelbar über Sachfragen entschieden wird[134].

Der Erlass von Gesetzen muss als Ausübung von Staatsgewalt demokratisch legitimiert sein. Bei der Abstimmung durch die Bevölkerung über ein Gesetz ist dieses ohne Zweifel unmittelbar demokratisch legitimiert, da das Volk selbst hierüber entschieden hat.

Im Hinblick auf die erforderlich demokratische Legitimation begegnet die Volksabstimmung deshalb keinen Bedenken.

b) Demokratie i.S.d. Grundgesetzes

Art. 20 II S. 2 GG spricht von der Ausübung der Staatsgewalt durch Wahlen und Abstimmungen.

Abstimmungen sind im Grundgesetz lediglich in Art. 29 GG vorgesehen für den Sonderfall der Länderneugliederung.

Abgesehen von dem nicht mehr aktuellen Art. 118 GG sieht das Grundgesetz keine weiteren Abstimmungen vor[135].

Wahlen durch das Volk sind auf Bundesebene gem. Art. 38 I GG für den Bundestag vorgesehen. Dieser ist das einzige gewählte Organ.

Der Bundestag verleiht allen anderen Staatsorganen (Verwaltung, Rechtsprechung) demokratische Legitimation. Alle anderen Staatsorgane leiten ihre demokratische Legitimation vom Bundestag ab und sind diesem verantwortlich.

Insbesondere entscheidet nach dem Grundgesetz der Bundestag über die Gesetze (Art. 77 I S. 1 GG), er bestimmt mit der Wahl des Bundeskanzlers (Art. 63 I GG) über die Regierung und damit über die Verwaltung und kontrolliert diese (Möglichkeit der Abwahl des Bundeskanzlers gem. Art. 67 I GG, Zitierungsrecht des Art. 43 I GG, Untersuchungsausschüsse Art. 44 GG). Ausübung der Staatsgewalt unmittelbar durch das Volk ist daher nach dem Grundgesetz nur bei der Wahl des Bundestags vorgesehen. **Demokratie im Sinne des Grundgesetzes** ist daher parlamentarische oder **repräsentative Demokratie**.

In der aktuellen Fassung des Grundgesetzes sind daher nach h.M. **Volksabstimmungen** über Art. 29 GG hinaus **nicht zulässig**. Es besteht hierfür ein Verfassungsvorbehalt.

---

[133] Böckenförde, HdBStR I, § 22, Rn. 11; im Einzelnen dazu Fall 19.

[134] Degenhart, Rn. 13.

[135] Art. 118a GG spricht nicht von einer Abstimmung, sondern nur von einer Beteiligung der Wahlberechtigten der beiden Länder. Hierunter wird man eine bloße Volksbefragung ohne Verbindlichkeit ansehen, keine verbindliche Entscheidung durch das Volk über die Neugliederung, vgl. Jarass/Pieroth, Art. 118a GG, Rn. 1.

D.h. für die Einführung direkter Demokratie auf Bundesebene ist eine Verfassungsänderung erforderlich.

hemmer-Methode: Das Prinzip der repräsentativen Demokratie ergibt sich weniger aus Art. 20 I, II GG selbst als aus einer Zusammenschau mehrerer Vorschriften des Grundgesetzes, insbesondere der Funktion des Bundestags und Art. 29 GG.
Unterscheiden Sie also den („natürlichen") Begriff der Demokratie, der besagt, dass alle Staatsgewalt vom Volk ausgeht, von der Demokratie i.S.d. Grundgesetzes als repräsentative Demokratie.

Das Gesetz über die Volksabstimmung verstößt daher gegen das Prinzip der repräsentativen Demokratie des Grundgesetzes.

3. Ergebnis

Das Gesetz ist verfassungswidrig.

IV. Zusammenfassung

- Demokratie bedeutet, dass **alle Staatsgewalt vom Volk ausgeht** (Art. 20 II S. 1 GG).
- Demokratie i.S.d. GG ist jedoch **repräsentative Demokratie**. Die Ausübung der Staatsgewalt durch das Volk erfolgt durch die Wahl des Bundestags. Abstimmungen sind nur in Art. 29 GG vorgesehen.
- Daher ist nach h.M. die Einführung von **Volksabstimmungen auf Bundesebene** durch einfaches Gesetz nicht möglich.

Sound: Demokratie i.S.d. Grundgesetzes ist repräsentative Demokratie.

hemmer-Methode: Für die Einführung direkter Demokratie ist daher nach h.M. eine Änderung des Grundgesetzes notwendig. Diese wäre zulässig, da nicht gegen Art. 79 III GG verstoßen würde. Die repräsentative Demokratie ist in der gegenwärtigen Fassung des Grundgesetzes bestimmt und stellt nach allg. Meinung keine Verletzung der Grundsätze der Demokratie i.S.v. Art. 79 III GG i.V.m. Art. 20 I, II GG dar.
Die auf der Ebene der Bundesländer bestehenden Formen der direkten Demokratie (Volksabstimmung, -entscheid, -begehren, -befragung) sind an dem Homogenitätsgebot gem. Art. 28 I S. 1 GG zu messen. Danach gilt das Prinzip der repräsentativen Demokratie im Grundsatz auch in den Ländern. Da jedoch nach Art. 28 I S. 1 GG nur die „Grundsätze" der Demokratie i.S.d. Grundgesetzes zu beachten sind, können die Länder in Grenzen abweichen. Diese Grenzen sind bisher nicht überschritten. Dies wären sie erst, wenn dem Repräsentativorgan (d.h. dem Landtag) keine entscheidenden Befugnisse mehr zustünden (vgl. Degenhart, Rn. 43).

V. Zur Vertiefung

Zum Demokratieprinzip

- Hemmer/Wüst, Grundwissen Staatsrecht, Rn. 271 ff.
- BGH, NJW 2010, 3251 = **Life&Law 2011, 118** zum Spannungsverhältnis zwischen Demokratiegrundsatz und Minderheitenschutz im Untersuchungsausschuss

Fall 19: Demokratische Legitimation

Sachverhalt:

Die Bundesregierung und die sie tragenden Fraktionen im Bundestag streben die Verbesserung der Ausbildungsförderung im Hochschulbereich an. Dazu sollen neben der bestehenden Ausbildungsförderung nach BAföG Stipendien vergeben werden, die aus dem Bundeshaushalt bezahlt werden. Das hierzu ergangene formell verfassungsmäßige Bundesgesetz sieht vor, dass über die Vergabe dieser Stipendien ein unabhängiger Ausschuss entscheidet, der bei dem Bundesministerium für Bildung und Forschung errichtet wird. Dieser Ausschuss ist an keinerlei Weisungen oder Vorgaben gebunden. Die Mitglieder dieses Ausschusses werden von verschiedenen Interessengruppen benannt, wie Arbeitgeberverbände, Gewerkschaften und anderen privaten Interessenverbänden.

Frage: *Ist das Gesetz verfassungsgemäß?*

I. Einordnung

Jegliche Staatsgewalt bedarf der demokratischen Legitimation (Art. 20 II GG).

II. Gliederung

Verfassungsmäßigkeit des Gesetzes
1. Formelle Verfassungsmäßigkeit
2. Materielle Verfassungsmäßigkeit
Demokratieprinzip gem. Art. 20 I, II GG erfordert ausreichende
demokratische Legitimation jeglicher Staatsgewalt
⇨ Diese ist bei Ausschusstätigkeit nicht gegeben.
3. Ergebnis
Das Gesetz verstößt gegen das Demokratieprinzip.

III. Lösung

1. Formelle Verfassungsmäßigkeit

Diese ist laut Sachverhalt anzunehmen.

2. Materielle Verfassungsmäßigkeit

Das Gesetz über die Vergabe von Stipendien wegen eines Verstoßes gegen das Demokratieprinzip (Art. 20 I GG) könnte materiell verfassungswidrig sein, da hier u.U. über staatliche Gelder ohne hinreichende demokratische Legitimation entschieden wird, staatliche Gewalt also unter Verletzung des Demokratieprinzips ausgeübt wird.

a) Demokratie bedeutet, dass alle Staatsgewalt vom Volk ausgeht (Art. 20 II S. 1 GG). Die Ausübung der Staatsgewalt durch das Volk erfolgt gem. Art. 20 II S. 2 GG durch Wahlen und Abstimmungen.

Die Akte der Staatsgewalt „müssen sich auf den Willen des Volkes zurückführen lassen und ihm gegenüber verantwortet werden“[136]. Erforderlich ist, dass die Ausübung staatlicher Macht durch das Volk legitimiert sein muss.

[136] BVerfGE 93, 37, 66.

Demokratie bedeutet demokratische Legitimation der Staatsgewalt in „einer **ununterbrochenen demokratischen Legitimationskette**"[137].

Die in Art. 20 II S. 2 GG genannten Organe der Gesetzgebung, Verwaltung und Rechtsprechung müssen daher demokratisch legitimiert sein.

b) Ausgangspunkt für die demokratische Legitimation ist der Bundestag.

Da Demokratie i.S.d. Grundgesetzes repräsentative Demokratie ist[138] und deshalb der Bundestag das einzige unmittelbar demokratisch legitimierte Organ (auf Bundesebene) ist, müssen alle anderen Staatsorgane ihre demokratische Legitimation vom Bundestag herleiten.

Sie sind „nur" mittelbar demokratisch legitimiert.

Dabei kann bei der mittelbaren demokratischen Legitimation zwischen zwei Arten unterschieden werden. Die **materielle Legitimation** durch Gesetze, Weisungen u.a., sowie die **personelle Legitimation** durch Einsetzung der handelnden Personen (Organwalter).

c) Im Bereich der Verwaltung besteht die demokratische Legitimation in materieller und personeller Hinsicht. Demokratisch legitimiert ist die Verwaltungsspitze, die Bundesregierung, denn durch die Wahl des Bundeskanzlers durch den Bundestag ist sie personell demokratisch legitimiert.

Indem die Verwaltungsspitze, die Bundesregierung und die Ministerien, über die Einsetzung der Bediensteten (der Organwalter) entscheiden, ist jeder einzelne Verwaltungsbedienstete hierüber persönlich demokratisch legitimiert („Legitimationskette").

Die materielle Legitimation folgt zum einen daraus, dass die Verwaltung an die Gesetze gebunden ist. Diese wird vermittelt durch den Bundestag, der die Gesetze beschlossen hat. Zum anderen besteht eine Weisungsbefugnis der demokratisch legitimierten Verwaltungsspitze (der Regierung) über jeden Bediensteten der Verwaltung (hierarchischer Aufbau der Verwaltung)[139].

hemmer-Methode: Der hierarchische Aufbau der Verwaltung erlangt daher eine völlig neue Bedeutung. Er verhindert, dass die Bediensteten „machen, was sie wollen", und bringt die Herrschaft des Volkes erst zur Geltung.

Von diesen Legitimationsformen im Bereich der Verwaltung kann jedoch abgewichen werden.

Normalfall ist zwar der hierarchische Aufbau mit unbegrenzter Weisungsbefugnis der Verwaltungsspitze. Dies kann jedoch in sachlich begründeten Ausnahmefällen anders sein.

So kann es zulässig sein, bestimmte Bereiche aus dem hierarchischen Aufbau auszunehmen und keine unbegrenzte Weisungsbefugnis, sondern lediglich eine Rechtsaufsicht der Verwaltungsspitze vorzusehen.

Dies erfolgt umfassend im Bereich der sog. mittelbaren Staatsverwaltung, d.h. der Verwaltung durch verselbstständigte juristische Personen des öffentlichen Rechts (Körperschaften, Anstalten und Stiftungen)[140]. Diese haben typischerweise einen Selbstverwaltungsbereich, in dem sie nur der Rechtsaufsicht unterstehen.

---

137 BVerfGE 93, 37, 67; Böckenförde, HdBStR I, § 22, Rn. 11.

138 Siehe dazu Fall 18.

139 Jarass/Pieroth, Art. 20 GG, Rn. 10.

140 Vgl. dazu Art. 86 GG.

Dies wird jedoch üblicherweise dadurch ausgeglichen, dass in diesen Sonderbereichen die hiervon Betroffenen Mitwirkungsrechte erhalten. Dadurch kann die abgeschwächte materielle demokratische Legitimation auf dem „normalen“ Weg (d.h. vermittelt über Parlament und Regierung) durch eine erhöhte materielle oder personelle Legitimation, vermittelt durch die Betroffenen selbst, ausgeglichen werden.

Das Demokratieprinzip fordert nicht eine ausnahmslos feststehende demokratische Legitimation, sondern ein bestimmtes **Legitimationsniveau**[141].

Im vorliegenden Fall bestehen Zweifel im Hinblick auf das erforderliche Legitimationsniveau. Die in der Verwaltung üblicherweise gegebene materielle Legitimation durch die Weisungsbefugnis fehlt hier weitgehend, da der Ausschuss gerade weisungsfrei arbeiten soll.

Darüber hinaus fehlt es an einer ausreichenden personellen Legitimation. Diese ist nur dann gegeben, wenn die Einsetzung der Organwalter durch ein Organ vorgenommen wird, das seinerseits demokratisch legitimiert ist.

Dies erfolgt bei den Bediensteten der Verwaltung dadurch, dass die Verwaltungsspitze oder die von ihr ermächtigten Stellen über die Besetzungen entscheiden.

Hier werden jedoch die Mitglieder des Ausschusses nicht von demokratisch legitimierten Entscheidungsträgern besetzt, sondern durch Private bestimmt. Die einzige Legitimation, die diese selbst haben, ist, dass das Gesetz sie für diese Entscheidung für zuständig erklärt.

Dies genügt jedoch nicht für ein ausreichendes demokratisches Legitimationsniveau.

Dies wird auch nicht dadurch gerechtfertigt, dass nur bestimmte Interessengruppen darüber entscheiden. Denn die hier Genannten weisen keine ausreichende Nähe zu dem geregelten Sachbereich auf, der Förderung von Studenten.

Der Ausschuss ist nicht ausreichend demokratisch legitimiert.

3. Ergebnis

Das Gesetz ist wegen des Verstoßes gegen das Demokratieprinzip verfassungswidrig.

IV. Zusammenfassung

- Jegliche Staatsgewalt muss durch eine **Legitimationskette** ausreichend demokratisch legitimiert sein. Demokratische Legitimation kann **materiell** oder **personell** erfolgen.

Sound: Das Demokratieprinzip erfordert eine ausreichende demokratische Legitimation jeglicher Staatsgewalt.

[141] Jarass/Pieroth, Art. 20 GG, Rn. 9.

hemmer-Methode: Probleme im Hinblick auf die demokratische Legitimation können auch sog. Beauftragte im Bereich der Verwaltung aufwerfen, die ihre Aufgaben weisungsfrei wahrnehmen. Diese haben jedoch nach den entsprechenden Gesetzen keine inhaltlichen Entscheidungsbefugnisse, sondern i.d.R. lediglich unterstützende und beratende Funktion, und üben daher keine Staatsgewalt aus.

V. Zur Vertiefung

Zum Demokratieprinzip

- Hemmer/Wüst, Grundwissen Staatsrecht, Rn. 271 ff.

Fall 20: Parteien in der Demokratie

Sachverhalt:

Die neugegründete P-Partei hat bundesweit Mitglieder und möchte bei der nächsten Bundestagswahl teilnehmen. Sie fürchtet, dass sie wegen der Fünf-Prozent-Klausel (§ 6 VI Bundeswahlgesetz - BWG) nicht im Bundestag vertreten sein wird. Sie ist der Ansicht, diese Regelung sei verfassungswidrig, da sie die Chancengleichheit der Parteien beeinträchtige. Jedenfalls in der Höhe von fünf Prozent sei sie überzogen, wie sich in der jüngeren Geschichte gezeigt habe. Abgesehen von dem Sonderfall der Wiedervereinigung sei es unter Geltung der Fünf-Prozent-Hürde erst einer Partei gelungen, sich in der Parteienlandschaft auf Bundesebene zu etablieren. Für diese Einschränkung des Wahlrechts gebe es keine Rechtfertigung.

Frage: *Kann die P-Partei innerhalb von sechs Monaten nach ihrer Gründung vor dem BVerfG mit Erfolg gegen die Fünf-Prozent-Klausel vorgehen?*

I. Einordnung

Die verfassungsrechtliche Stellung der Parteien bestimmt sich nach Art. 21 GG.

II. Gliederung

1. Zulässigkeit

a) Zuständigkeit des BVerfG

⇨ Organstreit gem. Art. 93 I Nr. 1 GG

b) Parteifähigkeit

⇨ Parteien sind parteifähig, da sie in Art. 21 I GG mit eigenen Rechten und Pflichten ausgestattet sind

⇨ BT gem. § 63 BVerfGG parteifähig

c) Verfahrensgegenstand

d) Antragsbefugnis

e) Form und Frist

2. Begründetheit

⇨ Verstoß gegen Art. 21 I GG?

a) Chancengleichheit der Parteien aus Art. 21 I GG?

b) Rechtfertigung der Abweichung von der Chancengleichheit durch die Fünf-Prozent-Klausel

⇨ Gefahr der Aufsplitterung des BT bei uneingeschränkter Verhältniswahl

⇨ Funktionsfähigkeit des Parlaments u. Bildung stabiler Mehrheit rechtfertigen die Einschränkung der Chancengleichheit

3. Ergebnis

Verfahren vor dem BVerfG ist erfolglos.

III. Lösung

Ein Verfahren vor dem BVerfG ist erfolgreich, wenn es zulässig und begründet ist.

1. Zulässigkeit

a) Zuständigkeit des BVerfG

Das BVerfG entscheidet gem. Art. 93 I Nr. 1 GG, § 13 Nr. 5 BVerfGG über Organstreitigkeiten.

hemmer-Methode: Statt bzw. neben dem Organstreit müssten Sie hier eigentlich auch die abstrakte Normenkontrolle nach Art. 93 I Nr. 2 GG prüfen. Durch diese wird das angegriffene Gesetz direkt beseitigt, während bei einem Organstreit allenfalls die Verpflichtung des Gesetzgebers zu einer Änderung des Gesetzes festgestellt wird. Parteien sind im Normenkontrollverfahren allerdings nicht antragsberechtigt. Das Normenkontrollverfahren wird in den Fällen 23 und 25 dargestellt.

b) Parteifähigkeit

Antragsteller und -gegner müssen parteifähig sein.

Parteifähig sind gem. Art. 93 I Nr. 1 GG die obersten Bundesorgane oder andere Beteiligte, die durch das Grundgesetz oder in der Geschäftsordnung eines obersten Bundesorgans mit eigenen Rechten ausgestattet sind.

§ 63 BVerfGG konkretisiert den Kreis der Beteiligten, nennt jedoch nicht die Parteien.

Fraglich ist daher, ob die P-Partei in einem Organstreit parteifähig ist. Ist sie dies nicht, so kommt eine Verfassungsbeschwerde gem. Art. 93 I Nr. 4a GG, § 13 Nr. 8a BVerfGG zur Durchsetzung ihrer Rechte in Frage.

Denn Parteien sind privatrechtliche Vereinigungen von natürlichen Personen. Ihnen können daher die in Art. 93 I Nr. 4a GG genannten Grundrechte und grundrechtsgleichen Rechte zustehen.

hemmer-Methode: Welche Grundrechte Parteien tatsächlich zustehen, richtet sich nach Art. 19 III GG, der für jegliche Personenvereinigung gilt.

Den Parteien sind aber auch durch **Art. 21 I GG** durch die Verfassung Rechte und Pflichten zugewiesen. Sie sind und bleiben zwar private Vereinigungen und sind keine „Staatsparteien". Ihnen wird aber durch Art. 21 I GG eine besondere Aufgabe im Verfassungsleben zugewiesen[142].

Parteien können daher ihre Rechte aus Art. 21 GG in einem Organstreitverfahren durchsetzen, sofern die übrigen Voraussetzungen dieses Verfahrens gegeben sind. Bei dem Streit um die Verletzung ihre verfassungsrechtlichen Status durch das BWG geht es um ihre Rechte aus Art. 21 GG[143].

Denn diese Vorschrift beinhaltet insbesondere die **Chancengleichheit der Parteien**, die i.V.m. Art. 38 I S. 1 GG bei der Ausgestaltung des Wahlrechts zu beachten ist[144]. Die P-Partei ist parteifähig.

Auch der Antragsgegner muss parteifähig sein. Antragsgegner ist hier der Bundestag. Dieser ist gem. § 63 BVerfGG parteifähig.

hemmer-Methode: Das Organstreitverfahren ist bei Beteiligung einer Partei daher nur unter zwei Voraussetzungen möglich. Zum einen muss um Rechte und Pflichten aus der Verfassung, d.h. um Art. 21 I GG, gestritten werden. Außerdem muss der Antragsgegner im Organstreit beteiligtenfähig sein. Letzteres ist nicht der Fall, wenn einer Partei die Zulassung zur Stadthalle versagt oder eine Versammlung verboten wird. Zwar ist dabei Art. 21 GG zu beachten. Die Stadt ist aber nicht im Organstreit parteifähig.

---

142 Hemmer/Wüst, Staatsrecht II, Rn. 349.

143 BVerfGE 82, 322, 335; Hemmer/Wüst, Grundwissen Staatsrecht, Rn. 59.

144 Degenhart, Rn. 79.

Ein solcher Streit ist daher vor den Verwaltungsgerichten auszutragen, und anschließend kann Verfassungsbeschwerde erhoben werden.

c) Verfahrensgegenstand

Tauglicher Verfahrensgegenstand ist der Streit um Rechte und Pflichten aus der Verfassung. Bei der Ausgestaltung des Wahlrechts ist die Chancengleichheit der Parteien gem. Art. 21 I GG i.V.m. Art. 38 I S. 1 GG zu beachten. Da dies verfassungsrechtliche Rechte sind, ist der Streit um diese Frage ein zulässiger Verfahrensgegenstand.

d) Antragsbefugnis, § 64 BVerfGG

Gem. § 64 I BVerfGG muss der Antragsteller geltend machen, dass er durch eine Maßnahme des Antragsgegners in seinen durch das Grundgesetz übertragenen Rechten verletzt oder unmittelbar gefährdet ist.

Maßnahme ist hier der Erlass des Bundeswahlgesetzes (BWG) mit der Fünf-Prozent-Klausel durch den Bundestag. Dadurch kann die P-Partei in ihrer aus Art. 21 I GG i.V.m. Art. 38 I S. 1 GG folgenden Chancengleichheit verletzt sein. Die P-Partei ist daher antragsbefugt.

e) Form und Frist

Erforderlich ist gem. § 64 II BVerfGG ein Antrag, der die möglicherweise verletzte Vorschrift (hier Art. 21 I, 38 I S. 1 GG) bezeichnet.

Zudem muss gem. § 64 III BVerfGG der Antrag binnen sechs Monaten gestellt werden, nachdem die beanstandete Maßnahme dem Antragsteller bekannt geworden ist.

Dies erfordert grundsätzlich, dass sechs Monate nach Ergehen der Maßnahme das Organstreitverfahren einzuleiten ist. Diese Frist ist hier sicher verstrichen, denn die Fünf-Prozent-Klausel wurde vor der Wahl zum Zweiten Deutschen Bundestag 1953 eingeführt.

Allerdings kann die Frist für bestimmte Antragsteller erst später beginnen. Dies ist dann der Fall, wenn erst zu einem späteren Zeitpunkt eine aktuelle rechtliche Betroffenheit vorliegt[145]. Dies kann für Parteien frühestens ab ihrer Gründung der Fall sein. Da die P-Partei den Antrag innerhalb von sechs Monaten nach der Gründung stellt, ist die Frist gewahrt.

hemmer-Methode: Die Frist führt demnach nicht dazu, dass eine Maßnahme nach sechs Monaten für alle Zeiten von der Überprüfung ausgeschlossen ist. Vielmehr gilt der mit dem Ablauf der Frist verbundene Ausschluss nur für den jeweiligen Betroffenen.

2. Begründetheit

Der Antrag ist begründet, wenn die Maßnahme des Antragsgegners die Rechte des Antragstellers aus dem Grundgesetz verletzt.

Die Fünf-Prozent-Klausel müsste daher gegen Art. 21 I GG i.V.m. Art. 38 I S. 1 GG verstoßen.

a) Chancengleichheit der Parteien gem. Art. 21 I GG

Gem. Art. 21 I S. 1 GG wirken die Parteien bei der politischen Willensbildung des Volkes mit.

---

145 BVerfGE 80, 188, 209; Jarass/Pieroth, Art. 93 GG, Rn. 15.

Damit sind die Parteien zu einer verfassungsrechtlichen Institution geworden.

Sie sind privatrechtliche Vereinigungen und damit Teil des gesellschaftlichen, nicht des staatlichen Bereichs.

Sie wirken jedoch in den staatlichen Bereich hinein, indem sie die Bevölkerung in den Repräsentativorganen vertreten. Die Parteien stellen damit im politischen Prozess ein Bindeglied zwischen Bevölkerung und Staat dar.

Diese Situation in der parlamentarischen Massendemokratie nimmt Art. 21 I GG auf und erkennt die Aufgabe der Parteien dabei an. Damit die Parteien dieser Zielsetzung gerecht werden, unterwirft sie Art. 21 I GG bestimmten Anforderungen (innere Organisation, Rechenschaftspflicht), verleiht ihnen jedoch auch bestimmte Rechte.

Zu diesen Rechten gehört neben der Freiheit (vgl. Art. 21 I S. 2 GG) die **Gleichheit der Parteien**[146]. Wesentliche Voraussetzung für die Wahrnehmung ihrer Aufgabe ist, dass die Parteien im politischen Prozess die gleichen Möglichkeiten haben, an der Willensbildung mitzuwirken.

Gleichheit der Parteien ist daher **Chancengleichheit**. Diese schützt die Parteien umfassend vor einer ungerechtfertigten Ungleichbehandlung durch staatliche Organe. Staatliche Stellen **dürfen die Wettbewerbslage zwischen den Parteien nicht verzerren**. Besondere Bedeutung erlangt die Chancengleichheit im Zusammenhang mit Wahlen.

hemmer-Methode: Im Hinblick auf Wahlen wird die Chancengleichheit aus Art. 21 I GG i.V.m. Art. 38 I S. 1 GG hergeleitet, außerhalb davon aus Art. 21 I GG i.V.m. Art. 3 I GG[147].

Chancengleichheit der Parteien bedeutet, dass die Parteien „grundsätzlich unter gleichen rechtlichen Bedingungen in den Wahlkampf eintreten“[148].

Die Fünf-Prozent-Klausel bewirkt, dass Parteien, die weniger Zweitstimmen erhalten, überhaupt nicht im Bundestag vertreten sind und daher die für sie abgegebenen Stimmen nicht „gleich“ mit denen der anderen Parteien sind, die Mandate errungen haben.

b) Rechtfertigung der Abweichung von der Chancengleichheit durch die Fünf-Prozent-Klausel

Die Fünf-Prozent-Hürde stellt daher eine Abweichung von der Chancengleichheit der Parteien dar. Dies bedarf zu ihrer Rechtfertigung eines zwingenden Grundes.[149] Ein solcher könnte hier in der **Funktionsfähigkeit des Repräsentativorgans Bundestag** liegen.

Die Verhältniswahl bewirkt, dass der politische Wille der Wählerschaft praktisch vollständig in der Zusammensetzung des Bundestags wiedergegeben wird. Darin liegt jedoch zugleich die Gefahr, dass der Bundestag durch zu viele kleine politische Gruppierungen aufgespalten wird. Die Bildung einer **stabilen Regierungsmehrheit** wäre dann erheblich erschwert oder sogar verhindert.

[146] Hemmer/Wüst, Staatsrecht II, Rn. 364; Degenhart, Rn. 78.

[147] Degenhart, Rn. 79.

[148] BVerfGE 82, 322, 337.

[149] BVerfGE a.a.O. S.338.

„Soweit es zur Sicherung der Handlungs- und Entscheidungsfähigkeit des Parlaments geboten ist, darf der Gesetzgeber deshalb bei der Verhältniswahl den Erfolgswert der Stimmen unterschiedlich gewichten“[150].

hemmer-Methode: Müssten Sie eine Verfassungsbeschwerde eines Wählers gestützt auf den Wahlrechtsgrundsatz „Gleichheit der Wahl“ gem. Art. 38 I S. 1 GG prüfen, so wäre die Funktionsfähigkeit des Parlament und die Bildung stabiler Mehrheiten die verfassungsimmanente Schranke für den Eingriff in das vorbehaltlos gewährleistete grundrechtsgleiche Recht aus Art. 38 I S. 1 GG[151].

Diesem Ziel dient die Fünf-Prozent-Klausel, denn sie verhindert den Einzug von Parteien, die nur einen geringen Anteil der Stimmen erringen.

Dies stellt zwar eine recht hohe Hürde für kleine und insbesondere neue Parteien dar.

Allerdings zeigt die Erfahrung, dass dies den Erfolg neuer Parteien nicht unmöglich macht.

Dass dies bisher nur in relativ geringem Umfang geschehen ist, wie die P-Partei vorträgt, hängt sicher nicht nur mit der Fünf-Prozent-Klausel zusammen, sondern zumindest auch mit der Anpassungsfähigkeit der „etablierten“ Parteien.

Die Sperrklausel ist daher verfassungsrechtlich nicht zu beanstanden[152].

hemmer-Methode: Eine höhere Hürde als fünf Prozent ist jedoch grundsätzlich unzulässig, sofern nicht besondere Umstände vorliegen[153].

In E 82, 322 war bei der ersten gesamtdeutschen Wahl nach der Wiedervereinigung 1990 die Fünf-Prozent-Klausel für das gesamte Wahlgebiet deshalb ausnahmsweise unzulässig, weil die neuen Parteien aus der damaligen DDR keine vergleichbaren Möglichkeiten des Wahlkampfs und der Wahlwerbung hatten.

Die Maßnahme des Antragsgegners verstößt nicht gegen die Chancengleichheit der Parteien aus Art. 21 I GG i.V.m. Art. 38 I S. 1 GG. Der Antrag ist nicht begründet.

3. Ergebnis

Das Verfahren vor dem BVerfG wird keinen Erfolg haben.

IV. Zusammenfassung

- Soweit es um ihre Rechte aus Art. 21 I GG geht, sind Parteien im **Organstreit** nach Art. 93 I Nr. 1 GG parteifähig.
- Art. 21 I GG beinhaltet insbesondere die **Chancengleichheit der Parteien.** Alle Parteien müssen von staatlichen Stellen gleich behandelt werden, die Wettbewerbslage zwischen den Parteien darf nicht verzerrt werden.

  Dies gilt sowohl im Zusammenhang mit Wahlen als auch außerhalb von diesen.

Sound: Art. 21 I GG beinhaltet die Chancengleichheit der Parteien.

[150] BVerfGE a.a.O.
[151] Vgl. zu Art. 38 I S. 1 GG auch Fall 13.
[152] BVerfGE a.a.O.
[153] BVerfGE 1, 208, 210.

hemmer-Methode: Wichtig für die rechtliche Stellung der Parteien ist auch Art. 21 II GG. Darin ist die Möglichkeit eines Parteiverbots vorgesehen. Über ein solches Verbot entscheidet das BVerfG. Dies hat Konsequenzen für alle übrigen staatlichen Stellen bei der Behandlung von Parteien: Lesen Sie Art. 21 II S. 2 GG so, dass nur das BVerfG über die Verfassungswidrigkeit einer Partei entscheidet. Aus diesem Entscheidungsmonopol des BVerfG folgt die Konsequenz, dass eine Partei solange nicht als verfassungswidrig behandelt werden darf, wie sie nicht durch das BVerfG nach Art. 21 II GG verboten ist. Aus dem Entscheidungsmonopol des BVerfG folgt dieses sog. Parteienprivileg. Vor einem Verbot müssen auch als radikal angesehene Parteien mit allen anderen Parteien gleich behandelt werden. So kann die Zulassung zur Stadthalle nicht deshalb versagt oder eine Demonstration einer Partei nicht deshalb verboten werden, weil die Partei verfassungsfeindlich sei[154].

V. Zur Vertiefung

Zum Organstreit

- Hemmer/Wüst, Grundwissen Staatsrecht, Rn. 56 ff.

Zur verfassungsrechtlichen Stellung der Parteien

- Hemmer/Wüst, Staatsrecht II, Rn. 343 ff.
- BVerfG, Life&Law 2008, 683 ff.

[154] Hemmer/Wüst, Staatsrecht II, Rn. 371.

Fall 21: Parlamentsvorbehalt / Wesentlichkeitstheorie

Sachverhalt:

Eine Kommission von Experten aus dem deutschen Sprachraum hat im Auftrag u.a. der Kultusminister der Länder eine veränderte Rechtschreibung entwickelt. Abgesehen von der bisherigen ß-Schreibung betrifft die Reform ca. 0,5 Prozent des Wortschatzes. Es besteht Einigkeit, dass die Rechtschreibung dadurch vereinfacht wird. Nachdem sich die Regierungen aller Bundesländer über diese Reform geeinigt haben, setzt der Kultusminister des Bundeslandes L die Reform um, indem er einen Runderlass an alle Schulen des Landes richtet, die neue Rechtschreibung zu lehren und anzuwenden.

Das Schulgesetz dieses Bundeslandes bestimmt, dass die Grundschulen und die anderen Schulen „Grundkenntnisse und Grundfertigkeiten vermitteln". Die Einführung der neuen Rechtschreibung ist nicht besonders geregelt.

Frage: *Ist der Runderlass des Kultusministers materiell verfassungswidrig?*

I. Einordnung

Welche Regelungen kann der Gesetzgeber der Verwaltung überlassen, und welche muss er selbst treffen?

II. Gliederung

1. Verstoß gegen den rechtsstaatlichen Grundsatz des Vorbehalts des Gesetzes (Art. 20 I, III GG)

⇨ Gilt für Grundrechtseingriffe

⇨ Hier: Eingriff in Grundrechte der Schüler (Art. 2 I GG) und der Eltern (Art. 6 II S. 1 GG). Aber gesetzliche Grundlage im Schulgesetz.

2. Verstoß gegen den aus dem Demokratie- und dem Rechtsstaatsprinzip (Art. 20 I, II, III GG) folgenden Parlamentsvorbehalt für wesentliche Fragen

a) Wesentlichkeitstheorie des BVerfG

⇨ Im parlamentarisch-demokratischen Staat muss der Parlamentsgesetzgeber die wesentlichen Entscheidungen selbst treffen. Eine Delegation der Entscheidung an die Verwaltung ist unzulässig.

b) Anwendungsbereich des Parlamentsvorbehalts für wesentliche Entscheidungen:

Was ist wesentlich?

⇨ I.R.d. Grundrechte gilt: Wesentlich sind die für die Verwirklichung der Grundrechte wesentlichen Fragen

⇨ Rechtschreibung ist nicht wesentlich für die hier betroffenen Grundrechte

3. Ergebnis

Der Erlass ist verfassungsgemäß.

III. Lösung

Materielle Verfassungswidrigkeit des Runderlasses

1. Verstoß gegen den rechtsstaatlichen Grundsatz des Vorbehalts des Gesetzes (Art. 20 I, III GG)

Der Erlass des Kultusministers könnte gegen das Rechtsstaatsprinzip gem. Art. 20 I, III GG verstoßen. Das Rechtsstaatsprinzip beinhaltet mit dem Grundsatz der Gesetzmäßigkeit der Verwaltung die Grundsätze des Vorrangs des Gesetzes und des Vorbehalts des Gesetzes.

Die Grundsätze der Rechtsstaatlichkeit gelten gem. Art. 28 I S. 1 GG auch innerhalb der Länder.

Der **Vorrang des Gesetzes** erfordert, dass das Handeln der Verwaltung nicht gegen bestehende Gesetze verstößt (**kein Handeln gegen das Gesetz**).

Der Grundsatz des **Vorbehalts des Gesetzes** geht darüber hinaus und bestimmt, dass in bestimmten Bereichen eine ausdrückliche gesetzliche Grundlage für ein Tätigwerden der Verwaltung erforderlich ist (**kein Handeln ohne Gesetz**)[155]. Gesetze i.d.S. sind dabei nur die formellen Gesetze, d.h. die vom Parlament beschlossenen.

Dabei gilt der Vorrang des Gesetzes uneingeschränkt für jegliche Verwaltungstätigkeit, während der Grundsatz des Vorbehalts nur für einen Teil des Verwaltungshandelns gilt.

a) Einigkeit über die Geltung dieses Grundsatzes besteht insoweit, als Eingriffe in Grundrechte stets einer gesetzlichen Grundlage bedürfen. Dies ergibt sich nicht erst aus Art. 20 GG, sondern schon aus dem Grundrechtskatalog selbst, der Eingriffe nur durch Gesetz oder aufgrund Gesetzes zulässt.

hemmer-Methode: Lassen Sie sich nicht durch die Begrifflichkeiten verwirren. Der Grundsatz des Vorbehalts des Gesetzes besagt, dass Verwaltungshandeln in bestimmten Bereichen einer gesetzlichen Grundlage bedarf. Nicht zu verwechseln mit den grundrechtlichen Gesetzesvorbehalten (z.B. Art. 8 II GG)! Deren Aussage besteht primär darin, dass Grundrechte eingeschränkt werden können. Natürlich beinhalten diese auch, dass dazu ein Gesetz notwendig ist. Insofern überschneiden sie sich mit dem Grundsatz des Vorbehalts des Gesetzes.

b) Es ist daher zu prüfen, ob durch den Erlass in Grundrechte eingegriffen wird. In Betracht kommt hier das Grundrecht auf freie Entfaltung der Persönlichkeit der Schülerinnern und Schüler gem. Art. 2 I GG.

Dieses schützt jegliches menschliche Verhalten vor staatlichen Maßnahmen. Dazu zählt auch das Schreiben in der Schule. Der Schutzbereich ist eröffnet.

Durch die Festlegung der reformierten Rechtschreibung als verbindlich werden die Schüler angehalten, nunmehr nach den neuen Regeln zu schreiben. Ein Eingriff liegt daher vor.

hemmer-Methode: Das BVerfG hat Zweifel an dem Vorliegen eines Eingriffs in die Grundrechte der Schüler erkennen lassen[156].

[155] Hemmer/Wüst, Grundwissen Staatsrecht, Rn. 251.

[156] Vgl. BVerfGE 98, 218, 257.

Zudem könnte in das Erziehungsrecht der Eltern der Schüler gem. Art. 6 II S. 1 GG eingegriffen werden. Die Erziehung beinhaltet auch die Bildung des Kindes, wie sie in der Schule erfolgt[157]. Damit ist der Schutzbereich eröffnet.

Durch die Festlegung der Lerninhalte wird daher in das Elternrecht gem. Art. 6 II S. 1 GG eingegriffen.

hemmer-Methode: Solche Eingriffe in das Elternrecht, die i.R.d. Schulwesens erfolgen, sind aber i.d.R. gerechtfertigt, da das staatliche Schulwesen gem. Art. 7 I GG eine verfassungsimmanente Schranke des Rechts aus Art. 6 II S. 1 GG ist.

Der Erlass des Kultusministers stellt daher einen Eingriff in Grundrechte (der Schüler und der Eltern) dar. Der rechtsstaatliche Grundsatz des Vorbehalts des Gesetzes gilt.

Diesem ist jedoch dadurch genüge getan, dass das Schulgesetz des Landes vorsieht, dass in der Schule Grundkenntnisse und -fertigkeiten vermittelt werden. Dies umfasst herkömmlicherweise auch das Erlernen der Rechtsschreibung. Hierauf kann auch die Lehre einer veränderten Rechtschreibung gestützt werden.

Der Erlass stellt keinen Verstoß gegen den rechtsstaatlichen Grundsatz des Vorbehalts des Gesetzes dar.

hemmer-Methode: Sie können die Prüfung auch so aufbauen, dass Sie zuerst nach einem Verstoß gegen Grundrechte fragen, und dann i.R.d. verfassungsrechtlichen Rechtfertigung des Eingriffs nach der erforderlichen gesetzlichen Ermächtigung fragen. Beides ist möglich.

[157] Pieroth/Schlink, Rn. 645 f.

Geht es um die Erfolgsaussichten einer Verfassungsbeschwerde ist allerdings der Aufbau über die Grundrechtsprüfung zwingend!

2. Verstoß gegen den aus dem Demokratie- und dem Rechtsstaatsprinzip (Art. 20 I, II, III GG) folgenden Parlamentsvorbehalt für wesentliche Fragen

Der Erlass könnte jedoch gegen das Demokratie- und das Rechtsstaatsprinzip gem. Art. 20 I, II, III GG verstoßen, wenn für die Umsetzung der Rechtschreibreform eine besondere gesetzliche Regelung erforderlich wäre, die über das bestehende Schulgesetz hinausgeht.

a) Wesentlichkeitstheorie des BVerfG

Der rechtsstaatliche Grundsatz des Vorbehalts des Gesetzes besagt, dass ggf. für Verwaltungsmaßnahmen eine formell-gesetzliche Grundlage erforderlich ist (s.o.). Dem ist hier, wie ausgeführt, genüge getan.

Darüber hinaus ist jedoch erforderlich, dass nicht nur überhaupt ein Gesetz vorhanden ist. Vielmehr ist der Gesetzgeber verpflichtet, alle wesentlichen Entscheidungen selbst zu treffen[158]. Im Verhältnis zwischen der Gesetzgebung und der Verwaltung ist daher eine Entscheidung des Gesetzgebers über alle Fragen erforderlich, die wesentlich sind.

Diese über den Grundsatz des Vorbehalts des Gesetzes hinausgehende Anforderung wird u.a. aus dem **Demokratieprinzip** begründet.

[158] Hemmer/Wüst, Grundwissen Staatsrecht, Rn. 113, 254; BVerfGE 98, 218, 251.

Das Parlament als das einzige unmittelbar demokratisch legitimierte Organ ist in der Demokratie **dazu berufen, die grundlegenden Entscheidungen selbst zu treffen**.

Eine Delegation an Regierung und Verwaltung ist in diesen Grenzen unzulässig.

Der Vorbehalt des Gesetzes wird daher zu einem Parlamentsvorbehalt für die in der Gesellschaft wesentlichen Fragen („**Wesentlichkeitstheorie des BVerfG**").

hemmer-Methode: Die Begrifflichkeiten sind uneinheitlich. Z.T. wird nicht zwischen Vorbehalt des Gesetzes und Parlamentsvorbehalt für wesentliche Entscheidungen andererseits unterschieden, sondern die Wesentlichkeitstheorie als besondere Ausprägung des Vorbehalts des Gesetzes angesehen. Wichtiger ist jedoch, dass Sie die Wesentlichkeitsrechtsprechung des BVerfG kennen, die über das (formale) Erfordernis einer gesetzlichen Grundlage hinausgeht und qualitative Anforderungen an das formelle Gesetz stellt.

b) Anwendungsbereich des Parlamentsvorbehalts für wesentliche Entscheidungen: Was ist wesentlich?

Fraglich ist jedoch, was wesentlich i.d.S. ist. Festzuhalten ist zunächst, dass der Parlamentsvorbehalt für wesentliche Fragen nicht auf die Grundrechte beschränkt ist[159]. Er gilt für alle Fragen, die für das Gemeinwesen von grundlegender normativer Bedeutung sind[160].

Wichtigster Anwendungsbereich der „Wesentlichkeitstheorie" sind aber die Grundrechte. Wesentlich ist danach zumindest alles, was für die Verwirklichung der Grundrechte wesentlich ist[161].

Dies gilt nicht nur für die Eingriffs-, sondern auch für die Leistungsverwaltung.

Ob und in welchem Umfang danach formell-gesetzliche Regelungen erforderlich sind, richtet sich „nach der Intensität, mit der die Grundrechte des Regelungsadressaten durch die jeweilige Maßnahme betroffen sind"[162].

hemmer-Methode: Es geht um die Frage, ob für die Einführung der neuen Rechtschreibung erforderlich ist, dass im Schulgesetz des Landes hierzu eine Vorschrift enthalten ist, etwa: „Das Kultusministerium kann die in den Schulen zu lehrende Rechtschreibung bestimmen, insbesondere auch Reformen und Änderungen der hergebrachten Rechtschreibung". Die Wesentlichkeitstheorie betrifft die Frage, wer im parlamentarisch-demokratischen Staat Entscheidungen treffen muss, der parlamentarische Gesetzgeber oder die Verwaltung.

Es ist daher zu prüfen, ob die Rechtschreibreform von wesentlicher Bedeutung für die Grundrechte der Schüler und Eltern ist.

Die Rechtschreibung ist herkömmlicherweise nicht allein Sache der Eltern, sondern wird vorrangig in der Schule gelehrt. Der Rechtschreibunterricht betrifft, über die dort vermittelten Regeln hinaus, die Erziehung der Kinder durch die Eltern nicht[163].

[159] Hemmer/Wüst, Grundwissen Staatsrecht, Rn. 254; Pieroth/Schlink, Rn. 66.

[160] BVerfGE 49, 89, 126; VerfGH NRW, NJW 1999, 1243 (Zusammenlegung von Innen- und Justizministerium durch Entscheidung des Ministerpräsidenten).

[161] Hemmer/Wüst, Grundwissen Staatsrecht, Rn. 113; BVerfGE 47, 46, 79; 98, 218, 251.

[162] BVerfGE 98, 218, 252.

[163] BVerfGE 98, 218, 253.

Die Reform betrifft nur einen geringen Teil der gesamten Rechtschreibung. Sie hindert die Schüler nicht daran, in alter Rechtschreibung verfasste Texte zu lesen und zu verstehen. Damit sind auch die Eltern in Ausübung ihres Erziehungsrechts nach Art. 6 II S. 1 GG nicht gehindert, außerhalb der Schule ihren Kindern die Lektüre ihrer Wahl nahe zu bringen.

Ebenso wird die Möglichkeit der Eltern, ihren Kindern bei schulischen und anderen Aufgaben zu helfen, etwa bei den Hausaufgaben, nicht erheblich beeinträchtigt.

Zu berücksichtigen ist, dass auch andere Lerninhalte nicht mehr mit der Schulbildung der Eltern übereinstimmen und daher die Eltern ihre Kinder z.T. nicht unterstützen können.

Dass dies - in geringem Umfang - auch bei der Rechtschreibung so sein wird, betrifft daher das Elternrecht nicht wesentlich[164].

Für die Grundrechte der Schüler gilt das Gleiche. Diese werden durch die veränderte Rechtschreibung nicht derart betroffen, dass hierüber eine Entscheidung des parlamentarischen Gesetzgebers erforderlich wäre.

Danach war eine ausdrückliche gesetzgeberische Entscheidung über die Einführung der Rechtschreibreform nicht erforderlich. Der Erlass des Kultusministers verstößt nicht gegen Demokratie- und Rechtsstaatsprinzip in ihrer Ausprägung als Parlamentsvorbehalt für wesentliche Fragen.

hemmer-Methode: Dies soll aber nicht heißen, dass die Sprache keine wesentlichen Fragen betreffen würde.

Die Abschaffung des Deutschen als Amtssprache ist nach Ansicht des BVerfG sicherlich so wesentlich, dass dies – wenn überhaupt nur – der Bundestag regeln könnte, wenn eine solche Regelung nicht ohnehin an Art. 79 III, 20 GG scheitern sollte.[165]

3. Ergebnis

Der Erlass ist materiell verfassungsgemäß.

hemmer-Methode: Eine a.A. ist mit einigen Obergerichten vertretbar[166]. Ein weiteres rechtliches Problem der Rechtschreibreform war die Zuständigkeit der Länder. Z.T. wurde hier eine Zuständigkeit des Bundes kraft Natur der Sache propagiert. Das BVerfG hat dem aber eine deutliche Absage erteilt.[167]

IV. Zusammenfassung

- Der rechtsstaatliche Grundsatz des **Vorbehalts des Gesetzes** erfordert in bestimmten Bereichen eine gesetzliche Grundlage für das Handeln der Verwaltung. Dies gilt jedenfalls im Bereich der Eingriffsverwaltung.

164 BVerfG a.a.O.

165 So angedeutet bei BVerfG NJW 2009, 2767 = **Life&Law 2009, 618 ff.** (Lissabon-Entscheidung).

166 Vgl. OVG Lüneburg, NJW 1997, 3456; OVG Bautzen, SächsVBl. 1997, 298.

167 BVerfGE 98, 218, 253.

- Die aus dem Demokratie- und dem Rechtsstaatsprinzip begründete **Wesentlichkeitstheorie des BVerfG** beinhaltet darüber hinaus, dass der parlamentarische Gesetzgeber die wesentlichen Entscheidungen selbst treffen muss, und nicht der Verwaltung überlassen darf (**Parlamentsvorbehalt für wesentliche Entscheidungen**).

Sound: Nach der Wesentlichkeitstheorie muss der Gesetzgeber die wesentlichen Entscheidungen selbst regeln.

hemmer-Methode: Klarzustellen ist, dass die Frage der „Wesentlichkeit" nicht mit der inhaltlichen Zulässigkeit einer Maßnahme verwechselt werden darf. Bei der Frage des Parlamentsvorbehalts für wesentliche Entscheidungen geht es darum, welche Entscheidungen die Gesetzgebung selbst zu treffen hat, und welche der Verwaltung überlassen werden können. Es geht um Anforderungen an die gesetzliche Ermächtigungsgrundlage. Eine andere Frage ist, ob eine Maßnahme aus anderen Gründen verfassungswidrig ist. Art. 80 I S. 2 GG, der bestimmt, dass das zu einer Rechtsverordnung ermächtigende Gesetz Inhalt, Zweck und Ausmaß der Ermächtigung bestimmen muss, kann als besondere Ausprägung des Wesentlichkeitsgedankens gesehen werden.

V. Zur Vertiefung

Zu Vorrang und Vorbehalt des Gesetzes

- Hemmer/Wüst, Staatsrecht II, Rn. 119 ff

Fall 22: Rechtsstaat / Vertrauensschutz

Sachverhalt:

Nach dem bisher geltenden Einkommensteuergesetz (EStG) musste ein bei der Veräußerung von Immobilien anfallender Gewinn versteuert werden, wenn die Veräußerung innerhalb von fünf Jahren nach dem Erwerb der Immobilie erfolgte. Danach war ein Gewinn steuerfrei. Nunmehr wird diese sog. Spekulationsfrist durch ein formell ordnungsgemäßes Bundesgesetz von fünf auf zehn Jahre verlängert für alle Veräußerungen, die nach Inkrafttreten des Gesetzes erfolgen. Dies gilt für alle Eigentümer von Immobilien, d.h. auch solche, die bei Inkrafttreten des Gesetzes schon Grundeigentum erworben haben. Die Landesregierung des Bundeslandes L möchte gegen diese Regelung vorgehen, da sie Zweifel an der Verfassungsmäßigkeit hat.

Frage: *Hat ein Verfahren vor dem BVerfG Erfolg?*

I. Einordnung

Die rückwirkende Geltung von Gesetzen unterliegt verfassungsrechtlichen Grenzen aus dem Rechtsstaatsprinzip gem. Art. 20 I GG.

II. Gliederung

1. Zulässigkeit
a) Zuständigkeit des BVerfG
⇨ **abstrakte Normenkontrolle gem. Art. 93 I Nr. 2 GG**
b) Antragsberechtigung
c) Antragsgegenstand
d) Antragsgrund
⇨ Art. 93 I Nr. 2 GG vorrangig vor § 76 I Nr. 1 BVerfGG
e) Sonstiges
2. Begründetheit
a) Rechtsstaatsprinzip und Grundsatz des Vertrauensschutzes
b) Echte und unechte Rückwirkung
c) Unechte Rückwirkung hier zulässig
3. Ergebnis
Antrag nicht erfolgreich

III. Lösung

Vor dem BVerfG kommt ein Antrag auf abstrakte Normenkontrolle gem. Art. 93 I Nr. 2 GG in Betracht.

Der Antrag ist erfolgreich, wenn er zulässig und begründet ist.

1. Zulässigkeit

a) Zuständigkeit des BVerfG

Das BVerfG entscheidet gem. Art. 93 I Nr. 2 GG, § 13 Nr. 6 BVerfGG über einen Antrag auf abstrakte Normenkontrolle.

b) Antragsberechtigung

Antragsberechtigt sind gem. Art. 93 I Nr. 2 GG die Bundesregierung, die Landesregierungen oder ein Viertel der Mitglieder des Bundestags.

Die Landesregierung des Bundeslandes L ist antragsberechtigt.

hemmer-Methode: Einen Antragsgegner gibt es im Verfahren der abstrakten Normenkontrolle nicht[168]. Es ist ein gegnerloses Verfahren, das der objektiven Rechtskontrolle dient.

c) Antragsgegenstand

Antragsgegenstand kann Landesrecht oder Bundesrecht sein.

Dazu zählen alle Gesetze, d.h. die formellen (Parlaments-)Gesetze, aber auch die Gesetze im nur materiellen Sinn (Rechtsverordnungen und Satzungen)[169]. Das Bundesgesetz über die Änderung des EStG ist als formelles Gesetz tauglicher Antragsgegenstand.

d) Antragsgrund

Gem. Art. 93 I Nr. 2 GG müssen Meinungsverschiedenheiten oder Zweifel über die Verfassungsmäßigkeit des Antragsgegenstands bestehen, und zwar beim Antragsteller. Solche Zweifel bestehen hier.

Allerdings ist gem. § 76 I Nr. 1 BVerfGG erforderlich, dass der Antragsteller die Vorschrift „für nichtig hält". Zweifel würden demnach nicht ausreichen.

Würde man § 76 BVerfGG für maßgeblich halten, so würde dies dazu führen, dass von dem großzügigen Erfordernis des bloßen Zweifels nach Art. 93 I Nr. 2 GG abgewichen wird. Wegen dieses Widerspruchs zu Art. 93 I Nr. 2 GG wird § 76 I Nr. 1 BVerfGG für (teilweise) verfassungswidrig gehalten, sodass er verfassungskonform auszulegen ist.

[168] Hemmer/Wüst, Staatsrecht II, Rn. 17.

[169] Hemmer/Wüst, Staatsrecht II, Rn. 18.

Nach a.A. stellt § 76 I Nr. 1 BVerfGG eine noch zulässige Konkretisierung des Art. 93 I Nr. 2 GG dar.

Fest steht jedenfalls, dass das BVerfGG die Zulässigkeitsvoraussetzungen, die das Grundgesetz selbst abschließend bestimmt, nicht verändern kann. Denn das Grundgesetz ist höherrangiges Recht gegenüber dem BVerfGG[170].

hemmer-Methode: Etwas anderes gilt für die Zulässigkeitsvoraussetzungen, die das Grundgesetz nicht selbst abschließend regelt. Dies kann dann (in Grenzen) aufgrund Art. 94 II GG durch das BVerfGG bestimmt werden.

e) Sonstiges

Gem. § 23 BVerfGG ist ein schriftlicher Antrag erforderlich. Eine Frist ist nicht einzuhalten.

2. Begründetheit

Der Antrag ist begründet, wenn das Gesetz mit dem Grundgesetz unvereinbar ist.

Die formelle Verfassungsmäßigkeit ist laut Sachverhalt anzunehmen.

Das Gesetz könnte gegen das Rechtsstaatsprinzip gem. Art. 20 I, III GG verstoßen. Das Rechtsstaatsprinzip beinhaltet insbesondere den **Grundsatz des Vertrauensschutzes**[171].

hemmer-Methode: Teilweise wird das Vertrauensschutzprinzip als Unterfall der aus dem Rechtsstaatsprinzip folgenden Rechtssicherheit gesehen.
Das ist aber lediglich eine akademische Frage.

[170] Hemmer/Wüst, Grundwissen Staatsrecht, Rn. 64.

[171] Hemmer/Wüst, Grundwissen Staatsrecht, Rn. 257.

a) Rechtsstaatsprinzip und Grundsatz des Vertrauensschutzes

Vertrauensschutz bedeutet Schutz des Vertrauens in die Beständigkeit der Gesetze. Der von einem Gesetz Betroffene darf davon ausgehen, dass bestehende Gesetze Geltung beanspruchen und er sein Verhalten nach ihnen ausrichten kann, insbesondere entsprechende Dispositionen treffen kann.

Dies betrifft vorrangig die Frage von rückwirkenden Gesetzesänderungen. Der Grundsatz des Vertrauensschutzes verbietet es grundsätzlich, dass Gesetze rückwirkend zum Nachteil des Einzelnen geändert werden (**Rückwirkungsverbot**).

b) Echte und unechte Rückwirkung

Es sind jedoch zwei verschiedene Fälle der Rückwirkung zu unterscheiden.

Für die Rückwirkung ist dabei entscheidend, ob der in einem Gesetz geregelte Sachverhalt in der Vergangenheit bereits abgeschlossen und abschließend geregelt wurde oder ob er nur in der Vergangenheit begonnen hat, nun aber für die Zukunft neu geregelt wird.

Wird ein in der Vergangenheit bereits abgeschlossener Sachverhalt rückwirkend geregelt, so liegt ein Fall echter Rückwirkung vor. Ist der geregelte Sachverhalt dagegen lediglich begonnen und nicht bereits abgeschlossen, so handelt es sich um eine sog. unechte Rückwirkung.

hemmer-Methode: Wird im Jahr 2010 ein Steuergesetz erlassen, das die Steuern für das Jahr 2009 betrifft, so wird ein bereits abgeschlossenen Sachverhalt geregelt. Betrifft das Gesetz die Steuern für das Jahr 2010, so ist der Sachverhalt zwar begonnen, aber noch nicht abgeschlossen. - Häufig ist die Unterscheidung schwierig, näher dazu sogleich.

Die echte Rückwirkung wird auch als Rückbewirkung von Rechtsfolgen bezeichnet, während bei der unechten Rückwirkung von „tatbestandlicher Rückanknüpfung" gesprochen wird[172].

Ungeachtet dieser terminologischen Unterschiede sind jedoch die unterschiedlichen verfassungsrechtlichen Anforderungen an echte und unechte Rückwirkung entscheidend. Während echte Rückwirkung grundsätzlich gegen den Grundsatz des Vertrauensschutzes verstößt und daher verfassungswidrig ist, ist eine unechte Rückwirkung prinzipiell zulässig.

Im Einzelnen gilt für die - grundsätzlich verfassungswidrige - **echte Rückwirkung**, dass sie verfassungsrechtlich zulässig ist, wenn ausnahmsweise der Grundsatz des Vertrauensschutzes nicht entgegensteht.

Dies ist der Fall, wenn entweder[173]

- der Betroffene mit einer Neuregelung rechnen musste, und deshalb er ausnahmsweise kein schutzwürdiges Vertrauen in die bestehende gesetzliche Regelung haben konnte. Z.B. kann dies dann der Fall sein, wenn die bestehende Regelung ausdrücklich nur als vorläufige bezeichnet ist,
- oder bei unklarer und verworrener Rechtslage.

---

[172] Hemmer/Wüst, Grundwissen Staatsrecht, Rn. 257 ff.; Degenhart, Rn. 369.

[173] Vgl. Hemmer/Wüst, Staatsrecht II, Rn. 139.

hemmer-Methode: Damit sollten Sie aber sehr vorsichtig sein. Für den nicht juristisch Gebildeten wird häufig die gesamte Rechtsordnung außerhalb der Verkehrszeichen unklar und verworren sein.

- bei Ungültigerklärung einer Vorschrift besteht kein schutzwürdiges Vertrauen des Einzelnen darauf, dass das für ungültig erklärte Gesetz nicht rückwirkend durch ein neues Gesetz ersetz wird,
- bei lediglich geringfügigen Belastungen („Bagatellklausel"),
- wenn die Rückwirkung aus zwingenden Gründen des Allgemeinwohls erforderlich ist.

Die **unechte Rückwirkung** ist demgegenüber grundsätzlich zulässig, wenn nicht ausnahmsweise schutzwürdiges Vertrauen der Betroffenen entgegensteht, das die mit dem Gesetz verfolgten Allgemeininteressen überwiegt[174].

Zu berücksichtigen ist dabei, dass das Vertrauen auf den Fortbestand der Gesetze in der Zukunft grundsätzlich nicht geschützt ist[175].

Eine Ausnahme hiervon kann bei einem befristeten Gesetz vorliegen, wenn dieses noch vor Ablauf der gesetzlich vorgesehenen Frist aufgehoben wird.

Denn mit dem Erlass eines ausdrücklich befristeten Gesetzes hat der Gesetzgeber besonderes Vertrauen in das Gesetz bis zum Ablauf der Frist hervorgerufen[176].

[174] Degenhart, Rn. 375.
[175] BVerfGE 97, 271, 289.
[176] BVerfGE 102, 68, 97 f.

c) Zulässige unechte Rückwirkung?

Es ist daher zunächst zu prüfen, ob hier ein Fall der echten oder unechten Rückwirkung vorliegt. Das Gesetz betrifft die Steuerpflicht von Veräußerungsgewinnen bei Immobilien. Der geregelte Sachverhalt ist der Erwerb der Immobilie und deren Veräußerung innerhalb der Spekulationsfrist.

Das Gesetz betrifft auch die Grundeigentümer, die eine Immobilie schon vor Inkrafttreten des Gesetzes erworben haben. Insoweit hat der erfasste Sachverhalt jedenfalls schon begonnen.

Eine echte Rückwirkung würde voraussetzen, dass dieser Sachverhalt schon abgeschlossen ist. Abgeschlossen ist der Sachverhalt jedoch erst mit der Veräußerung der Immobilie, da nur diese Veräußerung besteuert wird. Das Gesetz betrifft jedoch nur die Fälle, in denen die Veräußerung nach dem Inkrafttreten erfolgt. Damit sind die erfassten Sachverhalte noch nicht abgeschlossen. Es handelt sich nicht um einen Fall der echten, sondern der unechten Rückwirkung.[177]

Es ist daher zu prüfen, ob diese ausnahmsweise aufgrund schutzwürdigen Vertrauens der Betroffenen unzulässig ist. Die Änderung dient der Erzielung von Steuereinnahmen. Mit der bisherigen fünfjährigen Spekulationsfrist ist kein besonderes Vertrauen der Erwerber von Immobilien darauf erzeugt worden, dass diese Frist unverändert und damit ein eventueller Veräußerungsgewinn unbesteuert bleibt.

[177] Eine andere Ansicht ist mit dem BFH, NJW 2006, 3664 = **Life&Law 2007, Heft 5** vertretbar. Der BFH geht in seinem Vorlagebeschluss für einen vergleichbaren Fall im Rahmen der Einkommenssteuer von echter Rückwirkung aus.

Vielmehr kann die Verlängerung dieser Frist mit der Neueinführung einer Steuer verglichen werden.

Bisher war ein Verhalten steuerfrei (Veräußerung nach Ablauf von fünf bis zehn Jahren), während nunmehr hierauf Steuern erhoben werden. Es gibt kein schutzwürdiges Vertrauen darauf, dass Steuerpflichten nicht ausgeweitet oder neu eingeführt werden.

Anders ist dies nach Ansicht des BVerfG aber für die Fälle zu beurteilen, bei denen bei Inkrafttreten des Änderungsgesetzes die alte Frist von fünf Jahren bereits abgelaufen war.

Hier durfte der Steuerpflichtige schutzwürdigerweise darauf vertrauen, Wertzuwächse nunmehr steuerfrei realisieren zu können.

Daraus ergibt sich ein erhöhter Rechtfertigungsbedarf, soweit die rückwirkende Verlängerung der Spekulationsfrist eine solche konkret verfestigte Vermögensposition nachträglich entwertet.

Hinreichend gewichtige Gründe, die geeignet sind, die nachträgliche einkommensteuerrechtliche Belastung bereits entstandener, steuerfrei erworbener Wertzuwächse zu rechtfertigen, sind nach Ansicht des BVerfG nicht erkennbar.[178]

hemmer-Methode: Dies bedeutet nicht, dass diese Fälle komplett aus der Verlängerung der Spekulationsfrist ausgenommen werden müssen. Es würde genügen, hier eine Übergangsregelung zu schaffen.

Die hier vorliegende unechte Rückwirkung verstößt damit zum Teil gegen das Rückwirkungsverbot und den Grundsatz des Vertrauensschutzes.

Das Gesetz ist insoweit mit dem Rechtsstaatsprinzip gem. Art. 20 I, III GG unvereinbar. Der Antrag auf abstrakte Normenkontrolle ist zum Teil – was diese Altfälle angeht - begründet.

3. Ergebnis

Der Antrag hat teilweise Erfolg.

IV. Zusammenfassung

- Das Rechtsstaatsprinzip beinhaltet den Grundsatz des Vertrauensschutzes. Hieraus folgt das **Rückwirkungsverbot**.
- **Echte Rückwirkung** (Rückbewirkung von Rechtsfolgen) ist die rückwirkende Regelung eines in der Vergangenheit bereits abgeschlossenen Sachverhalts. Die echte Rückwirkung ist **nur in eng begrenzten Ausnahmefällen zulässig**.
- Ist der Sachverhalt begonnen, aber noch nicht abgeschlossen, so handelt es sich um **unechte Rückwirkung** (tatbestandliche Rückanknüpfung). Diese ist **grundsätzlich zulässig**.

Sound: Es ist zwischen grundsätzlich unzulässiger echter und grundsätzlich zulässiger unechter Rückwirkung zu unterscheiden.

---

178 BVerfG DB 2010,1858 = **Life&Law 2010, Heft 12**

hemmer-Methode: Weitere Ausprägungen des Rechtsstaatsprinzips sind:

- Gewaltenteilung (in Art. 20 II S. 2 GG besonders verankert)
- Rechtssicherheit
- Bestimmtheitsgebot
- Gesetzmäßigkeit der Verwaltung: Vorrang und Vorbehalt des Gesetzes
- Vertrauensschutz
- Verhältnismäßigkeitsgrundsatz
- Rechtsschutz durch Gerichte (Justizgewährungsanspruch): Betrifft zivilrechtliche Streitigkeiten, für den Rechtsschutz gegen die Verwaltung gilt speziell Art. 19 IV GG[179].

V. Zur Vertiefung

Zur abstrakten Normenkontrolle

- Hemmer/Wüst, Grundwissen Staatsrecht, Rn. 62 ff.

Zum Rechtsstaatsprinzip

- Hemmer/Wüst, Grundwissen Staatsrecht, Rn. 248 ff.
- BVerwG, **Life&Law 2000, 823 ff.**, Das Problem, „Das Rechtsstaatsprinzip in der Fallbearbeitung, Teil 1", **Life&Law 2000, 917 ff.**; Das Problem, „Das Rechtsstaatsprinzip in der Fallbearbeitung, Teil 2". **Life&Law 2001, 70 ff.**; BVerfG, StraFO 2008, 465 = **Life&Law 2009, 260**.

[179] Jarass/Pieroth, Art. 20 GG, Rn. 89.

Fall 23: Rechtsstaat / Gewaltenteilung

Sachverhalt:

Zur Verbesserung der Verkehrswege in die osteuropäischen Länder, die Mitglied der EU werden, beschließt die Bundesregierung, einige Schienenverkehrsprojekte zu verwirklichen, um die Infrastruktur möglichst schnell nach der Osterweiterung der EU fit zu machen. Um Zeitverlust durch langwierige behördliche Genehmigungsverfahren zu vermeiden, beschließt der Bundestag nach umfangreicher planerischer Vorbereitung durch das Bundesministerium für Bau und Verkehr ein Gesetz, das eine Hochgeschwindigkeitsstrecke der Deutschen Bahn AG von Berlin bis zur Bundesgrenze zur Republik Polen zulässt. Das Vorhaben ist in der Gesetzesanlage detailliert beschrieben. In dem Gesetz ist zudem die Enteignung bestimmter Grundstücke vorgesehen, die für die Verwirklichung des Vorhabens benötigt werden. Es enthält eine angemessene Entschädigung.

Die Opposition im Bundestag, die zusammen rund 48 % der Abgeordneten stellt, hält dieses Gesetz für verfassungswidrig. Die Abgeordneten wenden sich deshalb an das BVerfG.

Frage: *Wie wird das BVerfG entscheiden?*

I. Einordnung

Art. 20 II S. 2 GG sieht vor, dass die Staatsgewalt in Gesetzgebung, vollziehende Gewalt und Rechtsprechung unterteilt ist (Gewaltenteilung).

II. Gliederung

1. Zulässigkeit
a) Zuständigkeit des BVerfG
⇨ abstrakte Normenkontrolle gem. Art. 93 I Nr. 2 GG
b) Antragsberechtigung
c) Antragsgegenstand
d) Antragsgrund
e) Sonstiges
2. Begründetheit
a) Formelle Verfassungsmäßigkeit
b) Materielle Verfassungsmäßigkeit
aa) Verstoß gegen den Grundsatz der Gewaltenteilung (+)
bb) Verstoß gegen Art. 14 GG (+)
3. Ergebnis
Antrag zulässig und begründet

III. Lösung

Ein Antrag auf abstrakte Normenkontrolle hat Erfolg, wenn er zulässig und begründet ist.

1. Zulässigkeit

a) Zuständigkeit des BVerfG

Das BVerfG entscheidet gem. Art. 93 I Nr. 2 GG, § 13 Nr. 6 BVerfGG über einen Antrag auf abstrakte Normenkontrolle.

b) Antragsberechtigung

Antragsberechtigt sind gem. Art. 93 I Nr. 2 GG die Bundesregierung, eine Landesregierung oder ein Viertel der Mitglieder des Bundestags. Die Abgeordneten der Oppositionsparteien im Bundestag stellen mehr als ein Viertel aller Abgeordneten. Sie sind daher antragsberechtigt.

hemmer-Methode: Wäre im Sachverhalt von den „Oppositionsfraktionen" die Rede, so können Antragsteller dennoch nur die einzelnen Abgeordneten sein. Dies ergibt sich aus Art. 93 I Nr. 2 GG.

c) Antragsgegenstand

Antragsgegenstand kann Landesrecht oder Bundesrecht sein. Dazu zählen alle Gesetze, d.h. die formellen (Parlaments-)Gesetze als auch die Gesetze im nur materiellen Sinn (Rechtsverordnungen und Satzungen)[180]. Das Bundesgesetz über die Zulassung dieses Vorhabens ist als formelles Gesetz tauglicher Antragsgegenstand.

d) Antragsgrund

Gem. Art. 93 I Nr. 2 GG müssen Meinungsverschiedenheiten oder Zweifel über die Verfassungsmäßigkeit des Antragsgegenstands bestehen, und zwar beim Antragsteller. Solche Zweifel bestehen hier.

Zudem halten die Antragssteller die Vorschrift sogar für nichtig, sodass auch § 76 I Nr. 1 BVerfGG erfüllt ist.

[180] Hemmer/Wüst, Staatsrecht II, Rn. 18.

Auf das Verhältnis dieser Vorschrift zu Art. 93 I Nr. 2 GG muss damit nicht eingegangen werden.

e) Sonstiges

Gem. § 23 BVerfGG ist ein schriftlicher Antrag erforderlich. Eine Frist ist nicht einzuhalten.

2. Begründetheit

Der Antrag ist begründet, wenn das Gesetz mit dem Grundgesetz unvereinbar ist.

a) Formelle Verfassungsmäßigkeit

Das Gesetz müsste formell verfassungsgemäß sein. Dazu müsste der Bund für dieses Gesetz die Zuständigkeit haben.

Dies richtet sich nach Art. 70 ff. GG. Gem. Art. 73 I Nr. 6a GG besteht eine ausschließliche Zuständigkeit des Bundes zur Gesetzgebung über den Bau von Schienenwegen der Eisenbahnen des Bundes. Träger des Vorhabens soll die Deutsche Bahn AG sein, die ganz im Eigentum des Bundes steht. Art. 73 I Nr. 6a GG liegt vor.

hemmer-Methode: Sieht man das Gesetz dem Regelungsgegenstand nach als Wahrnehmung von Verwaltungstätigkeit an, so ist auch dafür die Zuständigkeit des Bundes gegeben, denn die Eisenbahnen des Bundes werden gem. Art. 87e I S. 1 GG in bundeseigener Verwaltung geführt[181].

Von der formellen Verfassungsmäßigkeit kann auch im Übrigen ausgegangen werden.

[181] BVerfGE 95, 1, 18.

b) Materielle Verfassungsmäßigkeit

aa) Verstoß gegen den Grundsatz der Gewaltenteilung

Das Gesetz könnte gegen das Rechtsstaatsprinzip verstoßen, indem der Grundsatz der Gewaltenteilung gem. Art. 20 II S. 2 GG nicht beachtet wurde.

Indem das Vorhaben durch Gesetz zugelassen wurde anstatt durch eine Entscheidung der Verwaltung, könnte gegen den Gewaltenteilungsgrundsatz verstoßen worden sein.

Gem. Art. 20 II S. 2 GG wird die Staatsgewalt durch Organe der Gesetzgebung, der vollziehenden Gewalt und der Rechtsprechung ausgeübt. Die Staatsgewalt ist danach in diese drei Funktionsbereiche gegliedert.

Zweck der Gewaltenteilung ist dabei einerseits, durch eine gegenseitige Kontrolle und Hemmung der drei Staatsfunktionen („checks and balances") eine Mäßigung staatlicher Tätigkeit herbeizuführen[182].

Sinn ist zudem, dass eine Aufgabenverteilung zwischen den unterschiedlichen Teilgewalten stattfindet, sodass die staatlichen Aufgaben von dem hierfür bestmöglich geeigneten Organ wahrgenommen werden. Dem Grundsatz der Gewaltenteilung liegt daher eine bestimmte Verteilung der Aufgaben zugrunde, die von den drei Staatsgewalten wahrgenommen werden.

Die maßgebliche Aufgabe der gesetzgebenden Organe ist der Erlass von Rechtsnormen.

[182] Hemmer/Wüst, Grundwissen Staatsrecht, Rn. 249.

hemmer-Methode: Gesetzgebende Organe sind der Bundestag und der Bundesrat, denn sie entscheiden über den Erlass der Gesetze. Dass bei dem Zustandekommen der Gesetze auch andere Organe beteiligt sind (Recht der Gesetzesinitiative auch bei der Bundesregierung, Art. 76 I GG, und Ausfertigung und Verkündung durch den Bundespräsidenten, Art. 82 I GG), macht diese nicht zu Organen der Gesetzgebung. Aufgabe des Bundestags ist darüber hinaus die Einsetzung und Abberufung des Bundeskanzlers (Art. 63, 67 GG) und die Kontrolle von Regierung und Verwaltung.

Typische Aufgabe der vollziehenden Gewalt ist der Vollzug von Gesetzen[183], während die Rechtsprechung die vorrangige Aufgabe hat, in einem Streitfall im Rahmen eines besonderen Verfahrens die Rechtslage letztverbindlich zu entscheiden sowie Kriminalstrafen zu verhängen[184].

Jedoch sind die Teilgewalten im Grundgesetz nicht vollständig voneinander getrennt. Das Grundgesetz enthält vielmehr funktionelle Überschneidungen.

So ist vorgesehen, dass Rechtsnormen auch durch die Regierung und die Verwaltung erlassen werden können (Rechtsverordnungen, vgl. Art. 80 I GG). Entscheidungen des BVerfG können gem. Art. 94 II S. 1 GG Gesetzeskraft haben[185]. Untersuchungsausschüsse des Bundestags können Verwaltungstätigkeit ausüben (Art. 44 II GG).

[183] Degenhart, Rn. 246.
[184] Jarass/Pieroth, Art. 92 GG, Rn. 4.
[185] Vgl. § 31 II BverfGG.

Gewaltenteilung gem. Art. 20 II S. 2 GG ist daher die Trennung der Funktionen Gesetzgebung, Verwaltung und Rechtsprechung, wie sie vom Grundgesetz vorgesehen ist.

Im vorliegenden Fall kommt es auf die **Abgrenzung der Aufgaben der Gesetzgebung und der vollziehenden Gewalt** an.

Für die Verwaltung ergibt sich die Grenze aus dem Grundsatz des Vorbehalts des Gesetzes sowie dem darüber hinausgehenden Parlamentsvorbehalt für wesentliche Fragen[186]. Diese Bereiche sind dem Gesetzgeber vorbehalten.

Fraglich ist, welche Grenzen für die Tätigkeit der **Gesetzgebung** gelten. Dessen typische Aufgabe ist, wie ausgeführt, der **Erlass von Rechtsnormen**. Rechtsnormen sind typischerweise abstrakt-generelle Regelungen.

Vorliegend handelt es sich um Planungstätigkeit. Fraglich ist, ob diese der Gesetzgebung oder der vollziehenden Gewalt obliegt.

Die Gesetzgebung ist nicht auf den Erlass abstrakt-genereller Regelungen beschränkt[187]. Vielmehr können Rechtsnormen auch Einzelfälle betreffen, wie sich aus Art. 19 I S. 1 GG ergibt. Zudem lässt Art. 14 III S. 2 GG ausdrücklich eine konkrete Enteignung unmittelbar durch Gesetz zu[188] (sog. Legalenteignung anstelle der Administrativenteignung, d.h. einer Enteignung aufgrund Gesetzes durch Einzelentscheidung der Verwaltung).

Die Möglichkeit und Zulässigkeit von Einzelfallgesetzen ist auch für die sog. Maßnahmegesetze anerkannt.

Die hier vorliegende Planungstätigkeit kann nicht eindeutig einem der beiden Gewalten Gesetzgebung oder Verwaltung zugeordnet werden[189].

Dies gilt auch für eine Planung, mit der die Entscheidung über die Zulassung eines konkreten Vorhabens verbunden ist[190]. Allerdings ist hierbei zu berücksichtigen, dass solche konkreten Zulassungsentscheidungen **grundsätzlich durch die Verwaltung erfolgen**.

Dies ist auch verfassungsrechtlich im Grundsatz der Gewaltenteilung verankert. Denn dieser hat, wie oben ausgeführt, den Zweck, dass bestimmte Staatsfunktionen von denjenigen Organen ausgeübt werden, die hierfür bestmöglich geeignet sind.

Hinsichtlich der konkreten Zulassung einzelner Vorhaben ist dies die Verwaltung aufgrund des dafür erforderlichen Verwaltungsapparats und des vorhandenen speziellen Sachverstands[191].

Will die Gesetzgebung selbst und direkt durch eine Rechtsvorschrift ein solches Vorhaben zulassen, so bedarf dies besonderer Gründe im Einzelfall.

hemmer-Methode: Planung an sich ist weder typische Aufgabe der Gesetzgebung noch der Verwaltung. Beinhaltet die Planung jedoch wie hier die Zulassung eines Vorhabens, so gehört dies grundsätzlich zu den Aufgaben der Verwaltung.

Diese könnten hier darin liegen, dass die Entscheidung unmittelbar durch Gesetz einen erheblichen Zeitgewinn gegenüber der Planung durch die Verwaltung bedeutet.

---

186 Vgl. dazu Fall 21.

187 BVerfGE 95, 1, 17.

188 Degenhart, Rn. 244.

189 So zur Planung BVerfGE 95, 1, 16.

190 BVerfGE a.a.O.

191 BVerfGE a.a.O.

Dies ist jedoch kein besonderer Umstand, sondern kann stets für alle Verwaltungsentscheidungen angenommen werden. Denn diese müssen vorbereitet werden, und zudem unterliegen sie der verwaltungsgerichtlichen Nachprüfung, sofern Betroffene dagegen Rechtsbehelfe einlegen.

Der besondere Umstand könnte hier jedoch darin zu sehen sein, dass eine besondere Dringlichkeit aufgrund der bevorstehenden Osterweiterung der EU und dem damit zu erwartenden erhöhten Verkehrsaufkommen besteht.

Auch wenn dies so sein sollte und diese neue Verbindung zur Verbesserung der Verkehrswege beitragen wird, wird man jedoch hierin keinen besonderen Grund annehmen können, der eine solche Planung durch Gesetz rechtfertigt.

Denn eine aktuelle Dringlichkeit ist letztlich darauf zurückzuführen, dass Vorbereitung und Planung dieses Vorhabens nicht rechtzeitig begonnen wurden. Die bevorstehende Osterweiterung der EU ist seit Jahren mit großer Wahrscheinlichkeit zu erwarten.

Damit verstößt das Gesetz gegen den Grundsatz der Gewaltenteilung.

bb) Verstoß gegen Art. 14 GG

Das Gesetz sieht die Enteignung bestimmter Grundstücke vor. Es könnte daher gegen Art. 14 GG verstoßen. Ein Eingriff in den Schutzbereich ist unproblematisch. Für die Verfassungsmäßigkeit von Enteignungen gilt Art. 14 III GG.

hemmer-Methode: I.R.d. abstrakten Normenkontrolle erfolgt eine Überprüfung der Rechtsvorschrift anhand des gesamten Verfassungsrechts. Dies beinhaltet auch die Grundrechte!

Danach müsste die Enteignung dem Wohl der Allgemeinheit dienen. Dies ist bei der Verwirklichung eines Infrastrukturvorhabens gegeben, denn Verkehrswege stellen ein allgemeines Interesse dar. Zudem ist auch die Entschädigung in dem Gesetz selbst in ausreichender Höhe vorgesehen. Das Gesetz genügt demnach der sog. Junktimklausel gem. Art. 14 III S. 2 GG.

(1) Administrativ- oder Legalenteignung

Gem. Art. 14 III S. 2 GG kann eine Enteignung durch Gesetz oder aufgrund eines Gesetzes erfolgen. Im ersteren Fall wird sie als „Legalenteignung" bezeichnet, während die Enteignung durch Entscheidung der Verwaltung aufgrund eines Gesetzes Administrativenteignung ist.

Anders als bei den Gesetzesvorbehalten anderer Grundrechte, gilt bei der Enteignung ein **grundsätzlicher Vorrang der Administrativ- vor der Legalenteignung**[192].

Grund hierfür ist, dass bei der Enteignung direkt durch Gesetz der Rechtsschutz des Einzelnen verkürzt wird.

Gegen Verwaltungsentscheidungen steht gem. Art. 19 IV GG stets der Rechtsweg offen, während gegen eine Enteignung unmittelbar durch Gesetz die Verfassungsbeschwerde gegen das Gesetz der einzig mögliche Rechtsbehelf ist.[193]

Daher bedarf es besonderer Gründe, die die Nachteile einer Legalenteignung im konkreten Fall rechtfertigen würden.

Solche könnte hier wiederum nur in der besonderen Dringlichkeit gesehen werden.

---

192 Hemmer/Wüst, Grundwissen Staatsrecht, Rn. 243.

193 BVerfGE 95, 1, 22

Diese - letztlich selbst durch den Staat herbeigeführte - Eilbedürftigkeit genügt aber nicht, um eine Verkürzung des Rechtsschutzes des Einzelnen zu rechtfertigen.

Das Gesetz verstößt gegen Art. 14 GG.

(2) Verbot des Einzelfallgesetzes, Art. 19 I S. 1 GG

Zudem könnte das Gesetz gegen das Verbot des Einzelfallgesetzes gem. Art. 19 I S. 1 GG verstoßen. Allerdings verbietet Art. 19 I S. 1 GG nicht sog. Maßnahmegesetze, die aus sachlichen Gründen einen konkreten Sachverhalt betreffen. Art. 14 III S. 2 GG sieht ausdrücklich vor, dass Legalenteignungen möglich sind. Diese stellen stets auch Einzelfallgesetze i.S.v. Art. 19 I S. 1 GG dar.

Die Zulässigkeit von Legalenteignungen richtet sich daher ausschließlich nach Art. 14 III GG (so wohl auch BVerfGE 95, 1, 26).

3. Ergebnis

Das Gesetz verstößt gegen den Gewaltenteilungsgrundsatz (Art. 20 II S. 2 GG) und gegen Art. 14 GG. Der Antrag ist begründet und insgesamt erfolgreich.

IV. Zusammenfassung

- Der Grundsatz der **Gewaltenteilung** (Art. 20 II S. 2 GG) als Teil des Rechtsstaatsprinzips ist im Grundgesetz nicht strikt verwirklicht.
- **Planung** ist weder eindeutig der Gesetzgebung noch der Verwaltung zugeordnet.
- Im Verhältnis zur Gesetzgebung ist es jedoch grundsätzlich eine Verwaltungstätigkeit, **konkrete Vorhaben zuzulassen**. Erfolgt dies direkt durch Gesetz, so sind hierfür besondere Gründe erforderlich.

Sound: Die Gewaltenteilung beinhaltet, dass den einzelnen Teilgewalten nur Kernbereiche vorbehalten sind.

hemmer-Methode: Das BVerfG (E 95, 1 ff. „Südumfahrung Stendal") hielt ein Gesetz für verfassungsgemäß, das kurz nach der Wiedervereinigung eine Bahnstrecke in den neuen Ländern zuließ. Dies wurde jedoch maßgeblich mit den besonderen Umständen nach der Wiedervereinigung wie der Unvorhersehbarkeit dieses Ereignisses, der im Aufbau befindlichen Verwaltung in den neuen Ländern, und dem vorrangigen Ziel der Verbesserung der Infrastruktur und der Herstellung gleichwertiger Lebensverhältnisse begründet.

V. Zur Vertiefung

Zur Gewaltenteilung

- Hemmer/Wüst, Grundwissen Staatsrecht, Rn. 249 f.

Zu Art. 14 GG

- Hemmer/Wüst, Grundwissen Staatsrecht, Rn. 231 ff.
- Vgl. Das Problem, „Das Rechtsstaatsprinzip in der Fallbearbeitung, Teil 1", **Life&Law 2000, 917 ff.**; Das Problem, „Das Rechtsstaatsprinzip in der Fallbearbeitung, Teil 2", **Life&Law 2001, 70 ff.**

Fall 24: Bundesstaat / Homogenitätsgebot (Art. 28 I S. 1 GG)

Sachverhalt:

In dem Bundesland B regiert seit der letzten Landtagswahl eine Allparteienkoalition. Aufgrund der hohen Verschuldung des Landes und der von den Regierungsparteien als erfolgreich angesehenen Landespolitik wird die Verfassung des Landes dahingehend geändert, dass die Legislaturperiode von vier auf acht Jahre verlängert wird. Dies soll auch für die laufende Legislaturperiode gelten. Begründet wird dies damit, dass dann die bisherige Politik fortgesetzt werden könne, und die Regierung und die Parteien nicht so häufig durch den Wahlkampf abgelenkt würden. Zudem würden durch weniger Wahlkampf und weniger Wahlen erhebliche Ausgaben gespart.

Frage: *Ist das Gesetz, das die Verfassung des Landes B ändert, mit dem Grundgesetz vereinbar?*

I. Einordnung

Welchen Grundsätzen muss die Ordnung in den Ländern entsprechen?

II. Gliederung

1. Formelle Vereinbarkeit mit dem Grundgesetz

⇨ Zuständigkeit des Landes zur Gesetzgebung (+)

2. Materielle Vereinbarkeit mit dem Grundgesetz

a) Homogenitätsgebot gem. Art. 28 I S. 1 GG

b) Verstoß gegen die Grundsätze der Demokratie gem. Art. 28 I S. 1, 20 I, II GG

aa) Dauer der Wahlperiode

⇨ Parlament muss in angemessenen Zeitabständen durch Wahlen demokratisch legitimiert werden: acht Jahre zu lang

bb) Verlängerung der laufenden Wahlperiode

⇨ Parlament durch die Wahl nur für die Dauer der Wahlperiode legitimiert: der Zeitraum bestimmt sich nach der im Zeitpunkt der Wahlen geltenden Wahlperiode

⇨ Verlängerung der aktuellen Wahlperiode ist unzulässig

3. Ergebnis

Gesetz verstößt gegen die Grundsätze der Demokratie gem. Art. 28 I S. 1, 20 I, II GG.

III. Lösung

Vereinbarkeit des Landesgesetzes mit dem Grundgesetz

1. Formelle Vereinbarkeit mit dem Grundgesetz

Das Bundesland müsste für die getroffene Regelung im Verhältnis zum Bund zuständig sein.

Dies richtet sich nach Art. 70 ff. GG. Gem. Art. 70 I GG sind die Länder zuständig, wenn nicht im Grundgesetz die Zuständigkeit des Bundes begründet ist.

Für die Regelung der Wahlperioden der Landtage besteht keine Zuständigkeit des Bundes. Daher ist jedes Land für die Regelung dieser Frage selbst zuständig.

Verfahren und Form des Gesetzes ergeben sich aus der Landesverfassung, nicht aus den Art. 76 ff. GG. Hier ist jedoch nur eine Vereinbarkeit mit dem Grundgesetz zu prüfen.

2. Materielle Vereinbarkeit mit dem Grundgesetz

Das Landesgesetz könnte gegen Art. 28 I S. 1 GG verstoßen.

hemmer-Methode: Unterscheiden Sie zwischen dem Grundrechtsteil des Grundgesetzes und dem restlichen, staatsorganisatorischen Teil (Art. 20 ff. GG). Die Grundrechte gelten gem. Art. 1 III GG für jegliche Staatsgewalt, demnach auch für die Staatsgewalt der Länder. Dagegen gelten die staatsorganisationsrechtlichen Regelungen der Art. 20 ff. GG vorrangig für den Bund. Dies gilt natürlich insbesondere für die Bestimmungen über die obersten Bundesorgane gem. Art. 38 - 69 GG.

a) Homogenitätsgebot gem. Art. 28 I S. 1 GG

Das Homogenitätsgebot des Art. 28 I S. 1 GG erklärt die Staatsstrukturprinzipien des Art. 20 GG auch in den Ländern für anwendbar.

hemmer-Methode: Dies gilt natürlich nicht für das in Art. 28 I S. 1 GG auch nicht genannte Bundesstaatsprinzip, denn Bundesstaat ist nur die Bundesrepublik selbst, nicht auch die Bundesländer.

Auch die Länder müssen daher republikanisch, demokratisch, rechtsstaatlich und sozial organisiert sein. Die verfassungsmäßige Ordnung in den Ländern muss insbesondere den Grundsätzen der Demokratie entsprechen.

Fraglich ist, ob die neue Regelung in der Landesverfassung, die die Legislaturperiode auf acht Jahre verlängert, hiermit vereinbar ist.

Auf Bundesebene beträgt die Wahlperiode gem. Art. 39 I S. 1 GG vier Jahre. Hieran sind die Länder jedoch nicht gebunden.

Denn Art. 28 I S. 1 GG fordert lediglich, dass den Grundsätzen der Demokratie usw. entsprochen werden muss. Die für den Bund geltenden Staatsstrukturprinzipien des Art. 20 GG gelten daher für die Länder nicht in vollem Umfang, sondern nur in ihren Grundsätzen.

Dies bedeutet, dass die verfassungsmäßige Ordnung in den Ländern von der des Bundes abweichen kann. **Art. 28 I S. 1 GG fordert Homogenität, keine Uniformität**[194]. Die für den Bund geltenden Prinzipien der Demokratie, Rechtsstaatlichkeit usw. müssen nur im Grundsatz auch in den Ländern beachtet werden.

Eine völlige Übereinstimmung der verfassungsmäßigen Ordnung der Länder und des Bundes würde auch in Widerspruch zum Wesen eines Bundesstaates stehen.

---

[194] Hemmer/Wüst, Grundwissen Staatsrecht, Rn. 266.

Denn eine föderale Gliederung setzt die **Staatlichkeit und Staatsqualität der Länder** voraus und beinhaltet sie[195].

Essentieller Bestandteil der Staatlichkeit ist die **Verfassungsautonomie der Länder**, d.h. die Befugnis, sich eine eigene Verfassung zu geben, wozu auch das Staatsorganisationsrecht des Landes gehört.

Diese Verfassungsautonomie folgt aus dem Bundesstaatsprinzip des Art. 20 I GG und wird von Art. 28 I S. 1 GG vorausgesetzt. Zugleich wird sie beschränkt, indem die Verfassung und die gesamte Rechtsordnung in den Ländern an die dort genannten Grundsätze gebunden werden.

Daher ist eine Abweichung von der im Bund geltenden Dauer der Legislaturperiode grundsätzlich zulässig.

b) Verstoß gegen die Grundsätze der Demokratie gem. Art. 28 I S. 1, 20 I, II GG

aa) Dauer der Wahlperiode

Fraglich ist jedoch, ob die vorgesehene Dauer von acht Jahren zulässig ist.

Dies könnte gegen das Demokratieprinzip des Art. 20 I, II GG verstoßen, das gem. Art. 28 I S. 1 GG in seinen Grundsätzen auch in den Ländern gilt.

Das Demokratieprinzip erfordert, dass das **Parlament in periodischen Wahlen durch die Bevölkerung demokratisch legitimiert wird**.

Da in der repräsentativen Demokratie die demokratische Legitimation nur durch die Wahl des Repräsentativorgans Parlament erfolgt, muss diese Legitimation in angemessenen Zeitabständen erfolgen.

Ebenso ist jedoch die Funktion des Parlaments als Repräsentativorgan zu berücksichtigen. Dies bedingt eine gewisse Unabhängigkeit der Volksvertretung von momentanen Stimmungen. Zudem wäre durch zu häufige Wahlen und damit verbundene Wahlkämpfe die Arbeitsfähigkeit des Parlaments eingeschränkt.

Unter Berücksichtigung der Wahlperioden im nationalen und internationalen Vergleich wird man eine maximale Dauer von sechs Jahren annehmen müssen. Bei Überschreitung dieses Zeitraums ist die erforderliche Legitimation und Kontrolle des Repräsentativorgans durch die Bevölkerung wohl nicht mehr gegeben.

Die hier durch das Gesetz vorgesehene Verlängerung auf acht Jahre verstößt daher gegen das Demokratieprinzip in seinen Grundsätzen und damit gegen Art. 28 I S. 1 GG i.V.m. Art. 20 I, II GG.

bb) Verlängerung der laufenden Wahlperiode

Zudem könnte die Regelung, dass die Verlängerung der Wahlperiode schon für den aktuellen Landtag gelten soll, unabhängig von der vorgesehenen Dauer von acht Jahren gegen das Demokratieprinzip verstoßen.

Die demokratische Legitimation des Parlaments erfolgt durch die Wahlen. Damit bestimmt die Bevölkerung für eine gewisse Zeit, welche Personen als Volksvertreter die Aufgaben im Parlament wahrnehmen.

Die Legitimation des Parlaments besteht nur für die Dauer, für die es gewählt wurde.

---

[195] Hemmer/Wüst, Grundwissen Staatsrecht, Rn. 263.

Dies ist aber der Zeitraum, der bei den Wahlen als Wahlperiode bestimmt war, im Fall des Landtags des Bundeslandes B vier Jahre.

Durch eine Verlängerung der laufenden Legislaturperiode wird diese Legitimationsdauer überschritten.

Die Abgeordneten wurden durch die Wahl nur für vier Jahre, nicht für einen längeren Zeitraum als Volksvertreter bestimmt. Eine Verlängerung der laufenden Wahlperiode verstößt daher stets gegen das Demokratieprinzip, ohne dass es auf die konkrete Gesamtdauer der neuen Wahlperiode ankäme.

hemmer-Methode: Eine Verlängerung kann daher stets erst für die nächste Wahlperiode gelten. I.R.d. im Juli 2005 von Kanzler Schröder gestellten Vertrauensfrage wurde auch diskutiert, ob es nicht der elegantere Weg zu Neuwahlen wäre, dem Bundestag durch eine Verfassungsänderung ein Selbstauflösungsrecht einzuräumen. Allerdings wäre auch hier fraglich gewesen, ob dies nur die nächste oder schon für die laufende Legislaturperiode möglich ist.

Daher verstößt das Gesetz auch aus diesem Grund gegen Art. 28 I S. 1, 20 I, II GG.

3. Ergebnis

Das Gesetz verstößt gegen Art. 28 I S. 1 GG i.V.m. Art. 20 I, II GG.

IV. Zusammenfassung

- Gem. Art. 28 I S. 1 GG gelten die Staatsstrukturprinzipien des Art. 20 GG in ihren Grundsätzen auch in den Ländern.
- Die aus der Staatsqualität der Länder folgende Verfassungsautonomie wird von dem **Homogenitätsgebot des Art. 28 I S. 1 GG** vorausgesetzt, gleichzeitig jedoch beschränkt. Die Länder können von den Prinzipien in Grenzen abweichen.

Sound: Art. 28 I S. 1 GG fordert Homogenität, keine Uniformität.

hemmer-Methode: Demokratie ist auch i.R.d. Art. 28 I S. 1 GG i.V.m. Art. 20 I GG als die repräsentative Demokratie des Grundgesetzes zu verstehen. Der Einführung direkter Demokratie in den Ländern sind daher Grenzen gesetzt, die jedoch bislang nicht überschritten wurden[196]. Kein Verstoß gegen die Grundsätze des demokratischen Prinzips wären auch die Einrichtung eines präsidialen Systems oder einer zweiten Kammer. Beachten Sie auch, dass gem. Art. 28 I S. 2 GG die Wahlrechtsgrundsätze für die Wahlen in den Ländern ohne Einschränkungen gelten.

V. Zur Vertiefung

Zum Bundesstaatsprinzip

- Hemmer/Wüst, Grundwissen Staatsrecht, Rn. 263 ff.

---

[196] Vgl. auch Fall 18.

Kapitel IV: Staatsfunktionen

Fall 25: Gesetzgebung / Bund-Länder-Zuständigkeit

Sachverhalt:

In einer internationalen Studie über die Schulbildung hat die Bundesrepublik katastrophal abgeschnitten. Während die öffentliche Diskussion noch läuft, entschließen sich die Bundesregierung und die sie tragenden Fraktionen im Bundestag zum Handeln. Es soll ein jährliches bundesweites Ranking zwischen den Bundesländern und deren verschiedenen Schulformen stattfinden. Dazu sollen jährlich Leistungstests für die einzelnen Schulen sowie die Kriterien für Vergleich und Auswertung entwickelt werden. Die Teilnahme an diesem Ranking ist für die Schulen freiwillig. Die Ergebnisse des Rankings sollen von den Ländern veröffentlicht werden. Der Bundestag beschließt ein Gesetz mit diesem Inhalt.

Das Bundesland L ist der Ansicht, für dieses Gesetz sei der Bund nicht zuständig. Dem entgegnet die Bundesregierung, das Ranking diene letztlich statistischen Zwecken. Außerdem könne diese Aufgabe nur der Bund wahrnehmen, da die Länder nicht die Möglichkeit hätten, einen bundesweiten Schulvergleich durchzuführen. Schließlich seien die Länder gar nicht betroffen, da die Teilnahme der Schulen an diesem Vergleich freiwillig sei. Die Landesregierung stellt einen Antrag an das BVerfG festzustellen, dass das Gesetz verfassungswidrig sei.

Frage: *Ist der Antrag erfolgreich?*

I. Einordnung

Die Zuständigkeit zur Gesetzgebung ist nach dem Grundgesetz zwischen Bund und Ländern aufgeteilt.

II. Gliederung

1. Zulässigkeit
a) Zuständigkeit des BVerfG
⇨ abstrakte Normenkontrolle gem. Art. 93 I Nr. 2 GG
b) Antragsberechtigung
c) Antragsgegenstand
d) Antragsgrund
e) Sonstiges
2. Begründetheit
a) Formelle Verfassungsmäßigkeit
aa) Art. 73 I Nr. 11 GG (-)
bb) Ungeschriebene Gesetzgebungszuständigkeit des Bundes (-)
b) Zwischenergebnis
Gesetz ist formell verfassungswidrig
3. Ergebnis
Der Antrag auf abstrakte Normenkontrolle ist erfolgreich.

III. Lösung

Der Antrag an das BVerfG ist erfolgreich, wenn er zulässig und begründet ist.

1. Zulässigkeit

a) Zuständigkeit des BVerfG

Das BVerfG entscheidet gem. Art. 93 I Nr. 2 GG, § 13 Nr. 6 BVerfGG über einen Antrag auf abstrakte Normenkontrolle.

hemmer-Methode: Möglich wäre auch ein Bund-Länder-Streit gem. Art. 93 I Nr. 3 GG. Gegenstand eines Bund-Länder-Streits kann auch ein Gesetz sein[197].
In der Begründetheit sind dann jedoch nur die Grundgesetz-Vorschriften zu prüfen, die das Bund-Länder-Verhältnis betreffen, d.h. insbesondere die Art. 70 ff. GG. Demgegenüber ist bei der abstrakten Normenkontrolle jegliches Verfassungsrecht zu prüfen: Der Prüfungsmaßstab ist weiter. Ob eine abstrakte Normenkontrolle oder ein Bund-Länder-Streit vorliegt, erkennen Sie am Antragsteller (Landesregierung oder das Land selbst, vertreten durch die Landesregierung).

b) Antragsberechtigung

Antragsberechtigt sind gem. Art. 93 I Nr. 2 GG die Bundesregierung, eine Landesregierung oder ein Viertel der Mitglieder des Bundestags. Die Landesregierung des Landes L ist daher antragsberechtigt.

c) Antragsgegenstand

Antragsgegenstand kann Landesrecht oder Bundesrecht sein. Dazu zählen alle Gesetze, d.h. die formellen (Parlaments-)Gesetze als auch die Gesetze im nur materiellen Sinn (Rechtsverordnungen und Satzungen)[198]. Das Bundesgesetz über den Schulvergleich ist als formelles Gesetz tauglicher Antragsgegenstand.

d) Antragsgrund

Gem. Art. 93 I Nr. 2 GG müssen Meinungsverschiedenheiten oder Zweifel über die Verfassungsmäßigkeit des Antragsgegenstands bestehen, und zwar beim Antragsteller. Da die Landesregierung das Gesetz für verfassungswidrig hält, bestehen solche Zweifel.

Zudem halten die Antragssteller die Vorschrift sogar für nichtig, sodass auch § 76 I Nr. 1 BVerfGG erfüllt ist. Auf das Verhältnis dieser Vorschrift zu Art. 93 I Nr. 2 GG muss damit nicht eingegangen werden.

e) Sonstiges

Gem. § 23 BVerfGG ist ein schriftlicher Antrag erforderlich. Eine Frist ist nicht einzuhalten.

2. Begründetheit

Der Antrag ist begründet, wenn das Gesetz mit dem Grundgesetz unvereinbar ist.

a) Formelle Verfassungsmäßigkeit des Gesetzes

Das Gesetz müsste formell verfassungsmäßig sein. Dazu müsste dem Bund die **Zuständigkeit für dieses Gesetz** zustehen. Die Verteilung der Gesetzgebungszuständigkeit zwischen dem Bund und den Ländern ergibt sich aus den Art. 70 ff. GG.

Grundsatz ist **Art. 70 I GG**, nach dem grundsätzlich die Länder zur Gesetzgebung zuständig sind. Eine Zuständigkeit des Bundes muss sich aus dem Grundgesetz ergeben.

---
[197] BVerfGE 6, 309, 324; Degenhart, Rn. 607.
[198] Hemmer/Wüst, Staatsrecht II, Rn. 18.

hemmer-Methode: Art. 70 I GG bestätigt daher für die Staatsfunktion „Gesetzgebung“ den allgemeinen Grundsatz des Art. 30 GG, wonach für die Wahrnehmung jeglicher staatlicher Aufgaben grundsätzlich die Länder zuständig sind.

Eine Zuständigkeit des Bundes zur Gesetzgebung kann sich v.a. aus den Art. 73, 74 GG ergeben, aber auch aus sonstigen Vorschriften des Grundgesetzes, die ausdrücklich den Bund zum Erlass einer gesetzlichen Regelung für zuständig erklären[199]. So begründen Art. 4 III S. 2, 21 III, 38 III, 87 I S. 2, III, 91a II und 94 II GG eine (ausschließliche) Zuständigkeit des Bundes zur Gesetzgebung.

Unerheblich ist der Einwand, dass das Gesetz die Schulen nicht zu einer Teilnahme verpflichtet.

Die Kompetenzverteilung des Grundgesetzes zwischen Bund und Ländern gilt für jegliche staatliche Tätigkeit, wie sich schon aus Art. 30 GG ergibt[200]. Insbesondere für den Erlass von **Gesetzen** kommt es nur darauf an, **welcher Sachbereich geregelt** ist.

Ob Behörden der Länder hierdurch verpflichtet werden oder nicht, ist unerheblich. Für jedes Bundesgesetz unabhängig von seinem Inhalt muss wegen Art. 70 I GG eine Zuständigkeit des Bundes positiv begründet werden.

aa) Art. 73 I Nr. 11 GG

Die Zuständigkeit des Bundes könnte sich aus Art. 73 I Nr. 11 GG ergeben. Danach ist der Bund für Gesetze über die Statistik für Bundeszwecke zuständig.

Fraglich ist jedoch, ob der Schulvergleich als Statistik bezeichnet werden kann. Statistik ist die methodische Erhebung, Sammlung, Darstellung und Auswertung von Daten und Fakten[201].

hemmer-Methode: Von Ihnen werden keine Einzelheiten zu den Katalogen der Art. 73 f. GG verlangt! Ihre Aufgabe ist es, den Katalog durchzugehen und die Nummer anzusprechen und zu prüfen, die passen könnte. Bleiben Sie bei der natürlichen Bedeutung der Begriffe!

Zwar beinhaltet der Schulvergleich ohne Zweifel auch Statistik, indem Daten erhoben und ausgewertet werden. Über eine rein statistische Tätigkeit geht es jedoch hinaus, dass Leistungstests durchgeführt werden. Dies ist keine statistische Datenerhebung mehr, sondern eine (wissenschaftliche) Untersuchung.

Zudem wird man das Gesetz schon wegen seiner Zielrichtung nicht mehr als bloße Statistik ansehen können. Es geht gerade nicht (nur) um die Darstellung erhobener Daten, sondern es soll ein Ranking durchgeführt werden.

Damit soll ein wertender Vergleich zwischen den Bundesländern und den einzelnen Schulformen ermöglicht werden.

Ist schon der Begriff der Statistik zu verneinen, so dient diese Datensammlung sicher nicht „Bundeszwecken“. Dazu wäre erforderlich, dass eine Aufgabe des Bundes erfüllt würde. Dies ist jedoch für das hier betroffene Schulwesen nicht ersichtlich.

Eine Zuständigkeit des Bundes zur Gesetzgebung ergibt sich demnach nicht aus Art. 73 I Nr. 11 GG.

---

[199] Hemmer/Wüst, Grundwissen Staatsrecht, Rn. 281 f.

[200] Vgl. dazu noch Fall 27.

[201] Jarass/Pieroth, Art. 74 GG, Rn. 26.

bb) Ungeschriebene Zuständigkeit des Bundes zur Gesetzgebung

Da keine andere ausdrückliche Zuständigkeit des Bundes in den Art. 73 f. GG oder in sonstigen Bestimmungen ersichtlich ist, könnte jedoch eine ungeschriebene Bundeszuständigkeit zur Gesetzgebung vorliegen.

Unterschieden werden **drei Arten ungeschriebener Gesetzgebungszuständigkeiten**[202]:

- **Kompetenz kraft Sachzusammenhangs**:
  Dem Bund ist eine Materie ausdrücklich zugewiesen (z.B. das bürgerliche Recht, Art. 74 I Nr. 1 GG), und ein hiermit zusammenhängender Bereich muss notwendigerweise mit geregelt werden (z.B. Gebührenfestsetzungen für gerichtliche Beurkundungen).
- **Annexkompetenz**:
  Eine ausdrücklich dem Bund zugewiesene Materie (z.B. das Gewerberecht) kann nicht geregelt werden, ohne dass auch Stadien der Vorbereitung oder Durchführung mit geregelt werden (z.B. Gewerbeaufsicht, die im Grunde Gefahrenabwehr ist und damit Teil des Polizei- und Sicherheitsrechts, für das die Länder zuständig sind).
- **Kompetenz kraft Natur der Sache**:
  Diese liegt nur dann vor, wenn eine Materie begriffsnotwendig durch den Bund zu regeln ist (z.B. die Bestimmung des Sitzes der Bundesregierung).

hemmer-Methode: Sachzusammenhang und Annexkompetenz setzen, anders als die Kompetenz kraft Natur der Sache, an einer ausdrücklich dem Bund zugewiesenen Materie an. Unterschieden werden können diese beiden dadurch, dass die Kompetenz kraft Sachzusammenhangs „in die Breite" geht, während durch die Annexkompetenz eine Ausweitung „in die Tiefe" stattfindet.

Für eine Kompetenz kraft Sachzusammenhangs oder eine Annexkompetenz fehlt es im Fall an einer ausdrücklich dem Bund zugewiesenen Materie, an die angeknüpft werden könnte. Insbesondere ist die Durchführung des Schulvergleichs keine Aufgabe, die notwendigerweise mit der Statistik für Bundeszwecke (Art. 73 I Nr. 11 GG) vom Bund mit geregelt werden müsste und daher eine Kompetenz kraft Sachzusammenhangs begründet.

Das Schulwesen ist selbstverständlich auch kein Bereich, der in einem entsprechenden Sachzusammenhang mit dem Hochschulwesen steht, für das der Bund die konkurrierende Zuständigkeit für die Hochschulzulassung und die Hochschulabschlüsse hat (Art. 74 I Nr. 33 GG).

In Betracht kommt daher nur noch eine Kompetenz **kraft Natur der Sache**. Dazu müsste die gesetzliche Regelung durch den Bund begriffsnotwendig sein. Dieser Ansicht ist auch die Bundesregierung, indem sie geltend macht, ein solcher bundesweiter Vergleich könne nicht durch die Länder geregelt werden.

Die Regelung dieser Frage durch Bundesgesetz stellt sicher ein einfacheres Vorgehen dar, als ein Tätigwerden aller sechzehn Länder. Auch kann angenommen werden, dass die bundesgesetzliche Regelung schneller erfolgen kann.

[202] Vgl. dazu Hemmer/Wüst, Grundwissen Staatsrecht, Rn. 288 ff.

Darüber hinaus mag es auch ein Bedürfnis nach einer solchen einheitlichen Regelung geben, denn ein solcher bundesweiter Vergleich der Schulen in den einzelnen Ländern ist von allgemeinem Interesse, um Stärken und Schwächen des Schulwesens zu erkennen und die Schulbildung insgesamt mittelfristig zu verbessern.

Genau dies genügt jedoch **nicht** für die Annahme einer Kompetenz kraft Natur der Sache. Einfachheit und Einheitlichkeit begründen keine ungeschriebene Bundeskompetenz, dies muss vielmehr begriffsnotwendig sein. Denn die Gliederung der Bundesrepublik in Länder **setzt vielmehr Uneinheitlichkeit voraus**. Auch ein dringendes Bedürfnis nach bundeseinheitlicher Regelung vermag keine Bundeskompetenz zu begründen. Denn in diesem Fall ist auch stets an die Möglichkeit einer länderübergreifenden Zusammenarbeit zu denken, die auch in einigen Bereichen praktiziert wird (ARD, GEZ, ZVS).

Da diese auch für einen Schulvergleich möglich ist, ist eine bundesgesetzliche Regelung nicht begriffsnotwendig. Eine Bundeskompetenz kraft Natur der Sache besteht nicht.

hemmer-Methode: Bei der Annahme ungeschriebener Bundeskompetenzen für die Gesetzgebung ist Zurückhaltung geboten. Dies gilt insbesondere für Sie in der Ausbildung. Sie müssen diese Möglichkeit ansprechen, aber in aller Regel ablehnen. Häufig wird dabei für die Annahme einer Bundeszuständigkeit der Aspekt der Einheitlichkeit oder auch eine angebliche Überregionalität angeführt. Das reicht nicht. Das ergibt sich schon daraus, dass nach Art. 74, 72 II GG für eine geschriebene Kompetenz des Bundes zum einen der Kompetenztitel in Art. 74 GG und zudem nach Art. 72 II GG (in den dort genannten Fällen) die Erforderlichkeit der einheitlichen Regelung gefordert ist. Diese Erforderlichkeit alleine reicht nicht – erst recht nicht, bei nur ungeschriebenen Kompetenzen!

Der Bund hat nicht die Zuständigkeit zum Erlass dieses Gesetzes.

b) Zwischenergebnis

Das Gesetz verstößt gegen Art. 70 GG und ist verfassungswidrig. Der Antrag auf Normenkontrolle ist begründet.

hemmer-Methode: Für weitere Fehler des Gesetzes, insbesondere materielle, bestehen keine Anhaltspunkte. Wäre dies der Fall, so müssten Sie diese in einem Hilfsgutachten erörtern.

3. Ergebnis

Der Antrag an das BVerfG ist erfolgreich.

IV. Zusammenfassung

- Die **Zuständigkeit für die Gesetzgebung** liegt nach **Art. 70 GG** grundsätzlich bei den Ländern.
- **Bundeszuständigkeiten** müssen aus dem Grundgesetz positiv begründet werden.

Sound: Ungeschriebene Bundeskompetenzen sind: Kompetenz kraft Sachzusammenhangs, Annexkompetenz und Kompetenz kraft Natur der Sache.

hemmer-Methode: Nach dem Grundsatz des Art. 70 GG obliegt die Gesetzgebung den Ländern. In der Praxis sind jedoch die meisten Gesetze solche des Bundes. Die wichtigsten verbliebenen Gesetzgebungszuständigkeiten der Länder sind Schulwesen, Polizei (Gefahrenabwehr) und das Kommunalrecht. Diese sollten Sie auch kennen! Die Gesetzgebungskompetenzen wurden durch die Föderalismusreform erheblich geändert. Die Länder erhielten dadurch mehr Freiheiten, dass die früheren Rahmengesetzgebungskompetenzen des Bundes, bspw. im Hochschulwesen, durch Streichung des Art. 75 GG wegfallen sind und damit nun in die ausschließliche Landesgesetzgebungskompetenz fallen, Art. 70 GG. Andererseits wurden Fälle, die bisher nur unter die Rahmengesetzgebungskompetenz fielen, zur ausschließlichen oder konkurrierenden Gesetzgebungskompetenz des Bundes, vgl. Art. 74 I Nr. 27 ff. GG. Wichtig ist auch die Änderung des Art. 72 GG. Die Erforderlichkeitsprüfung nach Abs. 2 ist seit der Föderalismusreform auf die dort aufgezählten Fälle beschränkt. Dafür erhielten die Länder im Gegenzug das Recht, in den in Art. 72 III GG aufgezählten Bereichen von Bundesgesetzen abzuweichen. Art. 31 GG gilt hier nicht. Stattdessen greift der lex-posterior-Grundsatz, vgl. Art. 72 III S. 3 GG: Erlassen die Länder ein vom älteren Bundesgesetz abweichendes Gesetz, geht dieses neuere Gesetz vor. Erlässt der Bund daraufhin ein neues Gesetz, ist – bis zum Erlass einer abweichenden Ländervorschrift – das Bundesgesetz wiederum vorrangig.

V. Zur Vertiefung

Zu den Gesetzgebungszuständigkeiten

- Hemmer/Wüst, Grundwissen Staatsrecht, Rn. 278 ff.
- BVerfG, Life&Law 2001, 498 ff.

Fall 26: Verwaltung / Bund-Länder-Zuständigkeit (1) (Art. 83, 87 ff. GG)

Sachverhalt:

Nachdem es in den vergangenen Jahren mehrfach zu Skandalen im Zusammenhang mit der Beseitigung und Verwertung von Abfällen gekommen ist, sollen nun die Verwaltungszuständigkeiten verändert werden. Bisher waren für den Vollzug des entsprechenden Bundesgesetzes (Kreislaufwirtschafts- und Abfallgesetz - Krw-/AbfG) Landesbehörden zuständig. Dies wird nun teilweise geändert. Nach einem vom Bundestag beschlossenen Gesetz wird ein neues „Bundesamt für Kreislaufwirtschaft und Abfallbeseitigung" errichtet, das dem Bundesministerium für Umwelt nachgeordnet ist. Dieses ist nunmehr bundesweit für die Zulassung von Abfalldeponien nach dem Krw-/AbfG zuständig.

Frage: *Ist das Gesetz verfassungsgemäß?*

I. Einordnung

Die Zuständigkeit für den Vollzug der Bundesgesetze obliegt gem. Art. 83 GG den Ländern, wenn nicht der Bund ausnahmsweise nach Art. 87 ff. GG zuständig ist.

II. Gliederung

1. Formelle Verfassungsmäßigkeit des Gesetzes

a) Zuständigkeit des Bundes für das Gesetz

b) Regelungsinhalt des Art. 87 III S. 1 GG

aa) Errichtung der Behörde

bb) Vollzug des Krw-/AbfG durch die Behörde (Zulassung von Deponien)

cc) Zuständigkeit des Bundes für die Gesetzgebung in dieser Angelegenheit (Art. 87 III S. 1 GG)

⇨ Art. 74 I Nr. 24 GG

2. Materielle Verfassungsmäßigkeit des Gesetzes

3. Ergebnis

Gesetz ist verfassungsgemäß.

III. Lösung

Verfassungsmäßigkeit des Gesetzes

1. Formelle Verfassungsmäßigkeit

Dem Bund müsste die Zuständigkeit für den Erlass dieses Gesetzes zustehen. Das Gesetz sieht die Errichtung einer neuen Bundesbehörde vor, dem Bundesamt für Kreislaufwirtschaft und Abfallbeseitigung. Dieses soll zudem für die Zulassung von Abfalldeponien zuständig sein.

a) Zuständigkeit des Bundes für das Gesetz

Die Gesetzgebungszuständigkeit des Bundes könnte sich aus Art. 87 III S. 1 GG ergeben. Gem. Art. 87 III S. 1 GG kann der Bund durch Bundesgesetz selbstständige Bundesoberbehörden und neue bundesunmittelbare Körperschaften und Anstalten des Öffentlichen Rechts errichten.

Art. 87 III S. 1 GG enthält damit zunächst eine Gesetzgebungszuständigkeit des Bundes, als Ausnahme zum Grundsatz der Zuständigkeit der Länder für die Gesetzgebung gem. Art. 70 I GG[203].

Auf Art. 73 f. GG ist daher nicht mehr einzugehen, wenn sich die Zuständigkeit des Bundes für diese gesetzliche Regelung tatsächlich aus Art. 87 III S. 1 GG ergibt.

hemmer-Methode: Da es sich um ein Gesetz handelt, das der Bund erlassen hat, muss hierfür als Ausnahme zu dem Grundsatz nach Art. 70 GG eine Zuständigkeit des Bundes für die Gesetzgebung benannt werden.

b) Regelungsinhalt des Art. 87 III S. 1 GG

Zu prüfen ist, ob die Voraussetzungen des Art. 87 III S. 1 GG vorliegen und insbesondere, ob die Regelungen des Gesetzes tatsächlich von Art. 87 III S. 1 GG umfasst sind.

hemmer-Methode: Sie könnten sich i.R.d. formellen Verfassungsgemäßheit auch mit der Gesetzgebungskompetenz des Bundes nach Art. 70 ff. GG begnügen und die Vereinbarkeit mit Art. 87 GG i.R.d. materiellen Verfassungsgemäßheit prüfen.

Das Gesetz sieht die Errichtung der neuen Behörde vor sowie, dass diese für die Zulassung von Deponien zuständig ist.

[203] Siehe dazu Fall 25.

aa) Errichtung der Behörde

Art. 87 III S. 1 GG lässt die Errichtung selbstständiger Bundesoberbehörden zu. Bundesoberbehörden sind solche Behörden, die einem Bundesministerium unmittelbar nachgeordnet und für das gesamte Bundesgebiet zuständig sind[204].

Der Begriff ist insbesondere im Zusammenhang mit Satz 2 zu sehen. Dieser sieht unter den dort genannten Voraussetzungen die Errichtung bundeseigener Mittel- und Unterbehörden vor.

Unter „Mittel- und Unterbehörden" ist eine Mehrzahl von organisatorisch verselbstständigten Verwaltungsstellen zu verstehen, die insbesondere regional gegliedert sind.

hemmer-Methode: Die in den meisten Bundesländern bestehende „allgemeine" Verwaltung weist Mittel- und Unterbehörden auf. Mittelbehörden sind die Regierungspräsidien/Bezirksregierungen/Bezirke, Unterbehörden üblicherweise die Landkreise und kreisfreien Städte. Auf Bundesebene ist z.B. die Arbeitsverwaltung regional gegliedert: Landesarbeitsämter (Mittelbehörden) und örtlicher Arbeitsämter (Unterbehörden) unterstehen der Bundesanstalt für Arbeit.

„Bundesoberbehörde" i.S.d. Satz 1 ist demgegenüber nur eine einzige Stelle, die selbst bundesweit zuständig ist, und keine regionale Gliederung aufweist. Eine solche ist das hier neu errichtete Bundesamt.

[204] Degenhart, Rn. 178.

bb) Vollzug des Krw-/AbfG durch die Behörde (Zulassung von Deponien)

Der Bund müsste darüber hinaus für die in dem Gesetz enthaltene Regelung, dass diese Bundesbehörde nunmehr z.T. das Krw-AbfG vollzieht und über die Zulassung von Deponien entscheidet, nach Art. 87 III S. 1 GG zuständig sein.

Die Bestimmung enthält nicht nur die Befugnis zur Errichtung neuer Behörden. **Art. 87 GG enthält Gegenstände der Bundesverwaltung**[205].

Der Bund kann in einem Gesetz aufgrund Art. 87 III S. 1 GG bestimmen, dass die errichtete Behörde für Angelegenheiten, für die dem Bund die Gesetzgebung zusteht, zuständig ist, d.h. Verwaltungsaufgaben in diesem Bereich wahrnimmt.

hemmer-Methode: Dies ist selbstverständlich, da ansonsten Art. 87 III GG sinnlos wäre. Man sollte sich aber klarmachen, dass die Bestimmung damit zugleich eine Ausnahme zu dem Grundsatz des Art. 83 GG beinhaltet, der den Vollzug der Gesetze grundsätzlich den Ländern zuweist. Die Zuweisung von Aufgaben an eine Behörde ist der Schnittpunkt zwischen den Staatsfunktionen Gesetzgebung und Verwaltung.
Zunächst handelt es sich hierbei um Gesetzgebung, zugleich wird jedoch damit entschieden, dass die bezeichnete Behörde eine bestimmte Verwaltungsaufgabe wahrnimmt.

Entscheidend i.R.d. Art. 87 III GG ist, dass nicht nur die Zuständigkeit zur Errichtung der dort vorgesehenen Behörden vorgesehen ist, sondern darin auch die Zuständigkeit des Bundes enthalten ist, diese Verwaltungsaufgaben wahrzunehmen.

Das Gleiche gilt für Art. 87 I, II GG sowie in Art. 87b I S. 1, 87d I S. 1, 87e I S. 1, 87f III, 88, 89 II GG.

Insbesondere umfasst die Befugnis des Bundes, gem. Art. 87 III S. 1 GG eine Bundesverwaltung einzuführen, nicht nur eine Tätigkeit im „Hintergrund“ (Planung, Koordination, Information). Es kann auch vorgesehen werden, dass die Bundesoberbehörde das Gesetz tatsächlich selbst ganz oder teilweise vollzieht[206]. Es könnte daher auch vorgesehen sein, dass das Bundesamt nicht nur für die Zulassung von Deponien zuständig ist, sondern für den gesamten Vollzug des Krw-AbfG.

hemmer-Methode: Dies ist i.R.d. Bankenaufsicht nach dem Kreditwesengesetz der Fall. Diese wird nur durch das Bundesaufsichtsamt für das Kreditwesen ausgeübt.

cc) Zuständigkeit des Bundes für die Gesetzgebung in dieser Angelegenheit (Art. 87 III S. 1 GG)

Voraussetzung für die Zuständigkeit des Bundes gem. Art. 87 III S. 1 GG für diese Regelung ist, dass dem Bund für diese Angelegenheit die Gesetzgebungskompetenz zusteht.

hemmer-Methode: Lassen Sie sich nicht verwirren. Unterscheiden Sie zwischen der „inhaltlichen“ gesetzlichen Regelung (hier Krw-/AbfG) und der gesetzlichen Regelung des Vollzugs (hier das zu prüfende neue Bundesgesetz).

---

205 Jarass/Pieroth, Art. 87 GG, Rn. 1.

206 Degenhardt, Rn. 178.

Letzteres wird über Art. 87 III S. 1 GG miteinander verknüpft, indem der Bund nicht nur (gem. Art. 70 ff. GG) eine Angelegenheit inhaltlich regeln kann, sondern auch das Gesetz selbst vollziehen kann.

Dazu müsste dem Bund für das Sachgebiet des Abfallrechts eine Zuständigkeit für die Gesetzgebung zustehen. Dies ergibt sich aus Art. 74 I Nr. 24 GG (Abfallbeseitigung).

Demnach ist der Bund für dieses Gesetz, die Errichtung des Bundesamts und dessen Zuständigkeit für die Zulassung von Deponien, gem. Art. 87 III S. 1 GG zuständig.

Von der sonstigen formellen Verfassungsmäßigkeit (Gesetzgebungsverfahren gem. Art. 76 ff. GG, Ausfertigung und Verkündung gem. Art. 82 GG) ist auszugehen.

Das Gesetz ist formell verfassungsgemäß.

2. Materielle Verfassungsmäßigkeit

Anhaltspunkte für materielle Verfassungswidrigkeit des Gesetzes sind nicht ersichtlich.

3. Ergebnis

Das Gesetz ist verfassungsgemäß.

IV. Zusammenfassung

Sound: Art. 87 ff. GG enthalten Ausnahmen zu dem Grundsatz des Art. 83 GG, dass die Länder für den Vollzug der Bundesgesetze zuständig sind.

hemmer-Methode: Unterscheiden Sie i.R.d. Art. 83 ff. GG die verschiedenen dort geregelten Fragen. Die Frage der Bund-Länder-Zuständigkeit für die Verwaltung ist nur eine davon. Es werden auch weitere Einzelheiten der Bundesverwaltung geregelt: Bundeseigene Verwaltung oder Verwaltung durch bundesunmittelbare Körperschaften, Untergliederung der Verwaltung (nur Bundesoberbehörden oder auch Mittel- und Unterbehörden). Handelt es sich nicht um Bundesverwaltung, sondern um Landesverwaltung zur Ausführung der Bundesgesetze, so regeln die Art. 84, 85 GG die Einzelheiten für das Verhältnis zwischen Bund und Ländern in diesem Fall.

V. Zur Vertiefung

Zur Verwaltung im Bundesstaat

- Hemmer/Wüst, Grundwissen Staatsrecht, Rn. 292 ff.

Fall 27: Verwaltung / Bund-Länder-Zuständigkeit (2) (Art. 30 GG)

Sachverhalt:

Um die Finanzkraft der vielen notleidenden Kommunen zu stärken, wird eine GmbH gegründet, die die Kommunen bei der Erfüllung ihrer Aufgaben beratend unterstützen soll. Die GmbH entwickelt Softwareprogramme für den kommunalen Bedarf, macht Vorschläge zur gesellschaftsrechtlichen und steuerlichen Gestaltung kommunaler Unternehmen, u.a. Alleingesellschafter der GmbH ist die Bundesrepublik Deutschland. Die GmbH wird mit Mitteln aus dem Bundeshaushalt gefördert, ihre Angebote an die Kommunen sind kostenlos. Nachdem die von der GmbH entwickelte Software nicht funktioniert und gegen mehrere ihrer Mitarbeiter wegen Steuerhinterziehung ermittelt wird, möchte das Bundesland X die weitere Tätigkeit der GmbH unterbinden. Es sei verfassungsrechtlich unzulässig, dass der Bund überhaupt diese GmbH gegründet habe und sie fortlaufend unterstütze.

***Frage:** Kann das Bundesland X erfolgreich vor dem BVerfG gegen den Bund vorgehen, wenn noch keine sechs Monate nach der Gründung der GmbH verstrichen sind?*

I. Einordnung

Wie ist die Bund-Länder-Zuständigkeit für die gesetzesfreie Verwaltung?

II. Gliederung

1. Zulässigkeit

a) Zuständigkeit des BVerfG

⇨ **Bund-Länder-Streit gem. Art. 93 I Nr. 3 GG**

b) Parteifähigkeit

c) Antragsgegenstand

d) Antragsbefugnis

⇨ ggf. Art. 30 GG verletzt

e) Form und Frist

2. Begründetheit

a) Anwendungsbereich des Art. 30 GG

⇨ Erfasst auch privatrechtliches Staatshandeln, wenn öffentliche Aufgaben erfüllt werden

b) Zuständigkeit des Bundes in Ausnahme zu Art. 30 GG?

⇨ **Fall der nicht-gesetzesakzessorischen Verwaltung**

aa) Geschriebene Zuständigkeit des Bundes gem. Art. 87 ff. GG?

bb) Ungeschriebene Zuständigkeit des Bundes für die Verwaltung?

⇨ Verstoß gegen Art. 30 GG

3. Ergebnis

Antrag erfolgreich

III. Lösung

Ein Verfahren vor dem BVerfG ist erfolgreich, wenn es zulässig und begründet ist.

1. Zulässigkeit

a) Zuständigkeit des BVerfG

In Betracht kommt ein Bund-Länder-Streit, über den das BVerfG gem. Art. 93 I Nr. 3 GG, § 13 Nr. 7 BVerfGG entscheidet.

b) Parteifähigkeit

Parteifähig sind der Bund und die Länder (§ 68 BVerfGG). Demnach ist das Land X als Antragsteller und der Bund als Antragsgegner parteifähig.

c) Antragsgegenstand

Gem. § 69 BVerfGG i.V.m. § 64 I BVerfGG ist Verfahrensgegenstand eine Maßnahme oder Unterlassung des Antragsgegners. Das Land X wendet sich hier gegen zwei Maßnahmen des Bundes: Die Gründung der GmbH und die andauernde Beteiligung des Bundes sowie deren Förderung aus Mitteln des Bundeshaushalts.

d) Antragsbefugnis

Gem. § 69 BVerfGG i.V.m. § 64 I BVerfGG muss der Antragsteller geltend machen, durch die Maßnahme oder Unterlassung in seinen ihm durch das Grundgesetz übertragenen Rechte und Pflichten verletzt oder unmittelbar gefährdet zu sein.

Das Land X könnte hier in seinem Recht aus Art. 30 GG verletzt sein, nachdem die Länder für die Wahrnehmung staatlicher Aufgaben zuständig sind. Das Land ist daher antragsbefugt.

e) Form und Frist

Erforderlich ist ein Antrag, der die angeblich verletzte Vorschrift bezeichnet (§§ 69, 64 II BVerfGG). Die nach §§ 69, 64 III BVerfGG einzuhaltende Frist ist gewahrt.

2. Begründetheit

Der Antrag ist begründet, wenn die Maßnahme des Antragsgegners gegen die dem Antragsteller durch das Grundgesetz übertragenen Rechte und Pflichten verstößt, § 67 BVerfGG.

hemmer-Methode: Nach dem Wortlaut des § 67 BVerGG kommt es eigentlich nur auf die objektive Verfassungswidrigkeit des Handelns des Antragsgegners an. Dennoch wird häufig auch die subjektive Rechtsverletzung des Antragstellers mit geprüft[207].

Die Gründung der GmbH durch den Bund und die Beteiligung daran sowie die fortlaufende Förderung könnten gegen Art. 30 GG verstoßen.

a) Anwendungsbereich des Art. 30 GG

Fraglich ist, ob die Gründung und Förderung der GmbH überhaupt von Art. 30 GG erfasst wird. Dazu müsste dies die Erfüllung einer staatlichen Aufgabe i.S.d. Art. 30 GG darstellen.

[207] Jarras/Pieroth, Art. 93 GG, Rn. 18.

Dies könnte deshalb zweifelhaft sein, weil die Tätigkeit des Bundes hier in der Beteiligung an einer juristischen Person des Privatrechts besteht. Es liegt daher überhaupt kein öffentlich-rechtliches (hoheitliches) Tätigwerden vor, sondern privatrechtliches Handeln.

Auch privatrechtliches Handeln kann jedoch von Art. 30 GG erfasst sein. Zwar werden die „staatlichen Aufgaben" typischerweise durch öffentlich-rechtliches Handeln staatlicher Stellen wahrgenommen. Davon gab und gibt es jedoch Ausnahmen. Bestimmte öffentliche Aufgaben der Leistungsverwaltung werden häufig in privatrechtlicher Rechtsform wahrgenommen. In diesem Bereich hat die öffentliche Hand ein Wahlrecht, auf welche Art und Weise sie ihre Leistungen erbringen möchte.

Daher ist nicht der öffentlich-rechtliche oder privatrechtliche Charakter des Handelns entscheidend, sondern die tatsächliche Wahrnehmung staatlicher Aufgaben[208].

Gefördert wird dadurch die Tätigkeit der GmbH, die die Kommunen bei der Erfüllung ihrer Aufgaben unterstützen soll. Zwar werden dadurch keine öffentlichen Aufgaben gegenüber dem Bürger wahrgenommen. Die Unterstützung und Beratung der Kommunen ist jedoch eine Tätigkeit, die in unmittelbarem Zusammenhang mit der Wahrnehmung öffentlicher Aufgaben durch die Kommunen steht. Dies stellt daher selbst eine „staatliche Aufgabe" dar.

Die Gründung und Förderung der GmbH durch den Bund ist daher von Art. 30 GG erfasst.

[208] BVerfGE 12, 205, 243; Degenhart, Rn. 172.

b) Zuständigkeit des Bundes in Ausnahme zu Art. 30 GG?

Der Bund ist daher hierfür im Verhältnis zu den Ländern nur dann zuständig, wenn eine andere Regelung im Grundgesetz getroffen ist.

Solche Regelungen stellen insbesondere die Art. 70 ff. GG über die Gesetzgebung und die Art. 87 ff. GG über die Verwaltung dar, soweit dadurch Bundeszuständigkeiten begründet werden.

hemmer-Methode: Art. 30 GG betrifft alle drei Staatsfunktionen Gesetzgebung, Verwaltung und Rechtsprechung und weist diese grundsätzlich den Ländern zu. Art. 70 I GG und Art. 83 GG sind daher nur besondere Ausprägungen des Grundsatzes aus Art. 30 GG, dass prinzipiell die Länder zuständig sind.

Da es hier nicht um ein Gesetz geht, kann sich eine Zuständigkeit des Bundes nicht aus Art. 73 ff. GG ergeben. Es könnte jedoch eine Verwaltungstätigkeit sein, und sich deshalb eine Zuständigkeit aus den Art. 87 ff. GG ergeben.

Dazu müsste es sich um eine Verwaltungstätigkeit handeln. Die Staatsfunktion „Verwaltung" ist alles, was nicht Gesetzgebung oder Rechtsprechung ist[209]. Da letzteres nicht vorliegt, handelt es sich um Verwaltungstätigkeit.

Zwar ist Verwaltung typischerweise der Vollzug von Gesetzen. Hier liegt kein Gesetz vor, das mit der Gründung und Förderung der GmbH vollzogen wurde. Das Handeln des Bundes bewegte sich daher im gesetzesfreien Raum.

[209] Degenhart, Rn. 246.

Es handelt sich um sog. **nicht-gesetzesakzessorische Verwaltung**[210].

Auch dies ist Verwaltungstätigkeit.

hemmer-Methode: Dies ist gerade der Hauptanwendungsbereich des Art. 30 GG. Beides sollten Sie sich im Zusammenhang merken. Denn für den Vollzug der Gesetze (gesetzesakzessorische Verwaltung) gilt schon Art. 83 GG, soweit es um Bundesgesetze geht. Für die nicht-gesetzesakzessorische Verwaltung gilt dagegen nur Art. 30 GG.

Art. 30 GG weist nun die Zuständigkeit für die nicht-gesetzesakzessorische Verwaltung ebenfalls grundsätzlich den Ländern zu[211]. Jegliche Verwaltungstätigkeit des Bundes bedarf daher einer positiven Begründung der Zuständigkeit.

aa) Geschriebene Bundeszuständigkeit gem. Art. 87 ff. GG?

Eine solche Zuständigkeit des Bundes kann sich jedoch aus den **Art. 87 ff. GG** ergeben. Diese Bestimmungen begründen nicht nur Zuständigkeiten für den Vollzug der Bundesgesetze, sondern **auch für nicht-gesetzesakzessorisches Verwaltungshandeln** des Bundes[212].

hemmer-Methode: So wäre z.B. die Zuständigkeit des Bundes gem. Art. 89 II S. 1 GG begründet, wenn eine Bundesbehörde zur Verwaltung der Bundeswasserstraßen im gesetzesfreien Raum Verwaltungsaufgaben wahrnimmt.

[210] Dazu Degenhart, Rn. 172.
[211] BVerfGE 12, 205, 206.
[212] BVerfGE a.a.O.

Vorliegend greift jedoch keine der in Art. 87 ff. GG aufgeführten Bundeszuständigkeiten ein.

bb) Ungeschriebene Zuständigkeit des Bundes für die Verwaltung?

Wie bei der Gesetzgebung[213], so sind auch im Bereich der Verwaltung ungeschriebene Bundeskompetenzen anerkannt.

Auch diese werden in die drei Arten Kompetenz kraft Sachzusammenhang, Annexkompetenz und kraft Natur der Sache unterschieden.

So besteht etwa eine ungeschriebene Verwaltungskompetenz des Bundes für die gesamtstaatliche und nationale Repräsentation, soweit sie im Sachzusammenhang mit dem Auswärtigen Dienst, Art. 87 I S. 1 GG, (Jarass/Pieroth, Art. 83 GG, Rn. 7 mit weiteren Beispielen) steht.

Im vorliegenden Fall kommt nur eine ungeschriebene Verwaltungskompetenz kraft **Natur der Sache** in Betracht. Hierzu müsste es begriffsnotwendig sein, dass der Bund und nicht die Länder einzeln eine solche GmbH gründet und fördert. Angeführt werden können hierfür jedoch lediglich die Aspekte Effizienz und Einheitlichkeit.

Wie bei den ungeschriebenen Gesetzgebungskompetenzen, so genügen diese Gesichtspunkte jedoch auch bei der Verwaltungstätigkeit nicht zur Annahme einer ungeschriebenen Bundeszuständigkeit. Demnach ist der Bund nicht für diese Tätigkeit zuständig. Die Zuständigkeit liegt gem. Art. 30 GG bei den Ländern.

Die Maßnahme des Bundes verstößt gegen Art. 30 GG. Der Antrag ist begründet.

[213] S. Fall 25.

3. Ergebnis

Der Antrag des Landes X im Bund-Länder-Streit hat Erfolg.

IV. Zusammenfassung

- **Art. 30 GG** weist den Ländern die grundsätzliche Zuständigkeit für jegliches staatliche Handeln zu.
- Relevant ist Art. 30 GG insbesondere für die **nicht-gesetzesakzessorische Verwaltung**. Davon erfasst wird auch privatrechtliche Tätigkeit des Staates, sofern sie die Erfüllung öffentlicher Aufgaben darstellt.
- **Zuständigkeiten des Bundes** für die nicht-gesetzesakzessorische Verwaltung können sich aus Art. 87 ff. GG oder ungeschriebenen Verwaltungskompetenzen ergeben.

Sound: Die nicht-gesetzesakzessorische Verwaltung obliegt gem. Art. 30 GG den Ländern.

hemmer-Methode: Für die Verwaltungszuständigkeiten des Bundes kann auch noch der Aspekt der Gesetzgebungszuständigkeiten fruchtbar gemacht werden. Eine Verwaltungszuständigkeit kann für eine Materie dann nicht bestehen, wenn für diese schon keine Gesetzgebungszuständigkeit des Bundes gegeben wäre. Denn die Gesetzgebungskompetenz des Bundes bildet die äußerste Grenze seiner Verwaltungskompetenzen[214]. Wäre dies anders, so könnte der Bund in einem Bereich für die Verwaltung zuständig sein, in dem die Länder für die Gesetzgebung zuständig sind. Dies würde dazu führen, dass der Bund Gesetze der Länder ausführt. Das ist aber ausgeschlossen.

V. Zur Vertiefung

Zum Bund-Länder-Streit

- Hemmer/Wüst, Staatsrecht II, Rn. 36 ff.

Zur Verwaltung im Bundesstaat

- Hemmer/Wüst, Grundwissen Staatsrecht, Rn. 292 ff.

[214] Jarass/Pieroth, Art. 83 GG, Rn. 2.

Fall 28: Bundesauftragsverwaltung (Art. 85 GG)

Sachverhalt:

In dem Bundesland L soll eine Bundesstraße neu gebaut werden. Nachdem die Vorbereitungen und Planungen von der zuständigen Landesbehörde zügig durchgeführt wurden, möchte die neue Landesregierung nach einem Regierungswechsel die Bundesstraße nicht mehr bauen. Die zuständige Landesbehörde wird angewiesen, neue Gutachten über Umweltauswirkungen und Lärmbelästigungen einzuholen. Die Bundesregierung ist der Ansicht, dass alle erforderlichen Gutachten bereits vorliegen, und teilt das dem Land mit. Nachdem das Landesministerium sich weigert, weist der Bundesminister für Bau und Verkehr die nach Landesrecht zuständige Behörde, die dem Wirtschaftsministerium des Landes untersteht, an, unverzüglich den Planfeststellungsbeschluss zu erlassen (vgl. § 17 I, V Bundesfernstraßengesetz). Das Land hält die Weisung für verfassungswidrig, da zu befürchten sei, dass die Bundesstraße zu unzulässigen Lärmbelästigungen für Anwohner führen würde. Zulassung und Bau der Straße würden daher gegen Grundrechte der Anwohner aus Art. 2 II S. 1, 14 I GG verstoßen.

Frage: *Hat ein Antrag an das BVerfG gegen die Weisung Erfolg?*

I. Einordnung

Welche Rechte stehen einem Land gegen eine Weisung des Bundes i.R.d. Bundesauftragsverwaltung gem. Art. 85 GG zu?

II. Gliederung

1. Zulässigkeit

a) Zuständigkeit des BVerfG

⇨ **Bund-Länder-Streit Art. 93 I Nr. 3 GG**

b) Parteifähigkeit

c) Antragsgegenstand

d) Antragsbefugnis

e) Form und Frist

2. Begründetheit

a) Bundesauftragsverwaltung gem. Art. 85 GG

⇨ Art. 90 II GG

b) Formelle Verfassungsmäßigkeit der Weisung

aa) Zuständigkeit des Bundesministers

bb) Verfahren

(1) Landesbehörde als richtiger Adressat der Weisung

⇨ (-), da keine Ausnahme nach Art. 85 III S. 2 GG: keine Entscheidung der BReg

⇨ Weisung (formell) verfassungswidrig

Weitere Prüfung im Hilfsgutachten:

(2) Anhörung des Landes vor Erteilung der Weisung

⇨ aufgrund Grundsatz der Bundestreue erforderlich

c) Materielle Verfassungsmäßigkeit der Weisung

aa) Sach- und Wahrnehmungskompetenz i.R.d. Bundesauftragsverwaltung

bb) Anforderungen an eine Weisung gem. Art. 85 GG

⇨ Weisung materiell verfassungsmäßig

3. Ergebnis
Antrag erfolgreich wegen formellen Fehlers.

III. Lösung

Der Antrag müsste zulässig und begründet sein.

1. Zulässigkeit

a) Zuständigkeit des BVerfG

In Betracht kommt ein Bund-Länder-Streit, über den das BVerfG gem. Art. 93 I Nr. 3 GG, § 13 Nr. 7 BVerfGG entscheidet.

b) Parteifähigkeit

Parteifähig sind gem. § 68 BVerfGG Bund und Länder. Demnach ist das Land L als Antragsteller und der Bund als Antragsgegner parteifähig.

c) Antragsgegenstand

Gem. Art. 93 I Nr. 3 GG, § 69 BVerfGG i.V.m. § 64 I BVerfGG ist Verfahrensgegenstand eine Maßnahme oder Unterlassung des Antragsgegners. Das Land L wendet sich hier gegen die Weisung des Bundesministers. Da dieser für den Bund handelt, liegt in der Weisung eine Maßnahme des Antragsgegners.

hemmer-Methode: Im Fall des Art. 93 I Nr. 3 GG muss sich der Streit zwischen Bund und Land auf verfassungsrechtliche Fragen beziehen.

Für sonstige Bund-Länder-Streitigkeiten ist Art. 93 I Nr. 4 GG einschlägig, der aufgrund seiner Subsidiaritätsklausel aber kaum einmal zum Tragen kommen wird, da hier mit § 50 VwGO eine vorrangige Klagemöglichkeit besteht.

d) Antragsbefugnis

Der Antragsteller muss geltend machen, durch die Maßnahme oder Unterlassung in seinen, ihm durch das Grundgesetz übertragenen Rechten und Pflichten verletzt oder unmittelbar gefährdet zu sein (§ 69 BVerfGG i.V.m. 64 I BVerfGG).

Das Land könnte hier in seinem Recht aus Art. 83, 85 GG verletzt sein, nachdem die Länder für die Ausführung der Bundesgesetze zuständig sind. Das Land ist daher antragsbefugt.

e) Form und Frist

Erforderlich ist ein Antrag, der die angeblich verletzte Vorschrift bezeichnet (§§ 69, 64 II BVerfGG). Zudem müsste die Frist des §§ 69, 64 III BVerfGG eingehalten werden. Hiervon kann ausgegangen werden.

2. Begründetheit

Der Antrag ist begründet, wenn die Maßnahme des Antragsgegners gegen die dem Antragsteller durch das Grundgesetz übertragenen Rechte und Pflichten verstößt.

Die Weisung könnte gegen Art. 83, 85 GG verstoßen.

a) Bundesauftragsverwaltung gem. Art. 85 GG

Die grundsätzliche Befugnis zu der Weisung des Bundesministers könnte sich aus Art. 85 III S. 1, IV S. 1 GG ergeben. Dazu müsste der Bau von Bundesfernstraßen Bundesauftragsverwaltung der Länder sein, für die Art. 85 GG gilt.

Bei dem Bundesfernstraßengesetz handelt es sich um ein Bundesgesetz. Da keine bundeseigene Verwaltung gem. Art. 87 ff. GG besteht, insbesondere eine Übertragung nach Art. 90 III GG nicht erfolgt ist, führen gem. Art. 83 GG die Bundesländer dieses Bundesgesetz aus.

Dies kann in Form der Ausführung des Bundesgesetzes als eigene Angelegenheit der Länder gem. Art. 84 GG erfolgen, oder aber als Bundesauftragsverwaltung (Art. 85 GG). Ersteres ist gem. Art. 83 GG der Normalfall, während die Bundesauftragsverwaltung besonders durch das Grundgesetz vorgesehen oder zugelassen sein muss.

hemmer-Methode: Art. 83 GG beinhaltet zwei Grundsätze. Zum einen, dass Bundesgesetze grundsätzlich durch die Länder ausgeführt werden. Ausnahme hierzu ist die bundeseigene Verwaltung, die gem. Art. 87, 87b I S. 1, 87d I S. 1, 87e I S. 1, 87f III, 88, 89 II GG für bestimmte Bereiche besteht oder eingeführt werden kann. Der zweite Grundsatz ist, dass die Länder die Bundesgesetze als eigene Angelegenheit ausführen, wofür Art. 84 GG gilt. Ausnahme von diesem Grundsatz ist die Bundesauftragsverwaltung (Art. 85 GG), die gem. Art. 87b II S. 1 a.E., 87c, 87d II, 89 II S. 3, 90 II GG besteht. Soweit Art. 83, 84 GG greifen, regeln die Länder das Verwaltungsverfahren und die Zuständigkeit der Behörden, Art. 84 I S. 1 GG. Regelt der Bund diese Fragen, dürfen die Länder von den entsprechenden Bundesgesetzen abweichende Regelungen erlassen, Art. 84 I S. 2 GG. Etwas anderes gilt nur, wenn der Bund aufgrund eines besonderen Bedürfnisses eine abweichungsfeste Verfahrensvorschrift erlassen hat. Hierfür benötigt der Bundestag allerdings die Zustimmung des Bundesrates, Art. 84 I S.5 u. 6 GG.

Die Verwaltung der Bundesstraßen erfolgt gem. Art. 90 II GG in Bundesauftragsverwaltung. Hierzu gehören auch Planung und Bau dieser Straßen.

Demnach besteht eine Weisungsbefugnis der obersten Bundesbehörden gegenüber dem Land gem. Art. 85 III S. 1 GG.

b) Formelle Verfassungsmäßigkeit der Weisung

aa) Zuständigkeit des Bundesministers

Gem. Art. 85 III S. 1 GG muss die Weisung von der zuständigen obersten Bundesbehörde erteilt werden. Oberste Bundesbehörden sind solche, die keiner anderen Behörde unterstehen[215]. Dies sind jedenfalls die Bundesministerien. Der Bundesminister für Bau und Verkehr war laut Sachverhalt auch sachlich zuständig.

[215] V. Münch/Kunig, Art. 85 GG, Rn. 16.

bb) Verfahren

(1) Landesbehörde als richtiger Adressat der Weisung

Die Weisung müsste an die richtige Behörde gerichtet worden sein. Gem. Art. 85 III S. 1 GG unterstehen die „Landesbehörden" den Weisungen. Jedoch sind gem. Satz 2 die Weisungen an die obersten Landesbehörden zu richten. Dies sind nach dem o.g. die Landesministerien.

Eine Weisung an eine andere Behörde als die oberste Landesbehörde ist gem. Art. 85 III S. 2 GG nur dann möglich, wenn die Bundesregierung die Angelegenheit für dringlich erachtet. In diesem Fall kann eine Weisung auch an jegliche andere Behörde ergehen.

Fraglich ist, unter welchen Voraussetzungen diese Dringlichkeit anzunehmen ist. Es könnte ausreichen, dass die Bundesregierung nur der Auffassung ist, dass es sich um eine dringliche Angelegenheit handelt, ohne dass es auf eine tatsächliche Dringlichkeit ankäme.

Demgegenüber könnte vertreten werden, dass die Sache tatsächlich dringlich sein muss, damit diese Ausnahme des Art. 85 III S. 2 GG vorliegt.

Das BVerfG geht einen Mittelweg und beschränkt die Nachprüfung auf eine bloße „Missbrauchskontrolle"[216].

Das Vorliegen dieser Voraussetzungen könnte jedoch dahinstehen, wenn ohnehin die Ausnahme des Art. 85 III S. 2 GG, dass Weisungen auch an andere als oberste Landesbehörden ergehen können, ausscheidet.

hemmer-Methode: Dass Weisungen grds. an die obersten Landesbehörden zu richten sind, ist kein bloßer Formalismus, sondern Ausprägung der Staatlichkeit der Länder. Auch bei der Ausführung der Bundesgesetze sind die Behörden der Länder keine nachgeordneten Behörden des Bundes. Es soll grds. verhindert werden, dass der Bund sich einzelne Landesbehörden durch Weisungen unterstellt.

(2) Entscheidung der Bundesregierung als Kollegialorgan

Ungeachtet der o.g. Voraussetzungen der Dringlichkeit ist hierfür nach Art. 65 GG jedenfalls eine Entscheidung der Bundesregierung als Kollegialorgan erforderlich.

Der Bundesminister kann alleine diese Ausnahme nicht herbeiführen, erforderlich ist vielmehr ein Beschluss der Bundesregierung. Ein solcher fehlt hier. Daher ist die Weisung formell verfassungswidrig.

Hilfsgutachtlich ist die weitere Verfassungsmäßigkeit zu prüfen:

(3) Anhörung des Landes vor Erteilung der Weisung

Abgesehen von dem Sonderfall der Weisung an andere als oberste Landesbehörden (Art. 85 III S .2 GG, s.o.), beinhaltet Art. 85 GG keine weiteren Verfahrensanforderungen.

Für die Ausübung des Weisungsrechts wie für alle anderen Maßnahmen im Bund-Länder-Verhältnis gilt jedoch der **Grundsatz bundesfreundlichen Verhaltens** (Grundsatz der Bundestreue).

216 V. Münch/Kunig, Art. 85 GG, Rn. 19.

Dieser Grundsatz folgt daraus, dass im Bundesstaat gegenseitige Rücksichtnahme aller Beteiligten erforderlich ist. Er beinhaltet in Einzelfällen Einschränkungen der Kompetenzen von Bund oder Ländern sowie insbesondere Verfahrenspflichten[217].

hemmer-Methode: Der Grundsatz des bundesfreundlichen Verhaltens kann im Bund-Länder-Verhältnis in beiden Richtungen wirken, und auch zwischen den Ländern.

Im Zusammenhang mit Weisungen i.R.d. Bundesauftragsverwaltung ergibt sich daraus die Pflicht des Bundes, vor Erlass einer Weisung das betroffene Bundesland anzuhören, d.h. ihm in dieser Angelegenheit Gelegenheit zur Stellungnahme zu geben[218].

Hier hat der Bundesminister durch die Anfrage bei dem Land zuvor deutlich gemacht, dass er den Abschluss der Planung für geboten halte. Damit hatte das Land die Gelegenheit, seine Ansichten und Bedenken gegen das Vorhaben zu äußern.

Auch wenn hierin nicht ausdrücklich eine Weisung angekündigt wurde, genügt jedoch dieses Vorgehen, um den Verfahrenspflichten aus dem Grundsatz des bundesfreundlichen Verhaltens nachzukommen.

Ein Einvernehmen des Landes, d.h. dessen Zustimmung, ist für die Ausübung des Weisungsrechts gem. Art. 85 III S. 1 GG nicht erforderlich. Dies kann auch nicht aus dem Grundsatz des bundesfreundlichen Verhaltens abgeleitet werden.

Denn dies würde dem Charakter des Weisungsrechts der Bundesauftragsverwaltung völlig widersprechen.

Gem. Art. 85 IV S. 1 GG erstreckt sich die Bundesaufsicht auf Gesetz- und Zweckmäßigkeit der Ausführung der Bundesgesetze durch das Land.

Ein Weisungsrecht beinhaltet begriffsnotwendig, dass die anweisende Stelle im Rahmen ihrer Weisungsbefugnis ihre Vorstellungen im Konfliktfall auch gegen den Willen der angewiesenen Stelle durchsetzen kann. Damit wäre das Erfordernis eines Einvernehmens nicht vereinbar.

hemmer-Methode: Mit der Anwendung des Grundsatzes des bundesfreundlichen Verhaltens ist Zurückhaltung geboten. Insbesondere darf es nicht dazu kommen, dass die geschriebene Kompetenzordnung des Grundgesetzes überspielt wird.
Genau dies wäre der Fall, wenn man hier aus diesem Grundsatz ein Einvernehmen des Landes fordern würde.

Die Weisung verstößt daher nicht gegen den Grundsatz des bundesfreundlichen Verhaltens.

c) Materielle Verfassungsmäßigkeit der Weisung

Fraglich ist, welchen materiellen Anforderungen eine Weisung nach Art. 85 III S. 1 GG unterliegt. Das Land macht geltend, die Straße würde erhebliche Belastungen für Anwohner bedeuten und daher deren Grundrechte aus Art. 2 II S. 1, 14 I GG verletzen.

Dies bedeutet, das Land geht davon aus, dass die Straße (so) nicht rechtmäßigerweise gebaut werden kann, und eine entsprechende Planfeststellung rechtswidrig wäre.

[217] Hemmer/Wüst, Staatsrecht II, Rn. 87.
[218] BVerfGE 81, 310, 337.

Die **Rechtmäßigkeit des angewiesenen Verhaltens spielt jedoch für die Verfassungsmäßigkeit der Weisung keine Rolle.** Es kommt nicht darauf an, ob eine Maßnahme in Befolgung der Weisung rechtmäßig oder rechtswidrig wäre.

aa) Sach- und Wahrnehmungskompetenz i.R.d. Bundesauftragsverwaltung

Denn bei der Bundesauftragsverwaltung muss zwischen der Wahrnehmungskompetenz und der Sachkompetenz bei der Ausführung der Bundesgesetze unterschieden werden[219].

Sachkompetenz ist die **inhaltliche Entscheidung** über den Gesetzesvollzug.

Wahrnehmungskompetenz ist die **nach außen wirkende Tätigkeit**, insbesondere gegenüber dem Bürger.

Die Wahrnehmungskompetenz liegt bei der Bundesauftragsverwaltung bei dem jeweiligen Land. Nach außen handeln ausnahmslos die Länder.

Dies ergibt sich schon daraus, dass es überhaupt die Länder sind, die in diesem Fall die Bundesgesetze ausführen. Der Bund hat keine Wahrnehmungskompetenz.

Schwieriger ist es hinsichtlich der Sachkompetenz, d.h. der Frage, wer die inhaltliche Entscheidung über Verwaltungsmaßnahmen bei der Bundesauftragsverwaltung trifft. Diese liegt zunächst auch bei den Ländern, denn die Ausführung der Bundesgesetze durch die Länder beinhaltet, dass diese auch inhaltlich entscheiden.

Insbesondere ist es nicht erforderlich, dass die Länder vor einer inhaltlichen Entscheidung den Bund informieren oder gar um eine dementsprechende Weisung ersuchen.

Der Bund hat jedoch die Möglichkeit, die Sachkompetenz an sich zu ziehen. Dies geschieht durch die Erteilung einer Weisung.

Das nach Art. 85 III S. 1 GG bestehende Weisungsrecht beinhaltet demnach, dass der Bund die Sachkompetenz in einer bestimmten Angelegenheit „auf sich überleiten" kann.

Da zunächst das Land die Sachkompetenz hat, die der Bund durch eine Weisung an sich ziehen kann, wird die Weisungsbefugnis auch als eine „Reservekompetenz" bezeichnet.

hemmer-Methode: Hieraus wird auch das aus dem Grundsatz des bundesfreundlichen Verhaltens geforderte Verfahren, dem Land Gelegenheit zur Stellungnahme zu geben (s.o.), noch deutlicher: Denn zunächst handelt das Land selbstständig und kann auch in der Sache entscheiden. Möchte der Bund die Sachkompetenz an sich ziehen und dadurch dem Land „wegnehmen", muss er dies zuvor ankündigen, damit das Land sich darauf einstellen kann.

Die Sachkompetenz des Landes besteht daher „von vornherein nur unter dem Vorbehalt der Inanspruchnahme durch den Bund".

Nimmt der Bund aber die Sachkompetenz in Anspruch, so verlieren die Länder die Befugnis, inhaltlich über den Vollzug der Gesetze zu entscheiden. Ihnen steht dann lediglich noch die Wahrnehmungskompetenz zu.

[219] Degenhart, Rn. 174.

bb) Anforderungen an eine Weisung gem. Art. 85 GG

Sind die Länder aber nicht mehr zur inhaltlichen Entscheidung befugt, so **trägt auch alleine der Bund die Verantwortung für die inhaltliche Rechtmäßigkeit der Weisung**. Mit dem Verlust der Sachkompetenz des Landes ist im Bund-Land-Verhältnis allein der Bund für die inhaltliche Entscheidung zuständig.

Damit kann das Land die Weisung auch **nicht mit der Begründung angreifen, dass diese inhaltlich rechtswidrig oder verfassungswidrig sei**. Das Land hat dann kein Recht darauf, dass der Bund nur eine rechtmäßige Weisung erteilt.

Es muss auch eine rechts- oder verfassungswidrige Weisung befolgen.

hemmer-Methode: Zu unterscheiden ist demnach zwischen der Weisung einerseits und dem angewiesenen Verhalten andererseits. Beides ist voneinander zu trennen! Nach außen bleibt jedoch das Land für die Rechtmäßigkeit des angewiesenen Verhaltens verantwortlich!

Dies gilt auch für eine Verletzung von Grundrechten der Personen, die durch das angewiesene Verhalten betroffen werden.

Eine Grenze besteht nur in dem „äußersten Fall, dass eine (...) Bundesbehörde (...) zu einem Tun oder Unterlassen anweist, welches im Hinblick auf die damit einhergehende allgemeine Gefährdung oder Verletzung bedeutender Rechtsgüter schlechthin nicht verantwortet werden kann".

Davon abgesehen, ist eine Weisung nur dann fehlerhaft und durch das Land angreifbar, „wenn gerade die Inanspruchnahme der Weisungsbefugnis [durch den Bund] gegen die Verfassung verstößt"[220] (BVerfGE 81, 310 f.).

Dies ist - neben den oben genannten formellen Voraussetzungen der Weisung - dann der Fall,

- der Bund seine **Weisungsbefugnis überschreitet**, oder
- die Weisung zu unbestimmt ist (**Gebot der Weisungsklarheit**).

Hier ist nicht ersichtlich, dass es zu einer unerträglich Gefährdung wichtiger Rechtsgüter kommen würde. Die Möglichkeit der Überschreitung der zulässigen Lärmbelästigungen einzelner Anwohner reicht hierfür sicher nicht aus.

Dies ergibt sich auch schon daraus, dass diese die Möglichkeit haben, einen entsprechenden Planfeststellungsbeschluss vor den Verwaltungsgerichten anzufechten, und dadurch eine Verletzung ihrer Rechte abzuwehren.

Eine Überschreitung der Weisungsbefugnis liegt ebenfalls nicht vor.

Dies wäre etwa dann gegeben, wenn der Bund, gestützt auf seine Weisungsbefugnis für das Fernstraßenwesen (Art. 90 II, 85 GG), die Weisung erteilen würde, zur Entlastung einer Bundesstraße sei in der Stadt X eine neue Straßenbahnlinie zu bauen.

Denn dies wäre nicht mehr von der Bundesauftragsverwaltung im Bereich der Bundesfernstraßen gem. Art. 90 II GG erfasst.

Auch verstößt die Weisung nicht gegen das Gebot der Weisungsklarheit.

[220] BVerfG 81,310; Jarass/Pieroth, Art. 85 GG, Rn. 7.

Sie ist allerdings formell verfassungswidrig (s.o.). Der Antrag ist begründet.

3. Ergebnis

Ein Verfahren vor dem BVerfG gegen die Weisung hat Erfolg.

IV. Zusammenfassung:

- Bei der Bundesauftragsverwaltung gem. Art. 85 GG ist zwischen der **Sachkompetenz** und der **Wahrnehmungskompetenz** für die Ausführung der Bundesgesetze zu unterscheiden.
- Die Wahrnehmungskompetenz steht dem Land zu.
- Die Sachkompetenz steht zunächst auch dem Land zu. Der **Bund** kann die Sachkompetenz durch die Erteilung einer Weisung **auf sich überleiten**.

Sound: Das Land kann eine Weisung nach Art. 85 III GG nicht mit der Begründung angreifen, die angewiesene Maßnahme sei rechtswidrig.

hemmer-Methode: Die Wahrnehmungskompetenz steht uneingeschränkt den Ländern zu. Diese beinhaltet die außenwirksame Tätigkeit. Beachten Sie jedoch in diesem Zusammenhang eine neuere Entscheidung des BVerfG[221]. Danach darf auch der Bund in engen Grenzen nach außen tätig werden, ohne die Wahrnehmungskompetenz des Landes zu verletzen, wenn dies zur Vorbereitung und Ausübung seines Weisungsrechts sachgerecht ist. In der Entscheidung ging es um Kontakte zu dem Betreiber eines Kernkraftwerks vor Erlass einer Weisung (vgl. Art. 87c I GG i.V.m. § 24 I S. 1 AtomG). Zulässig ist aber nur „informales Handeln", d.h. unverbindliche Kontakte zu Betroffenen, nicht aber rechtsverbindliche Entscheidungen. Zudem ist erforderlich, dass der Bund zuvor die Sachkompetenz in dieser Angelegenheit auf sich überleitet.

V. Zur Vertiefung

Zur Bundesauftragsverwaltung

- Hemmer/Wüst, Grundwissen Staatsrecht, Rn. 299.

[221] DVBl. 2002, 549 ff.

Kapitel V: Staatsorgane

Fall 29: Bundestag

Sachverhalt:

Die Bundesregierung schließt in Vertretung des Bundespräsidenten einen völkerrechtlichen Vertrag mit dem Staat X ohne Zustimmung des Bundestags ab. In dem Vertrag verpflichten sich X und die Bundesrepublik, gewerbsmäßigen Drogenhandel in Zukunft mit einer Freiheitsstrafe von mindestens fünf Jahren zu ahnden. Die oppositionelle Fraktion der P-Partei im Bundestag möchte in dieser Sache gegen den Bundespräsidenten vorgehen, da sie Rechte des Bundestags verletzt sieht (vgl. Art. 59 II S. 1 GG).

Frage: *Ist ein Verfahren vor dem BVerfG erfolgreich?*

I. Einordnung

Rechte des Bundestags können im Organstreitverfahren gegenüber den anderen Verfassungsorganen verteidigt werden.

II. Gliederung

1. Zulässigkeit
a) Zuständigkeit des BVerfG
⇨ **Organstreit Art. 93 I Nr. 1 GG**
b) Parteifähigkeit
⇨ Fraktion (+)
c) Verfahrensgegenstand
d) Antragsbefugnis
e) Form und Frist
2. Begründetheit
⇨ Ist Art. 59 II S. 1 GG verletzt? Vertrag betrifft Strafbarkeiten. Diese müssen gem. Art. 103 II GG gesetzlich bestimmt sein. Daher ist ein Gegenstand der Bundesgesetzgebung betroffen. Der BT hätte zustimmen müssen.
⇨ Verstoß gegen Art. 59 GG

3. Ergebnis
Der Antrag ist zulässig und begründet.

III. Lösung

Ein Organstreitverfahren vor dem BVerfG ist erfolgreich, wenn der Antrag zulässig und begründet ist.

1. Zulässigkeit

a) Zuständigkeit des BVerfG

Das BVerfG entscheidet gem. Art. 93 I Nr. 1 GG, § 13 Nr. 5 BVerfGG über Organstreitverfahren.

b) Parteifähigkeit

Partei eines Organstreits können neben den in § 63 BVerfGG ausdrücklich genannten obersten Bundesorganen die im Grundgesetz oder in den Geschäftsordnungen eines obersten Bundesorgans mit eigenen Rechten ausgestatteten Teile dieser Organe sein.

hemmer-Methode: Wie bei der abstrakten Normenkontrolle gem. Art. 93 I Nr. 2 GG die Vorschrift des § 76 I Nr. 1 BVerfGG, so kann auch § 63 BVerfGG die höherrangige Vorschrift des Grundgesetzes nicht einschränken[222]. Parteifähig sind daher alle Organteile, die in der Geschäftsordnung irgendeines obersten Bundesorgans mit eigenen Rechten ausgestattet sind (vgl. Wortlaut Art. 93 I Nr. 1 GG), nicht nur in den Geschäftsordnungen von BT und BRat. So kann der einzelne Bundesminister Partei sein[223].

Die Fraktion der P-Partei ist kein oberstes Bundesorgan. Sie könnte jedoch ein Organteil sein, das im Grundgesetz oder in der Geschäftsordnung eines obersten Bundesorgans mit eigenen Rechten und Pflichten ausgestattet ist.

Die **Fraktion** ist ein Zusammenschluss mehrerer Abgeordneter des Bundestags. Sie ist eine Untergliederung und damit Teil des obersten Bundesorgans „Bundestag". Ihr werden insbesondere in den §§ 10 ff. und an anderer Stelle[224] in der Geschäftsordnung des Bundestags (GO BT) eigene Rechte eingeräumt. Sie ist damit parteifähig im Organstreit.

hemmer-Methode: Im Grundgesetz selbst sind die Fraktionen nur in Art. 53a I S. 2 GG erwähnt.

Antragsgegner ist der Bundespräsident, der nach § 63 BVerfGG parteifähig ist.

[222] Vgl. zu § 76 BVerfGG den Fall 22.

[223] Hemmer/Wüst, Grundwissen Staatsrecht, Rn. 59; BVerfGE 90, 286, 338; v. Münch/Kunig, Art. 93 GG, Rn. 28.

[224] Z.B. §§ 25 II, 76 GO BT.

c) Verfahrensgegenstand

Verfahrensgegenstand ist der Streit um gegenseitige Rechte und Pflichten aus dem Grundgesetz[225]. Hier ist die Frage, ob die Bundesregierung das Recht des Bundestags aus Art. 59 II S. 1 GG verletzt hat.

d) Antragsbefugnis

Gem. § 64 I BVerfGG muss der Antragsteller geltend machen, dass die Maßnahme oder Unterlassung des Antragsgegners ihn oder das Organ, dem er angehört, in seinen Rechten und Pflichten aus dem Grundgesetz verletzt oder unmittelbar gefährdet.

aa) Zu beachten ist hierbei zum einen, dass es um Rechte aus dem Grundgesetz selbst gehen muss, nicht um solche aus der Geschäftsordnung eines obersten Bundesorgans. Nur die Parteifähigkeit, nicht aber die für die Antragsbefugnis erforderlichen Rechte können aus einer Geschäftsordnung hergeleitet werden.

Geltend gemacht wird hier eine Verletzung des Art. 59 II S. 1 GG, und damit eine Rechtsposition aus dem Grundgesetz selbst.

bb) Zum anderen müssen jedoch die geltend gemachten Rechte und Pflichten nicht dem Organteil selbst zustehen, sondern es genügt, wenn sie dem Organ (Gesamtorgan) zustehen, dem der Organteil angehört.

Die Fraktion der P-Partei als Teil des Organs Bundestag macht hier das Recht des Gesamtorgans „Bundestag" aus Art. 59 II S. 1 GG geltend. Dieses Recht steht nur dem Bundestag als Ganzes zu, nicht aber seinen Untergliederungen wie etwa den Fraktionen.

[225] Hemmer/Wüst, Staatsrecht II, Rn. 8.

Gem. § 64 I BVerfGG ist es jedoch den Organteilen gerade möglich, ein solches Recht des Gesamtorgans geltend zu machen. Die Fraktion der P-Partei kann daher das Recht des BT aus Art. 59 II S. 1 GG und damit ein ihr fremdes Recht geltend machen. § 64 I GG ist damit ein gesetzlich vorgesehener Fall der Prozessstandschaft.

hemmer-Methode: Prozessstandschaft ist die Geltendmachung fremder Rechte als Partei eines Prozesses („in eigenem Namen"). In allen anderen verfassungsgerichtlichen Verfahren ist dies ausgeschlossen.

Daher ist die Fraktion befugt, das Recht des BT aus Art. 59 II S. 1 GG geltend zu machen.

Dieses Recht ist durch eine Maßnahme oder Unterlassung des Bundespräsidenten möglicherweise verletzt.

Zwar hat die Bundesregierung in Vertretung des Bundespräsidenten den Vertrag geschlossen. Dieses ist jedoch dem Bundespräsidenten wie eigenes Handeln zuzurechnen.

Zudem hätte der Bundespräsident die Vertretungsmacht widerrufen und damit den Vertragsschluss verhindern können.

hemmer-Methode: Die Vertretung des Bundespräsidenten bei dem Abschluss völkerrechtlicher Verträge wird von der h.M. für zulässig gehalten[226]. - Wäre die Bundesregierung Antragsgegner gewesen, wäre die Antragsbefugnis insoweit zweifelhaft gewesen.

Die Fraktion ist antragsbefugt.

e) Form und Frist

Form und Frist (§ 64 II, III BVerfGG) müssten eingehalten werden. Hiervon ist auszugehen.

2. Begründetheit

Der Organstreit ist begründet, wenn die Maßnahme oder Unterlassung des Bundespräsidenten die Rechte des Bundestags aus Art. 59 II S. 1 GG verletzt hat.

Dazu müsste für den Abschluss des Vertrags die Zustimmung des Bundestags erforderlich gewesen sein (§ 59 II S. 1 GG). Es könnte sich um einen Vertrag handeln, der sich auf Gegenstände der Bundesgesetzgebung bezieht.

Dies ist dann der Fall, wenn für die Umsetzung des Vertrags innerhalb der Bundesrepublik, d.h. **für die Erfüllung der Verpflichtungen aus dem Vertrag**, ein **Gesetz erforderlich** ist.

Genügen dagegen andere Maßnahmen (z.B. ein Verwaltungshandeln wie etwa der Erlass einer Rechtsverordnung), so sind nicht Gegenstände der Bundesgesetzgebung betroffen.

Es kommt daher darauf an, ob der Gegenstand des Vertrags unter den Grundsatz des Vorbehalts des Gesetzes fällt, oder ob für die Vertragserfüllung die Änderung eines Gesetzes erforderlich ist.

Der Vertrag bezieht sich auf Strafvorschriften. Die Einführung einer Mindeststrafe muss durch Gesetz erfolgen. Dies ergibt sich schon aus Art. 103 II GG, der vorsieht, dass eine Tat nur bestraft werden kann, wenn die Strafbarkeit gesetzlich bestimmt war, bevor die Tat begangen wurde.

[226] Hemmer/Wüst, Staatsrecht II, Rn. 327.

hemmer-Methode: Art. 103 II GG ist nicht nur grundrechtsgleiches Recht (vgl. Art. 93 I Nr.4a GG), sondern insoweit zugleich eine Spezialvorschrift im Verhältnis zum Grundsatz des Vorbehalts des Gesetzes.

Art. 103 II GG betrifft nicht nur den Tatbestand der Strafvorschriften, sondern auch die Strafandrohung (BverfGE 86, 288, 311; Jarass/Pieroth, Art. 103 GG, Rn. 42.). Diese muss gesetzlich bestimmt sein. Demnach ist für die Erfüllung des Vertrags ein Gesetz erforderlich.

Dies ergibt sich zudem aus dem rechtsstaatlichen Grundsatz des Vorbehalts des Gesetzes. Denn Strafvorschriften erfordern eine gesetzliche Regelung, da sie Grundrechtseingriffe vorsehen.

Demnach bezieht sich der Vertrag auf Gegenstände der Bundesgesetzgebung i.S.d. Art. 59 II S. 1 GG.

Vor Abschluss des Vertrags müsste der Bundestag diesem zustimmen. Indem dies nicht erfolgte, verletzt der Vertragsschluss die Rechte des Bundestags aus Art. 59 II S. 1 GG. Der Organstreit ist begründet.

3. Ergebnis

Der Organstreit vor dem BVerfG ist erfolgreich.

IV. Zusammenfassung:

- Im **Organstreit** gem. Art. 93 I Nr. 1 GG streiten oberste Bundesorgane und Organteile um Recht und Pflichten aus dem Grundgesetz.

Sound: Parteifähige Organteile können im Organstreit gem. § 64 BVerfGG auch Rechte des Gesamtorgans gelten machen (Fall der Prozessstandschaft).

hemmer-Methode: Auch der einzelne Abgeordnete kann im Organstreit parteifähig sein. Denn ihm sind von Art. 38 I S. 2 GG Rechte verliehen. Anders als die Fraktionen kann der einzelne Abgeordnete jedoch nicht die Rechte des Gesamtorgans Bundestag geltend machen. Denn er wird von der h.M. nicht als Organteil angesehen, dies sollen nur die Fraktionen sein[227]. Ihm würde demnach in dem hier vorliegenden Fall die Antragsbefugnis fehlen! Zur Antragsbefugnis von Parteien vgl. Fall 20.

V. Zur Vertiefung

Zum Organstreit

- Hemmer/Wüst, Grundwissen Staatsrecht, Rn. 56 ff.

Zu Art. 59 GG und den Auswärtigen Beziehungen

- Hemmer/Wüst, Staatsrecht II, Rn. 315 ff.
- BVerfG, NJW 2009, 2767 ff. = **Life&Law 2009, 618 ff.**

[227] BVerfGE 90, 286, 343 f.

Fall 30: Untersuchungsausschuss des Bundestags

Sachverhalt:

Der ehemalige Vorsitzende des Landesverbandes der F-Partei, M, hat bei der letzten Bundestagswahl kandidiert. Dabei hat er unter Verstoß gegen das Parteiengesetz Geld für den Wahlkampf eingesetzt, u.a. für ein Faltblatt, in dem ein Hersteller von Münzpfandgeräten für Einkaufswagen für den M warb. Die Abgeordneten der Fraktion der P-Partei im Bundestag, die rund 40 % der Bundestagsabgeordneten stellen, möchten klären lassen, ob bestimmte Mitglieder der F-Partei von der illegalen Wahlkampffinanzierung Kenntnis hatten, darunter auch zwei Abgeordnete des derzeitigen Bundestags. Sie beantragen die Einsetzung eines Untersuchungsausschusses mit der Klärung dieser Fragen. Die Mehrheit des Bundestags lehnt jedoch den Antrag ab, da der Gegenstand der Untersuchung unzulässig sei. Da M Landesvorsitzender gewesen sei, wäre dies eine Angelegenheit des betreffenden Bundeslandes. Zudem handele es sich um private Verhältnisse innerhalb der F-Partei. Bedenklich sei auch, dass die Untersuchung Bundestagsabgeordnete betreffe.

Frage: *Verletzt die Ablehnung Rechte der Abgeordneten der P-Partei aus dem Grundgesetz?*

I. Einordnung

Gem. Art. 44 GG kann der Bundestag einen Untersuchungsausschuss einsetzen.

II. Gliederung

1. Grenzen des Untersuchungsgegenstands

a) Gewaltenteilung

b) Bundesstaatsprinzip

c) Privater Bereich

d) Untersuchung gegen Abgeordnete des BT

2. Ergebnis

Untersuchungsausschuss verfassungsgemäß

III. Lösung

Verletzung von Rechten der Abgeordneten der P-Partei

Durch die Ablehnung könnte das Recht der Abgeordneten aus Art. 44 I S. 1 GG auf Einsetzung eines Untersuchungsausschusses verletzt sein. Der erforderliche Antrag liegt vor.

Die Abgeordneten stellen auch rund 40 % des Bundestags und damit das erforderliche Viertel.

Das Recht der Minderheit aus Art. 44 I S. 1 GG besteht jedoch nur dann, wenn der Untersuchungsausschuss selbst nicht verfassungswidrig ist. Dazu ist insbesondere erforderlich, dass der **Gegenstand der Untersuchung** die verfassungsmäßigen Grenzen einhält.

Wird ein verfassungswidriger Untersuchungsausschuss beantragt, so kann die Mehrheit des Bundestags die Einsetzung ablehnen.

1. Grenzen des Untersuchungsgegenstands

Fraglich ist, welche Grenzen für die Gegenstände der Untersuchung gelten. In Art. 44 GG sind keine derartigen Beschränkungen enthalten. Solche sind auch nicht in § 1 III des Untersuchungsausschussgesetzes (PUAG) enthalten, sondern dort lediglich vorausgesetzt.

hemmer-Methode: Hinsichtlich des PUAG ist hier allerdings Vorsicht geboten. Gefragt ist nur nach der Verletzung von Rechten aus dem Grundgesetz.
Und: Das PUAG könnte die verfassungsrechtlichen Grenzen von Untersuchungsausschüssen nicht bestimmen, sondern lediglich wiederholen.
Auf das PUAG kann es daher hier nicht ankommen, dies kann allenfalls i.R.d. Argumentation herangezogen werden. Das Gleiche gilt, wenn Sie einen verfassungsgerichtlichen Rechtsbehelf zu prüfen haben, z.B. einen Organstreit: Das BVerfG prüft wie in den meisten Verfahren nur das Grundgesetz, vgl. Wortlaut des Art. 93 I Nr. 1 GG, nicht das einfache Recht wie das PUAG!

Ein Untersuchungsausschuss ist ein Hilfsorgan des Bundestags. Nach der sog. Korollartheorie ergeben sich die **Grenzen des Untersuchungsgegenstands** aus den **Grenzen der Zuständigkeit des Bundestags**.

Dessen Zuständigkeit ist insbesondere in drei Richtungen begrenzt[228].

Der Bundestag ist ein Organ der Gesetzgebung. Aus dem Grundsatz der **Gewaltenteilung** (Art. 20 II S. 2 GG) ergeben sich daher Grenzen hinsichtlich der anderen Staatsfunktionen. Insbesondere im Hinblick auf die Verwaltung darf der Untersuchungsgegenstand nicht den **Kernbereich der Exekutive** berühren.

hemmer-Methode: Uneinigkeit besteht über den Kernbereich. Sicher ist jedoch, dass dieser grds. eng zu ziehen ist. Denn es ist gerade der klassische Zweck von Untersuchungsausschüssen, das Handeln von Regierung und Verwaltung zu untersuchen und zu kontrollieren. Die Regierung ist dem Parlament verantwortlich, und nicht umgekehrt. Dementsprechend ist nur ein unausforschbarer Initiativ-, Beratungs- und Handlungsbereich umfasst, der für die Willensbildung der Regierung konstitutiv ist. Str. sind noch nicht abgeschlossene Vorgänge.

Als Organ des Bundes ist der Bundestag durch das **Bundesstaatsprinzip** im Hinblick auf die Zuständigkeit der Länder begrenzt.

Angelegenheiten, für die die Länder zuständig sind, können daher auch keine zulässigen Untersuchungsgegenstände sein.

Schließlich ergeben sich Beschränkungen aus dem Wesen des Bundestags als Staatsorgan im Verhältnis zum Einzelnen. **Rein private Angelegenheiten**, an denen kein ausreichendes öffentliches Interesse besteht, dürfen nicht durch einen Untersuchungsausschuss geklärt werden.

Zu prüfen ist, ob der Untersuchungsausschuss hier diese Grenzen überschreitet.

a) Gewaltenteilung

Im Hinblick auf die Gewaltenteilung ergeben sich hier keine Schwierigkeiten. Der Bereich der vollziehenden Gewalt ist nicht betroffen.

---
[228] Hemmer/Wüst, Staatsrecht II, Rn. 269 ff.

Sollten hier Strafverfahren gegen einzelne Personen laufen, so würde dies nicht die Einsetzung des Untersuchungsausschusses hindern. Denn das Strafverfahren ist auf die Entscheidung über die Strafbarkeit des Verhaltens gerichtet, während der Untersuchungsausschuss lediglich tatsächliche Vorgänge klärt[229].

b) Bundesstaatsprinzip

Fraglich ist, ob der Untersuchungsgegenstand in die Zuständigkeit der Länder fällt und damit die Einsetzung des Untersuchungsausschuss unzulässig ist.

Dies könnte deshalb der Fall sein, weil M Landesvorsitzender seiner Partei war und deshalb auch in seiner Eigenschaft als solcher den Wahlkampf betrieben und illegal finanziert hat.

Jedoch ging es um den Wahlkampf zur Bundestagswahl, für die M auch Kandidat war. Dieser Aspekt steht hier eindeutig im Vordergrund. Alle Parteien sind in Landesverbände gegliedert, die zumindest einen Teil des Wahlkampfs selbstständig durchführen. Dies ändert jedoch nichts daran, dass es um den Bundestagswahlkampf ging.

Vorgänge im Bereich der Bundestagswahlen und auch der Wahlkampf der Parteien sowie dessen Finanzierung liegen nicht in der Zuständigkeit der Länder sondern des Bundes.

Dass auch Bundestagsabgeordnete von der Untersuchung erfasst sein sollen, spielt demgegenüber keine Rolle.

hemmer-Methode: Alternative zu der Untersuchung durch einen Untersuchungsausschuss des Bundestags wäre ein Untersuchungsausschuss des jeweiligen Landtags. Sie müssen sich daher überlegen, ob dies sinnvoll wäre, was hier nicht der Fall ist. - Vorgänge bei den Landtagswahlen und insbesondere im Bereich der Landesverwaltung fallen dagegen in die Zuständigkeit der Länder.

c) Privater Bereich

Vorgänge im privaten Bereich sind der Tätigkeit von Untersuchungsausschüssen nur dann zugänglich, wenn ein ausreichendes **öffentliches Interesse** besteht. Die Parteien sind private Vereinigungen. Die Untersuchung betrifft daher private Vorgänge, denn sie soll sich mit bestimmten Mitgliedern der F-Partei beschäftigen.

Das öffentliche Interesse ergibt sich jedoch aus dem Zusammenhang mit dem Bundestagswahlkampf sowie insbesondere daraus, dass es sich um eine politische Partei handelt. Im Hinblick auf Parteien wird man stets von einem ausreichenden öffentlichen Interesse ausgehen[230].

Dies ergibt sich sowohl aus Art. 21 I GG als auch aus der Tatsache, dass die Parteien maßgeblichen Einfluss auf die für das demokratische Gemeinwesen entscheidenden Wahlen haben.

Dies wird man auch unabhängig von der Ebene der Partei und der betroffenen Amtsträger und Mitglieder annehmen.

229 Degenhart, Rn. 480.

230 Degenhart, Rn. 481.

Es kommt daher hier nicht darauf an, ob die betroffenen Mitglieder der F-Partei eine besondere Funktion bekleideten oder nur einfache Mitglieder sind.

Zieht man das öffentliche Interesse nicht derart weit, so wird man jedenfalls im vorliegenden Fall sagen, dass es um die Kenntnis von Parteimitgliedern über Vorgänge auf der Ebene des Landesverbandes und über die Tätigkeit des Landesvorsitzenden geht.

Insoweit besteht ohne Zweifel das erforderliche öffentliche Interesse.

d) Untersuchung gegen Abgeordnete des Bundestags

Fraglich ist, ob die Untersuchung deshalb teilweise unzulässig ist, weil sie auch Bundestagsabgeordnete betrifft.

Nicht betroffen ist insoweit die Indemnität der Abgeordneten gem. Art. 46 I GG, denn es geht nicht um die Tätigkeit der Abgeordneten in ihrer Funktion als solche, sondern als Mitglieder der F-Partei.

Auch die Immunität gem. Art. 46 II - IV GG steht dem Untersuchungsausschuss nicht entgegen.

Die Abgeordneten könnten jedoch in ihrer freien Mandatsausübung betroffen sein. Art. 38 I S. 2 GG beinhaltet den **Grundsatz des freien Mandats**[231]. Dieses organschaftliche Recht schützt den einzelnen Abgeordneten jedoch nur vor Beeinträchtigungen bei der Ausübung seines Mandats.

Die Untersuchung von Vorgängen als Parteimitglied außerhalb des Bundestags durch den Untersuchungsausschuss beeinträchtigt jedoch nicht die Freiheit des Mandats. Die Mandatsausübung wird dadurch nicht betroffen.

hemmer-Methode: Eine a.A. ist vertretbar. Das BVerfG hat in einem Fall eine Beeinträchtigung des freien Mandats durch die Tätigkeit eines Ausschusses angenommen[232].

Der Untersuchungsgegenstand verstößt demnach auch nicht gegen Art. 38 I S. 2 GG.

Da der Untersuchungsausschuss insgesamt den verfassungsrechtlichen Anforderungen entsprechen würde, besteht das Recht der Minderheit gegen die Mehrheit des BT, den Ausschuss einsetzen zu lassen. Dieses Recht aus Art. 44 I S. 1 GG wird durch die Ablehnung der Einsetzung verletzt.

2. Ergebnis

Die Ablehnung verletzt das Recht der Bundestagsabgeordneten der Fraktion der P-Partei aus Art. 44 I S. 1 GG.

IV. Zusammenfassung

- Ein Untersuchungsausschuss muss einen zulässigen Untersuchungsgegenstand betreffen.
- Verfassungsrechtliche Grenzen für diesen bestehen aus dem Prinzip der Gewaltenteilung (Kernbereich der Exekutive) und dem Bundesstaatsprinzip (Zuständigkeit der Länder).
- Untersuchungen im privaten Bereich sind nur zulässig, wenn ein ausreichendes öffentliches Interesse besteht.

[231] Hemmer/Wüst, Staatsrecht II, Rn. 286.

[232] Vgl. BVerfGE 94, 351 ff.; und die Folgeentscheidung E 99, 19 ff.

Sound: Grenzen des Untersuchungsgegenstands sind: Kernbereich der Verwaltung und Rechtsprechung, Zuständigkeit der Länder sowie rein private Angelegenheiten.

hemmer-Methode: Wäre der Untersuchungsausschuss eingesetzt worden, so hätten die Abgeordneten der F-Partei, die von der Untersuchung betroffen sein sollten, sich mittels eines Organstreits gegen den Untersuchungsausschuss wehren können. Da es um ihre Rechte aus Art. 38 I S. 1 GG geht, wären sie nicht nur parteifähig, sondern auch antragsbefugt gewesen, sofern man nicht eine Verletzung ihrer Rechte aus den o.g. Gründen für von vornherein für ausgeschlossen hält.

V. Zur Vertiefung

Zu den Funktionen des Bundestags

- Hemmer/Wüst, Grundwissen Staatsrecht, Rn. 349 ff.
- Das Problem, „Affären, Ausschüsse und Aussagezwang", **Life&Law 2000, 141 ff.**

Fall 31: Bundesrat

Sachverhalt:

§ 34c I, II der Gewerbeordnung (GewO) schreibt vor, dass Makler, Bauträger und Baubetreuer einer Erlaubnis der zuständigen Behörde bedürfen. In einem fiktiven § 34d GewO ist bestimmt, dass über die Erteilung der Erlaubnis ein Ausschuss von mindestens drei Personen zu entscheiden habe, der in der jeweils zuständigen Behörde zu bilden sei. Zudem ist gem. § 34d GewO die Erlaubnis nach § 34c GewO auch dann zu versagen, wenn der Antragsteller nicht eine Ausbildung über grundlegende rechtliche und wirtschaftliche Kenntnisse nachweist. Die Ausbildung ist durch die Industrie- und Handelskammern durchzuführen. Die entsprechende Regelung wurde vom Bundestag nach Maßgabe des Art. 84 I S. 5 GG erlassen, sodass die Länder hiervon nicht abweichen dürfen.

§ 34c GewO soll nun dahingehend geändert werden, dass auch solche Personen „der Erlaubnis bedürfen, die gewerbsmäßig Reisen, neue oder gebrauchte Kraftfahrzeuge oder Einrichtungsgegenstände vermitteln oder veräußern."

Der Bundestag stimmt für das Gesetz über den geänderten § 34c GewO. Nach erfolgloser Einschaltung des Ausschusses nach Art. 77 II GG stimmt der Bundesrat mit Mehrheit gegen das Gesetz. Dennoch entscheidet der Bundestag mit der Mehrheit seiner Stimmen, den Beschluss des Bundesrats zurückzuweisen. Das Gesetz wird dem Bundespräsidenten zur Ausfertigung und Verkündung zugeleitet. Der Bundesrat wendet sich an das BVerfG und macht geltend, der Bundestag habe sich nicht über die Entscheidung des Bundesrats hinwegsetzen dürfen.

Frage: *Wie wird das BVerfG entscheiden? (Andere in § 34c GewO enthaltene Regelungen außer den hier genannten bleiben dabei außer Betracht.)*

I. Einordnung

Ist für ein Bundesgesetz die Zustimmung des Bundesrats erforderlich, so kann der Bundesrat das Zustandekommen des Gesetzes verhindern.

II. Gliederung

1. Zulässigkeit

a) Zuständigkeit des BVerfG

⇨ Organstreit Art. 93 I Nr. 1 GG

b) Parteifähigkeit

c) Verfahrensgegenstand

d) Antragsbefugnis

e) Form und Frist

2. Begründetheit

⇨ Verstoß gegen Art. 84 I GG?

⇨ War die Zustimmung des Bundesrats erforderlich?

a) Landeseigener Vollzug von Bundesgesetzen i.S.d. Art. 84 GG

b) Zustimmungspflichtigkeit nach Art. 84 I GG?

⇨ Nicht das Änderungsgesetz selbst

aa) Zustimmungspflichtigkeit von Änderungsgesetzen

bb) Zustimmungspflichtigkeit des zu ändernden Gesetzes

⇨ § 34c GewO nicht zustimmungsbedürftig

cc) Zustimmungsbedürftigkeit des § 34d GewO

⇨ Ja, da Einrichtung der Behörden und Verwaltungsverfahren i.S.v. Art. 84 I GG betroffen

dd) Zustimmungsbedürftigkeit des Änderungsgesetzes wegen § 34d GewO

⇨ Ja, da das Änderungsgesetz Bedeutung und Tragweite des zustimmungsbedürftigen § 34d GewO erheblich verändert

⇨ Änderungsgesetz ist zustimmungspflichtig

⇨ Verstoß gegen Art. 84 I GG (+)

3. Ergebnis

Organstreit erfolgreich.

III. Lösung

Der Antrag ist erfolgreich, wenn er zulässig und begründet ist.

1. Zulässigkeit

a) Zuständigkeit des BVerfG

Das BVerfG entscheidet gem. Art. 93 I Nr. 1 GG, § 13 Nr. 5 BVerfGG über Organstreitverfahren.

b) Parteifähigkeit

Partei eines Organstreits können gem. § 63 BVerfGG Bundesrat und Bundestag sein. Antragsteller ist hier der Bundesrat, Antragsgegner der Bundestag. Die Parteifähigkeit liegt vor.

hemmer-Methode: Möglich wäre es hier auch, den Antrag (auch) gegen den Bundespräsidenten zu richten, dass dieser die Ausfertigung und Verkündung des Gesetzes unterlassen soll. Dies würde die Frage der Prüfungsbefugnis des Bundespräsidenten aufwerfen, vgl. dazu Fall 32. Da es um die Überprüfung eines Gesetzes geht, können Sie natürlich auch die abstrakte Normenkontrolle nach Art. 93 I Nr. 2 GG ansprechen. Hier wäre der Bundesrat allerdings nicht antragsberechtigt. Etwas anderes gilt nach Art. 93 I Nr. 2a GG nur, soweit es um die Überprüfung der Voraussetzungen des Art. 72 II GG geht.

c) Verfahrensgegenstand

Verfahrensgegenstand ist der Streit um gegenseitige Rechte und Pflichten aus dem Grundgesetz[233].

Hier ist die Frage, ob der Bundestag das Recht des Bundesrats aus Art. 84 I GG verletzt hat, wonach für bestimmte Bundesgesetze die Zustimmung des Bundesrats erforderlich ist.

d) Antragsbefugnis

Gem. § 64 I BVerfGG muss der Antragsteller geltend machen, dass die Maßnahme oder Unterlassung des Antragsgegners ihn oder das Organ, dem er angehört, in seinen Rechten und Pflichten aus dem Grundgesetz verletzt oder unmittelbar gefährdet.

Die Maßnahme des Bundestags liegt hier darin, dass er die Entscheidung des Bundesrats zurückgewiesen hat, und das Gesetz dem Bundespräsidenten zur Ausfertigung und Verkündung zugeleitet hat.

Dies ist nur zulässig, wenn das Bundesgesetz nach Art. 78 GG zustande gekommen ist.

---

233 Hemmer/Wüst, Staatsrecht II, Rn. 8.

Ist das Gesetz zustimmungsbedürftig, liegt die Zustimmung aber nicht vor, so ist das Gesetz nicht nach Art. 78 GG zustande gekommen.

Demnach kann der Bundesrat geltend machen, durch diese Maßnahmen des Bundestags in seinem Recht aus Art. 84 I GG verletzt zu sein. Er ist antragsbefugt.

e) Form und Frist

Form und Frist (§ 64 II, III BVerfGG) müssten eingehalten werden. Hiervon ist auszugehen.

2. Begründetheit

Der Organstreit ist begründet, wenn die Maßnahme des Bundestags die Rechte des Bundesrats aus Art. 77 I GG verletzt.

Dazu müsste für das Zustandekommen des Gesetzes die Zustimmung des Bundesrats erforderlich sein, da ein bloßer Einspruch nach Art. 77 IV GG zurückgewiesen worden wäre.

Gem. Art. 76, 77 GG ist der Bundesrat stets und ausnahmslos im Verfahren der Bundesgesetzgebung zu beteiligen.

Dabei sind **zwei Arten der Beteiligung** zu unterscheiden:

- **Einspruchsgesetze** sind der Normalfall der Mitwirkung des Bundesrats. Dabei kann der Bundesrat insbesondere gegen das Gesetz Einspruch einlegen (Art. 77 III S. 1 GG). Diesen kann der Bundestag jedoch mit entsprechender Mehrheit zurückweisen (Art. 77 IV S. 1 GG). Alle Gesetze sind Einspruchsgesetze, sofern sie nicht der Zustimmung bedürfen.
- **Zustimmungsgesetze** kommen nur dann zustande, wenn der Bundesrat dem Gesetz mit Mehrheit zustimmt. Der Bundesrat hat also, anders als bei den Einspruchsgesetzen, die Möglichkeit, das Gesetz zu verhindern.

Die Zustimmung des Bundesrats ist nur dann erforderlich, wenn dies im Grundgesetz ausdrücklich vorgesehen ist.

hemmer-Methode: Es gibt keine ungeschriebenen Zustimmungserfordernisse. Es kommt nicht darauf an, ob Länderinteressen betroffen sind, sondern ausschließlich darauf, ob die Zustimmung nach dem Grundgesetz erforderlich ist[234]. Die Wichtigsten ergeben sich aus Art. 84 I, 85 I GG (Behörden und Verwaltungsverfahren) sowie für Steuergesetze gem. Art. 105 III GG.

Die Zustimmungsbedürftigkeit könnte sich hier aus Art. 84 I S. 6 GG ergeben.

Danach bedarf ein Bundesgesetz, das das Verwaltungsverfahren regelt, der Zustimmung des Bundesrates, wenn die Länder in Ausnahme zu Art. 84 I S. 2 GG nicht das Recht haben sollen, von dem Bundesgesetz abzuweichen.

hemmer-Methode: Abweichungsresistente Zuständigkeitsregelungen darf der Bund nach der Föderalismusreform nicht mehr erlassen!

a) Landeseigener Vollzug von Bundesgesetzen i.S.d. Art. 84 GG

Dazu müsste es sich zunächst bei der Ausführung der GewO um den landeseigenen Vollzug von Bundesgesetzen i.S.d. Art. 84 GG handeln.

[234] Hemmer/Wüst, Staatsrecht II, Rn. 175.

Gem. Art. 83 GG ist dies bei allen Bundesgesetzen anzunehmen, sofern nicht das Grundgesetz Abweichendes bestimmt oder zulässt.

Ein Fall der bundeseigenen Verwaltung gem. Art. 87 ff. GG ist nicht gegeben. Daher obliegt die Ausführung des Gesetzes den Ländern. Da auch für das Gewerberecht keine Bundesauftragsverwaltung vorgesehen und deshalb Art. 85 GG anwendbar ist, führen die Länder die GewO als eigene Angelegenheit aus. Art. 84 GG ist anwendbar.

b) Zustimmungspflichtigkeit nach Art. 84 I GG?

Verwaltungsverfahren i.S.d. Art. 84 I GG beinhaltet „die Tätigkeit der Verwaltungsbehörden im Blick auf die Art und Weise der Ausführung des Gesetzes einschließlich ihrer Handlungsformen, die Art der Prüfung und Vorbereitung der Entscheidung, deren Zustandekommen und Durchsetzung sowie verwaltungsinterne Mitwirkungs- und Kontrollvorgänge“[235].

Fraglich ist, ob das Gesetz solche Regelungen trifft. Es beinhaltet eine (bisher nicht oder nicht in dieser Form bestehende) Erlaubnispflicht für Reisebüros, Auto- und Möbelverkäufer. Die Einrichtung von Behörden oder das Verwaltungsverfahren wird nicht geregelt.

hemmer-Methode: Eine Zustimmungspflichtigkeit würde hierdurch auch nur dann ausgelöst werden, wenn das entsprechende Bundesgesetz „abweichungsresistent“ sein soll, vgl. Art. 84 I S. 5 u. 6 GG (hierzu unten).

[235] BVerfGE 55, 274, 320 f.

aa) Zustimmungspflichtigkeit von Änderungsgesetzen

Die Zustimmungsbedürftigkeit könnte sich jedoch daraus ergeben, dass die GewO geändert wurde. Ist die GewO ein zustimmungsbedürftiges Gesetz, so könnte sich daraus auch die **Zustimmungsbedürftigkeit eines Änderungsgesetzes** ergeben.

Jedoch ist nach dem BVerfG und ganz h.M. nicht jedes Gesetz, das ein zustimmungsbedürftiges Gesetz ändert, allein aus diesem Grund zustimmungsbedürftig[236]. Der von der m.M. vertretene Ansatz, die Zustimmungsbedürftigkeit ergebe sich stets daraus, dass der Bundesrat für das zu ändernde Gesetz die „Mitverantwortung“ übernommen habe[237], ist abzulehnen.

Maßgeblich ist vielmehr der Gesichtspunkt der **gesetzgebungstechnischen Einheit**. Danach ist nur der **Inhalt des jeweils in Frage stehenden Gesetzes maßgeblich**. Bei einem Änderungsgesetz kommt es nur auf dieses an, nicht auch auf das zu ändernde Gesetz (hier die GewO).

hemmer-Methode: Dies ist schon deshalb zwingend, weil der Bundestag auch von Anfang an die Möglichkeit gehabt hätte, die GewO in zwei Gesetze aufzuteilen: Ein Gesetz über die materiellen Regelungen, das ein bloßes Einspruchsgesetz gewesen wäre, und ein Zustimmungsgesetz über die Verfahrensregelungen. Dann wäre bei Änderungen der materiellen Normen klar, dass es sich nicht um ein Zustimmungsgesetz handelt.

[236] Hemmer/Wüst, Grundwissen Staatsrecht, Rn. 359.

[237] Dazu Degenhart, Rn. 515.

Nichts anderes kann gelten, wenn der Bundestag der Einfachheit halber beide Regelungsbereiche in einem Gesetz zusammengefasst hat.

Ein Änderungsgesetz ist deshalb nur dann zustimmungsbedürftig, wenn es seinem Inhalt nach zustimmungsbedürftige Regelungen enthält.

Dies ist dann der Fall, wenn[238]

- es **selbst zustimmungsbedürftige Vorschriften** enthält,
- es **Vorschriften ändert**, die die **Zustimmungsbedürftigkeit** des zu ändernden Gesetzes ausgelöst haben,

oder

- es dazu führt, dass die **zustimmungsbedürftigen Vorschriften** des zu ändernden Gesetzes eine **wesentlich andere Bedeutung** und Tragweite erhalten.

Das Gesetz, das § 34c GewO ändert, ist selbst nicht zustimmungsbedürftig, da es nicht die Einrichtung der Behörden oder das Verwaltungsverfahren regelt gem. Art. 84 I GG, und auch nicht aus einem anderen Grund nach dem Grundgesetz zustimmungsbedürftig ist (s.o.).

bb) Zustimmungsbedürftigkeit des zu ändernden Gesetzes (§ 34c GewO)

Fraglich ist, ob die durch das Gesetz zu ändernde Vorschrift des § 34c GewO zustimmungsbedürftig ist bzw. war.

hemmer-Methode: Sie müssen also an dieser Stelle prüfen, ob die konkret geänderte Vorschrift selbst zustimmungsbedürftig ist.

Die Vorschrift selbst enthält lediglich einen Erlaubnisvorbehalt für bestimmte Berufsgruppen. Sie betrifft keine Gegenstände des Art. 84 I GG, und ist auch nicht aus anderen Gründen zustimmungspflichtig.

cc) Zustimmungsbedürftigkeit des § 34d GewO

Die Zustimmungsbedürftigkeit könnte sich jedoch daraus ergeben, dass andere Vorschriften der GewO durch das Änderungsgesetz eine wesentlich andere Bedeutung und Tragweite erhalten. Dann wäre auch das Änderungsgesetz zustimmungsbedürftig, wenn diese „betroffenen" Vorschriften selbst zustimmungspflichtig sind.

Dies könnte hier § 34d GewO sein. Dieser müsste zunächst selbst zustimmungspflichtig sein.

Dies könnte sich nun aus Art. 84 I S. 6 GG ergeben. Die Vorschrift schreibt die Entscheidung durch einen Ausschuss vor, der innerhalb der zuständigen Behörde zu bilden ist.

Damit wird die Organisation innerhalb der Behörde insoweit geregelt, als überhaupt erst ein solcher Ausschuss gebildet werden muss. § 34d GewO betrifft daher auch das Verfahren, da vorgeschrieben ist, dass über die Erlaubnis von diesem Ausschuss zu entscheiden ist.

Da § 34d GewO laut Sachverhalt abweichungsresistent i.S.d. Art. 84 I S. 5 GG sein sollte, war sein Erlass nach Art. 84 I S. 6 GG eine zustimmungsbedürftige Regelung.

---

238 BVerfG NVwZ 2010, 1146 = **Life&Law 2011, 47**; BverfGE 37, 363, 382 f.; Jarass/Pieroth, Art. 77 GG, Rn. 5.

hemmer-Methode: Im Sachverhalt ist nicht angegeben, ob der Bundesrat der Neueinfügung des § 34d GewO tatsächlich zugestimmt hatte. Darauf kommt es hier aber nicht an.

dd) Zustimmungspflichtigkeit des Änderungsgesetzes wegen § 34d GewO

Weiter ist zu prüfen, ob durch das hier in Frage stehende Änderungsgesetz die Vorschrift des § 34d GewO eine wesentlich andere Bedeutung und Tragweite erhält. Hierfür ist insbesondere auf den Anwendungs- und Geltungsbereich der Vorschrift abzustellen.

Bisher betraf § 34d GewO lediglich die Erlaubnis für Makler, Bauträger und Baubetreuer. Da sie sich nach wie vor auf § 34c GewO bezieht, erfasst sie nun auch den erweiterten Personenkreis dieser Vorschrift. Die Regelungen des § 34d GewO gelten daher nun auch für die Erlaubnisse für Reisebüros, Auto- und Möbelverkäufer.

Damit wird der Anwendungsbereich des § 34d GewO in erheblichem Maße ausgeweitet.

Ohne Kenntnis konkreter Zahlen kann man davon ausgehen, dass die Mehrzahl der betroffenen Verwaltungsverfahren nicht nur im unteren Prozentbereich liegen wird.

Es liegt ein erheblicher quantitativer Mehraufwand für die Verwaltungsorganisation der Länder vor. Auch eine solche zahlenmäßige Veränderung verändert die Bedeutung und Tragweite des § 34d GewO, der ja gerade eine Regelung der Behördeneinrichtung und des Verwaltungsverfahrens regelt.

hemmer-Methode: Insbesondere wenn es um die Zustimmungspflicht nach **Art. 84 I GG** geht, können Sie für Änderungsgesetze mit dessen Zweck argumentieren. Dieser schützt die **Organisationshoheit der Länder** im Bereich der Verwaltung. Diese ist bei erheblicher quantitativer Veränderung ohne Zweifel betroffen![239] Die Länder haben bei Einführung des § 34d GewO im Bundesrat zugestimmt, als er Makler, Bauträger und -betreuer betraf, nicht aber dessen Anwendung auf weitere, zahlenmäßig erhebliche Berufsgruppen!

Daher verändert das Änderungsgesetz die Bedeutung und Tragweite des zustimmungsbedürftigen § 34d GewO in erheblichem Ausmaß. Das Änderungsgesetz ist daher selbst zustimmungsbedürftig.

Der Bundesrat hatte daher dem Gesetz zustimmen müssen. Ohne dessen Zustimmung ist es nicht zustande gekommen. Der Bundestag durfte die Entscheidung des Bundesrats nicht zurückweisen und das Gesetz dem Bundespräsidenten zuleiten.

hemmer-Methode: Eine „Zurückweisung“ ist nur bei Einspruchsgesetzen möglich, nicht aber bei Zustimmungsgesetzen, vgl. Art. 77 IV S. 1 GG!

Der Bundestag hat damit das Recht des Bundesrats aus Art. 84 I GG verletzt. Der Organstreit ist begründet.

3. Ergebnis

Der Antrag ist erfolgreich.

---

[239] Degenhart, Rn. 516.

IV. Zusammenfassung

Sound: Für die Zustimmungsbedürftigkeit eines Änderungsgesetzes kommt es nur auf dessen Inhalt an.

- Ein **Änderungsgesetz** ist nicht schon deshalb zustimmungspflichtig, weil es ein zustimmungsbedürftiges Gesetz ändert. Es kommt nur auf den Inhalt des Änderungsgesetzes an (**gesetzgebungstechnische Einheit**).
- Das Änderungsgesetz ist nur dann zustimmungsbedürftig, wenn es selbst zustimmungsbedürftige Vorschriften enthält, wenn es zustimmungsbedürftige Vorschriften ändert, oder es dazu führt, dass zustimmungsbedürftige Vorschriften des zu ändernden Gesetzes eine wesentlich andere Bedeutung und Tragweite erhalten.

hemmer-Methode: Im Fall 26 war das Gesetz nicht zustimmungsbedürftig. Zwar war auch dort die Zuständigkeit und damit die Einrichtung der Behörden der Länder betroffen, indem die Zuständigkeit von diesen auf eine Bundesbehörde überging. Die Beendigung der Verwaltungstätigkeit der Länder in einem bestimmten Bereich ist aber ebenso nicht von Art. 84 I GG erfasst[240]. Die „Verschiebung" von Verwaltungsaufgaben auf den Bund (d.h. Wahrnehmung in bundeseigener Verwaltung) fällt daher nicht unter Art. 84 I GG. Art. 84 I GG betrifft nur Regelungen, die in die bestehende Verwaltungstätigkeit der Ländern eingreifen.

V. Zur Vertiefung

Zur Gesetzgebung

- Hemmer/Wüst, Grundwissen Staatsrecht, Rn. 83 ff.

Zur Zustimmungsbedürftigkeit von Änderungsgesetzen

- BVerfG NVwZ 2010, 1146 = Life&Law 2011, 47

[240] V. Münch/Kunig, Art. 84 GG, Rn. 17.

Fall 32: Bundespräsident

Sachverhalt:

Um zukünftigen Regierungsmehrheiten im Bundestag mehr Handlungsfreiheit zu geben, beschließen Bundestag und Bundesrat in ordnungsgemäßem Verfahren mit der erforderlichen Mehrheit von jeweils zwei Dritteln der Stimmen, die meisten Zustimmungserfordernisse des Bundesrats zur Bundesgesetzgebung im Grundgesetz abzuschaffen (z.B. Art. 74 II, 74a II, III, 84 I, 85 I, 104a III S. 3, 105 III GG). Als Ausgleich dafür werden den Ländern verschiedene Zuständigkeiten vom Bund übertragen. Die Bundespräsidentin ist eher für versöhnen statt spalten und hält das Gesetz für verfassungswidrig. Sie verweigert die Ausfertigung des Gesetzes. Die Mehrheit im Bundestag, die diesen „Befreiungsschlag" unbedingt noch vor den Bundestagswahlen im Gesetzblatt sehen möchte, beantragt daher vor dem BVerfG, die Bundespräsidentin dazu zu verpflichten.

Frage: *Hat der Antrag Erfolg?*

I. Einordnung

Kann der Bundespräsident die Ausfertigung verfassungswidriger Gesetze verweigern?

II. Gliederung

1. Zulässigkeit

a) Zuständigkeit des BVerfG

⇨ **Organstreit Art. 93 I Nr. 1 GG**

b) Parteifähigkeit

c) Verfahrensgegenstand

d) Antragsbefugnis

e) Form und Frist

2. Begründetheit

a) Formelles Prüfungsrecht des Bundespräsidenten

b) Materielles Prüfungsrecht des Bundespräsidenten?

c) Materielle Verfassungsmäßigkeit des Gesetzes

⇨ Es handelt sich um ein verfassungsänderndes Gesetz

aa) Verfassungswidriges Verfassungsrecht?

bb) Grundsätzliche Mitwirkung der Länder bei der Gesetzgebung, Art. 79 III GG

⇨ Erfordert keine Zustimmungsgesetze

cc) Grundsätze des Bundesstaats, Art. 79 III GG i.V.m. Art. 20 I GG

⇨ Bundesstaat = Staatsqualität, d.h. eigene Staatsgewalt der Länder, nicht aber Mitwirkung an der Staatsgewalt des Bundes

⇨ Kein Verstoß gegen Art. 79 III GG

⇨ BPräs muss Gesetz ausfertigen und verkünden

3. Ergebnis

Antrag erfolgreich

III. Lösung

Der Antrag ist erfolgreich, wenn er zulässig und begründet ist.

1. Zulässigkeit

a) Zuständigkeit des BVerfG

Das BVerfG entscheidet gem. Art. 93 I Nr. 1 GG, § 13 Nr. 5 BVerfGG über Organstreitverfahren.

b) Parteifähigkeit

Partei eines Organstreits können gem. § 63 BVerfGG der Bundestag und die Bundespräsidentin sein. Die Parteifähigkeit liegt vor.

hemmer-Methode: Das Organ „Bundestag" i.S.v. § 63 BVerfGG ist identisch mit der Mehrheit des Bundestags. Es ist nicht erforderlich, dass alle Bundestagsabgeordneten diesem Antrag zustimmen. Der Bundestag handelt wie jedes Kollegialorgan grundsätzlich „durch seine Mehrheit".

c) Verfahrensgegenstand

Verfahrensgegenstand ist der Streit um gegenseitige Rechte und Pflichten aus dem Grundgesetz[241]. Hier ist die Frage, ob die Bundespräsidentin das Recht des Bundestags aus Art. 76 ff., 82 I GG verletzt hat. Diese Vorschriften enthalten ein Recht des Bundestags, dass die Bundespräsidentin die Gesetze ausfertigt und verkündet.

d) Antragsbefugnis

Gem. § 64 I BVerfGG muss der Antragsteller geltend machen, dass die Maßnahme oder Unterlassung des Antragsgegners ihn oder das Organ, dem er angehört, in seinen Rechten und Pflichten aus dem Grundgesetz verletzt oder unmittelbar gefährdet.

Die Unterlassung der Bundespräsidentin liegt hier darin, dass sie das Gesetz nicht ausfertigt und verkündet.

Hierzu ist die Bundespräsidentin aber nach Art. 82 I GG grundsätzlich verpflichtet. Ob dies ausnahmsweise anders ist, wenn das auszufertigende Gesetz verfassungswidrig ist, d.h. der Bundespräsidentin ein Prüfungsrecht zusteht, ist eine Frage der Begründetheit.

hemmer-Methode: Sicher ist, dass dem Bundespräsidenten kein politisches „Prüfungsrecht" zusteht[242]. Er kann also nicht deshalb die Ausfertigung verweigern, weil er das Gesetz für politisch falsch hält.
Die (politische) Entscheidung über den Inhalt der Gesetze obliegt den Organen der Gesetzgebung, d.h. Bundestag und Bundesrat.

Da die Pflicht zur Ausfertigung grundsätzlich besteht, kann der Bundestag eine Verletzung seiner Rechte gem. Art. 76 ff., 82 I GG geltend machen. Er ist antragsbefugt.

e) Form und Frist

Form und Frist (§ 64 II, III BVerfGG) müssten eingehalten werden. Hiervon ist auszugehen.

---

[241] Hemmer/Wüst, Staatsrecht II, Rn. 8.

[242] Hemmer/Wüst, Grundwissen Staatsrecht, Rn. 317.

2. Begründetheit

Der Organstreit ist begründet, wenn die Unterlassung der Bundespräsidentin die Rechte des Bundestags aus Art. 76 ff., 82 I GG verletzt.

Gem. Art. 82 I GG ist der Bundespräsident zur Ausfertigung und Verkündung der Gesetze verpflichtet. Fraglich ist jedoch, ob dies ausnahmslos gilt, oder ob der Bundespräsident dies bei verfassungswidrigen Gesetzen verweigern kann.

Dies ist die Frage nach dem **Prüfungsrecht des Bundespräsidenten** bei Gesetzen.

Dies ist im Grundgesetz nicht ausdrücklich geregelt. Art. 82 I GG spricht lediglich davon, dass der Bundespräsident die Gesetze ausfertigt und verkündet, „die nach den Vorschriften dieses Grundgesetzes zustande gekommen" sind.

a) Formelles Prüfungsrecht des Bundespräsidenten

Hierin wird nach allg. Meinung ein formelles Prüfungsrecht des Bundespräsidenten angenommen. Der Bundespräsident kann überprüfen, ob das Gesetz formell verfassungswidrig ist, und die Ausfertigung und Verkündung verweigern, wenn dies tatsächlich so ist.

Hierzu gehört die Zuständigkeit des Bundes für die Gesetzgebung[243] gem. Art. 70 ff. GG, sowie das ordnungsgemäße Verfahren der Gesetzgebung nach Art. 76, 77 GG.

Dieses umfasst zum einen die Gesetzesinitiative, die gem. Art. 76 I GG der Bundesregierung, den Abgeordneten des Bundestags („aus der Mitte des Bundestags"), und dem Bundesrat zusteht.

Zum anderen ist dies das in den Art. 76, 77 GG beschriebene Verfahren mit Beteiligung von Bundestag, Bundesrat und Bundesregierung.

Im vorliegenden Fall ist die Bundespräsidentin jedoch nicht wegen ihres formellen Prüfungsrechts zur Verweigerung von Ausfertigung und Verkündung berechtigt. Denn das Gesetz ist formell verfassungsgemäß.

Die Zuständigkeit des Bundes für die Änderung des Grundgesetzes ergibt sich, wenn man sie nicht schon aus Art. 79 I, II GG entnimmt, jedenfalls kraft Natur der Sache. Denn die Änderung des Grundgesetzes kann begriffsnotwendig nur durch den Bund selbst erfolgen.

Zudem ist von der Ordnungsmäßigkeit des Verfahrens bei der Gesetzgebung laut Sachverhalt auszugehen. Insbesondere ist auch das spezielle Mehrheitserfordernis für Änderungen des Grundgesetzes gem. Art. 79 II GG von zwei Dritteln der Mitglieder von Bundestag und Bundesrat gewahrt.

b) Materielles Prüfungsrecht des Bundespräsidenten?

Umstritten ist jedoch, ob dem Bundespräsidenten auch ein materielles Prüfungsrecht zusteht, mit der Konsequenz, dass er die Ausfertigung und Verkündung eines Gesetzes verweigern kann, wenn es materiell verfassungswidrig ist.

Aus dem Wortlaut des Art. 82 I GG ist diese Frage nicht eindeutig zu beantworten. Mit der Formulierung „zustande gekommen" können sowohl nur formelle Aspekte, aber auch das gesamte Verfassungsrecht gemeint sein.

---

[243] Jarass/Pieroth, Art. 82 GG, Rn. 3.

aa) Art. 78 GG

Allerdings wird in Art. 78 GG eine beinahe identische Formulierung gewählt („kommt zustande"). In dieser Vorschrift sind ohne Zweifel nur formelle Vorschriften, nämlich die dort genannten, gemeint. Art. 82 I GG könnte daher entsprechend auszulegen sein.

Die systematische Auslegung spricht insoweit gegen die Annahme eines materiellen Prüfungsrechts.

bb) Funktion des BVerfG

Aus der Stellung und Funktion des BVerfG lässt sich hingegen wenig herleiten zu der Frage, ob dem Bundespräsidenten dieses Prüfungsrecht zusteht. Richtig ist zwar, dass nach dem Grundgesetz das BVerfG zur letztverbindlichen Entscheidung über die Verfassungsmäßigkeit von Gesetzen berufen ist, wie sich aus den Vorschriften über die abstrakte Normenkontrolle (Art. 93 I Nr. 2 GG) wie auch der konkreten Normenkontrolle (Art. 100 I GG) entnehmen lässt[244].

Diese Stellung des BVerfG würde jedoch durch die Annahme eines umfassenden Prüfungsrechts des Bundespräsidenten **nicht eingeschränkt**. Die Befugnis des BVerfG zur letztverbindlichen Entscheidung würde dadurch nicht berührt.

Denn das BVerfG ist auch für die Entscheidung über Streitigkeiten zwischen den Verfassungsorganen berufen (Art. 93 I Nr. 1 GG). Wie im hier vorliegenden Fall, entscheidet das BVerfG dann über einen Organstreit gegen den Bundespräsidenten, der sein Prüfungsrecht ausübt.

cc) Amtseid des Bundespräsidenten (Art. 56 GG)

Ebenso lässt sich aus dem Amtseid des Bundespräsidenten nichts über die Frage eines Prüfungsrechts gewinnen[245].

Zwar verpflichtet ihn dieser zur Wahrung des Grundgesetzes.

Diese Pflicht obliegt jedoch allen Verfassungsorganen, und nicht nur diesen, sondern jeder Staatsgewalt. Dabei hat jedes Organ seine spezifischen Zuständigkeiten (Kompetenzen), innerhalb derer es die Verfassung zu beachten hat.

Eine Verpflichtung und ein daraus folgendes Recht eines Organs, im Verhältnis zu anderen Verfassungsorganen das Grundgesetz zu wahren, muss sich daher aus dem Grundgesetz selbst ergeben, nicht schon aus der bloßen Existenz des Organs.

Ob der Bundespräsident bei der Aufgabe, Gesetze auszufertigen und zu verkünden, auch dazu befugt ist, deren Verfassungsmäßigkeit zu überprüfen, ist jedoch gerade die Frage, um die es hier geht.

dd) Präsidentenanklage Art. 61 GG

Das Gleiche wird man hinsichtlich der Möglichkeit einer Präsidentenanklage (Art. 61 GG) feststellen müssen. Zwar ergibt sich hieraus, dass der Bundespräsident nicht das Grundgesetz oder ein anderes Bundesgesetz vorsätzlich verletzen darf.

Hieraus folgen jedoch keine Konsequenzen für ein Prüfungsrecht oder eine Prüfungspflicht des Bundespräsidenten i.R.d. Art. 82 I GG.

244 Hemmer/Wüst, Grundwissen Staatsrecht, Rn. 322.

245 Hemmer/Wüst, Grundwissen Staatsrecht, Rn. 321.

Ein Gesetz mag verfassungswidrig sein, und deshalb eine Verletzung des Grundgesetzes darstellen. Dadurch haben die Organe, die über den Inhalt des Gesetzes entschieden haben, die Verfassung verletzt (d.h. der Bundestag und ggf. der Bundesrat).

Eine andere Frage ist jedoch, ob der Bundespräsident das Grundgesetz verletzt, wenn er ein verfassungswidriges Gesetz ausfertigt und verkündet, und er deshalb - bei Vorsatz - gem. Art. 61 GG angeklagt werden könnte.

Aus Art. 61 GG auf ein Prüfungsrecht zu schließen, wäre daher ebenso ein Zirkelschluss wie im Zusammenhang mit Art. 56 GG (Amtseid).

ee) Stellung des Bundespräsidenten im Grundgesetz

Z.T. wird gegen ein materielles Prüfungsrecht eingewandt, dass dies der sonstigen Stellung des Bundespräsidenten im Grundgesetz widersprechen würde.

Dieser habe fast keine politischen Entscheidungsbefugnisse, sondern sei auf die bloß repräsentative Funktion als Staatsoberhaupt sowie als „Staatsnotar“ beschränkt[246].

Zu diesen gehören die völkerrechtliche Vertretung und der Abschluss der Verträge mit auswärtigen Staaten gem. Art. 59 I GG, die Ernennung des Bundeskanzlers (Art. 63 II S. 2 GG), der Bundesminister (Art. 64 I GG) und der Bundesbeamten und Soldaten (Art. 60 GG).

Hierbei hat der Bundespräsident keine eigenständigen Entscheidungsbefugnisse. Vielmehr entscheiden andere Organe, und der Bundespräsident „vollzieht“ diese lediglich.

[246] Degenhart, Rn. 553, 555.

Einzige echte politische Befugnisse des Bundespräsidenten bestehen bei der Wahl des Bundeskanzlers mit relativer Mehrheit gem. Art. 63 IV S. 3 GG sowie bei der Auflösung des Bundestags gem. Art. 68 GG bei Verlust der Vertrauensfrage des Bundeskanzlers.

hemmer-Methode: I.R.d. Art. 68 GG ist allerdings die Entscheidungsbefugnis des Bundespräsidenten wiederum nach der Rspr. des BVerfG erheblich eingeschränkt. Die Befugnis zur Auflösung des Bundestags besteht nur bei entsprechendem Vorschlag des Bundeskanzlers, vgl. Art. 68 I S. 1 GG. Dem Bundeskanzler steht jedoch dabei eine „Einschätzungsprärogative“ zu, d.h. der Bundespräsident hat dessen Vorschlag grundsätzlich zu folgen[247].

Aus dieser ganz überwiegend lediglich repräsentativen Position des Bundespräsidenten kann jedoch nicht geschlossen werden, dass jegliche Befugnisse grundsätzlich „eng“ auszulegen sind.

Demnach kann aus der Stellung des Bundespräsidenten im Grundgesetz nicht gegen ein materielles Prüfungsrecht argumentiert werden[248].

ff) Stellung des Bundespräsidenten als Verfassungsorgan

Gem. Art. 20 III GG ist der Bundespräsident wie jedes andere Staatsorgan an die Verfassung gebunden.

[247] BVerfGE 62, 1, 50; Degenhart, Rn. 535, 571.
[248] Hemmer/Wüst, Staatsrecht II, Rn. 222.

Unabhängig von der im Einzelnen bestehenden Kompetenzverteilung unter den Verfassungsorganen kann angenommen werden, dass ein **Verfassungsorgan nicht verpflichtet sein kann, zu einem offensichtlichen Verfassungsbruch beizutragen**.

Daher ist mit der h.M.[249] das Recht des Bundespräsidenten zu einer sog. **Evidenzkontrolle** anzunehmen. Er muss zumindest ein **offensichtlich verfassungswidriges Gesetz** nicht ausfertigen und verkünden. Eine derartige Verpflichtung wäre mit der Stellung als Verfassungsorgan nicht vereinbar.

Dabei ist auch zu berücksichtigen, dass der Bundespräsident nicht die Möglichkeit hat, das Gesetz durch das BVerfG überprüfen zu lassen, da er nicht parteifähig i.R.d. abstrakten Normenkontrolle nach Art. 93 I Nr. 2 GG ist[250].

hemmer-Methode: Hieraus könnte jedoch auch gegen das materielle Prüfungsrecht argumentiert werden. Denn das Prüfungsrecht führt letztlich dazu, dass der Bundespräsident eine Überprüfung des Gesetzes durch das BVerfG vor dessen Inkrafttreten veranlassen kann, wenn der Bundestag einen Organstreit anstrengt. Dennoch sollten Sie schon aus klausurtaktischen Gründen jedenfalls der vermittelnden Ansicht (Evidenzkontrolle) folgen, damit sie zur Prüfung der Verfassungsmäßigkeit des Gesetzes kommen! Anders als im wirklichen Leben gilt es: Probleme schaffen, nicht wegschaffen!

[249] Degenhart, Rn. 566; Jarass/Pieroth, Art. 82 GG, Rn. 3.

[250] Hemmer/Wüst, Grundwissen Staatsrecht, Rn. 323.

c) Materielle Verfassungsmäßigkeit des Gesetzes

Der Bundespräsident kann daher Ausfertigung und Verkündung jedenfalls dann verweigern, wenn das Gesetz offensichtlich verfassungswidrig ist.

Es ist daher die (materielle) Verfassungsmäßigkeit des Gesetzes zu prüfen.

aa) Verfassungswidriges Verfassungsrecht?

Es handelt sich jedoch nicht um ein einfaches Gesetz, sondern um ein verfassungsänderndes Gesetz, mit dem die Vorschriften des Grundgesetzes geändert wurden, die eine Zustimmung des Bundesrats zu den Bundesgesetzen regeln. Fraglich ist, an welchem Maßstab ein solches verfassungsänderndes Gesetz zu prüfen ist.

Prüfungsmaßstab für jegliches Recht kann stets nur höherrangiges Recht sein. Ein „Verstoß“ ist nur denkbar, wenn es sich um höherrangiges Recht handelt. Gegen gleichrangiges Recht kann eine Regelung niemals verstoßen, sie kann dieser allenfalls widersprechen, was zu einer Verdrängung einer der Vorschriften nach den Grundsätzen des spezielleren oder des späteren Rechts führt.

Ein verfassungsänderndes Gesetz ist selbst (neues) Verfassungsrecht und daher gleichrangig mit dem („alten“) Grundgesetz. Fraglich ist daher, ob eine Verfassungsänderung überhaupt irgendwelchen Bindungen unterliegt. Dies ist die Frage nach **verfassungswidrigem Verfassungsrecht**.

Genau diese Frage regelt **Art. 79 III GG**. Diese Vorschrift betrifft den Fall von Verfassungsänderungen und unterwirft diese bestimmten Bindungen.

Ist Art. 79 III GG verletzt, so liegt der Fall verfassungswidrigen Verfassungsrechts vor.

Art. 79 III GG hebt bestimmte Vorschriften des Grundgesetzes heraus und macht sie einer Änderung unzugänglich. Art. 79 III GG beinhaltet daher eine **Ewigkeitsgarantie** zugunsten der dort genannten Prinzipien.

Danach sind die Gliederung des Bundes in Länder (und damit weitgehend das Bundesstaatsprinzip), die grundsätzliche Mitwirkung der Länder bei der Gesetzgebung sowie die in den Art. 1 GG **und** Art. 20 GG (nicht: 1 bis 20) niedergelegten Grundsätze unabänderlich.

bb) Grds. Mitwirkung der Länder bei der Gesetzgebung, Art. 79 III GG

Durch die Verfassungsänderung könnte die **grundsätzliche Mitwirkung der Länder bei der Gesetzgebung** berührt sein. Diese beinhaltet, dass die Länder bei der Gesetzgebung des Bundes mitwirken, d.h. bei den Bundesgesetzen

hemmer-Methode: Auch eigene Zuständigkeiten der Länder zur Gesetzgebung sollen hiervon umfasst sein[251]. Dies ist aber nicht notwendig, da dies schon durch Art. 79 III G i.V.m. dem Bundesstaatsprinzip gem. Art. 20 I GG geschützt ist, denn zu der Staatsqualität der Länder gehört die eigene Gesetzgebung.

Dies erfolgt nach dem Grundgesetz in der Form des Bundesrats (vgl. Art. 50 GG), in dem die Länder durch ihre Regierungen vertreten sind, Art. 51 I GG.

Der Bundesrat wirkt nach Art. 77 GG bei der Gesetzgebung des Bundes mit, darüber hinaus gem. Art. 80 II GG an bestimmten Rechtsverordnungen. Bei der Gesetzgebung ist zwischen Einspruchs- und Zustimmungsgesetzen zu unterscheiden. Bei ersteren verbleibt die endgültige Entscheidung über das Gesetz beim Bundestag, während Zustimmungsgesetze nur mit der Zustimmung des Bundesrats zustande kommen[252].

Durch die Verfassungsänderung werden nun fast alle Zustimmungserfordernisse abgeschafft. Dies führt dazu, dass es in Zukunft (fast) nur noch Einspruchsgesetze geben wird, und daher die tatsächlichen Einflussmöglichkeiten des Bundesrats erheblich herabgesetzt sind.

Wie sich in der Vergangenheit gezeigt hat, werden in Konfliktfällen die Gesetze, die lediglich Einspruchsgesetze sind, auch in aller Regel durch den Bundestag gegen den Willen des Bundesrats durchgesetzt.

Art. 79 III GG spricht jedoch lediglich von der „Mitwirkung", und diese muss auch nur grundsätzlich gegeben sein. Dabei ist jedenfalls nicht der gegenwärtige Umfang der Mitwirkung geschützt[253].

Zudem bedeutet die Formulierung „Mitwirkung" lediglich eine Beteiligung bei der Gesetzgebung, etwa in Form des Initiativrechts (Art. 76 I GG) und der Möglichkeit der Befassung und Stellungnahme mit Gesetzesentwürfen, wie dies in Art. 76, 77 GG vorgesehen ist.

Mitwirkung bedeutet nicht, dass die Zustimmung zu bestimmten Vorhaben erforderlich sein muss.

[251] Degenhart, Rn. 693.

[252] Dazu näher Fall 32.

[253] Jarass/Pieroth, Art. 79 GG, Rn. 9.

Es beinhaltet kein „Veto-Recht“, wie dies dem Bundesrat gegenwärtig bei den Zustimmungsgesetzen zusteht[254].

Art. 79 III GG erfordert daher nicht, dass bestimmte Bundesgesetze von der Zustimmung des Bundesrats und damit der Mehrheit der Länder abhängig sind. Die grundsätzliche Mitwirkung der Länder bei der Gesetzgebung ist nicht in Frage gestellt. Insoweit verstößt die Verfassungsänderung nicht gegen Art. 79 III GG.

hemmer-Methode: Möglich wäre sogar, einen Teil der Bundesgesetze in einem neuen Verfahren völlig ohne Beteiligung des Bundesrats beschließen zu lassen, denn Art. 79 III GG fordert nur die „grundsätzliche“ Mitwirkung. Dies dürfte allerdings quantitativ und qualitativ nur in geringem Ausmaß zulässig sein.

cc) Grundsätze des Bundesstaats gem. Art. 79 III GG i.V.m. Art. 20 I GG

Durch die Abschaffung der Zustimmungserfordernisse könnte das Bundesstaatsprinzip verletzt sein, das in seinen „Grundsätzen“ von Art. 79 III GG geschützt ist.

Denn in den wichtigen Bereichen der Verwaltungsorganisation (Art. 84 I, 85 I GG) und der Finanzen (Art. 104a III S. 3, 105 III GG) ist dann keine Zustimmung des Bundesrats mehr erforderlich.

Fraglich ist jedoch, ob dies das Bundesstaatsprinzip berührt. Denn dieses garantiert v.a. die **Staatsqualität der Länder**.

Danach müssen den Ländern **substantielle Befugnisse** im Bereich aller drei Staatsfunktionen Gesetzgebung, Verwaltung und Rechtsprechung zustehen. Zudem muss den Ländern die unabhängige Ausübung dieser Staatsgewalt zustehen[255].

Nicht von der Staatsqualität der Länder erfasst wird aber deren Mitwirkung bei der Gesetzgebung des Bundes. Die Staatlichkeit der Länder garantiert deren eigene, unabhängige Ausübung von Staatsgewalt, und schützt diese vor Entzug und Aushöhlung, nicht aber die Mitwirkung an der Ausübung von Staatsgewalt des Bundes über den Bundesrat[256].

Dies wird schon daraus deutlich, dass dem einzelnen Land insoweit auch bei Zustimmungsgesetzen keine eigenständigen Befugnisse zustehen. Denn einzelne Länder können überstimmt werden. Nur die Mehrheit des Bundesrats gem. Art. 51 II, 52 III S. 1 GG und damit eine Mehrzahl von Ländern kann tatsächlich Befugnisse ausüben und das Bundesgesetz verhindern.

Dass die Mitwirkung an der Gesetzgebung des Bundes nicht vom Bundesstaatsprinzip umfasst ist, wird auch in Art. 79 III GG deutlich. Dieser geht gerade vom Gegenteil aus, indem er die Mitwirkung an der Gesetzgebung ausdrücklich erwähnt, neben der „Gliederung des Bundes in Länder“ und dem Verweis auf die Grundsätze des Art. 20 GG.

Dies bedeutet, dass die Frage, ob gegen das Bundesstaatsprinzip bzw. dessen Grundsätze (vgl. Art. 79 III GG) verstoßen wird, unabhängig davon ist, in welchem Umfang den Ländern eine Mitwirkung bei der Bundesgesetzgebung eingeräumt ist.

---

254 A.A. vertretbar, vgl. dazu v. Münch/Kunig, Art. 79 GG, Rn. 32.

255 Degenhart, Rn. 99.

256 Degenhart a.a.O.

Würde man die verfassungsrechtliche Lage nach der Verfassungsänderung als Verstoß gegen Art. 79 III GG i.V.m. Art. 20 I GG ansehen, so wäre dies auch schon vorher der Fall gewesen.

Staatsqualität bedeutet, dass den Ländern substantielle Staatsgewalt zusteht, und dass sie diese unabhängig ausüben.

Dies bedeutet nicht Teilhabe an der Staatsgewalt des Bundes. Ein Mangel an „Staatsqualität" kann daher nicht durch vermehrte Mitwirkung an der Bundesstaatsgewalt kompensiert werden.

hemmer-Methode: A.A. vertretbar, d.h. dass eigene Staatsgewalt der Länder durch die Mitwirkung an der Bundesgesetzgebung ersetzt wird[257]. Dass die Entwicklung in den vergangenen Jahrzehnten dahin ging, insbesondere Gesetzgebungsbefugnisse der Länder auf den Bund zu verlagern, und im Gegenzug der Bundesrat an Bedeutung gewonnen hat, hat aber auf die Auslegung des Art. 79 III GG keinen Einfluss.

Daher sind auch nicht die Grundsätze des Bundesstaats gem. Art 79 III GG i.V.m. Art. 20 I GG verletzt.

hemmer-Methode: Eine Auseinandersetzung in diesem Umfang wird in einer Klausur von Ihnen nicht erwartet. Sie dient hier auch der Darstellung des Bundesstaatsprinzips[258].

Es liegt kein verfassungswidriges Verfassungsrecht vor.

Das verfassungsändernde Gesetz ist nicht verfassungswidrig. Daher durfte die Bundespräsidentin nicht dessen Ausfertigung verweigern.

Sie hat dadurch die Rechte des Bundestags aus Art. 76 ff., 82 I GG verletzt. Der Organstreit ist begründet.

3. Ergebnis

Der Bundestag kann erfolgreich vor dem BVerfG vorgehen.

IV. Zusammenfassung

- Der **Bundespräsident** kann die Ausfertigung und Verkündung eines Gesetzes (Art. 82 I GG) verweigern, wenn das Gesetz formell verfassungswidrig ist (**formelles Prüfungsrecht**). Ein **materielles Prüfungsrecht** ist str., wird aber von der h.M. bejaht.
- Für Verfassungsänderungen gilt die **„Ewigkeitsgarantie" des Art. 79 III GG**. Bei einem Verstoß gegen diese Bestimmung liegt verfassungswidriges Verfassungsrecht vor.

Sound: Der Bundespräsident hat ein formelles (unstr.) und nach h.M. auch ein materielles Prüfungsrecht i.R.d. Art. 82 I GG.

---

[257] Vgl. dazu v. Münch/Kunig, Art. 79 GG, Rn. 31.

[258] Vgl. auch Fall 24.

hemmer-Methode: Mit dem Verweis auf Art. 20 GG werden die Staatsstrukturprinzipien (Republik, Demokratie, Bundesstaat, Rechtsstaat, Sozialstaat) erfasst. Art. 1 GG beinhaltet insbesondere die Menschenwürde. Die einzelnen Grundrechte der Art. 2 - 19 GG sind nicht erfasst. Aber deren Kernsubstanz wird z.T. zugleich als Teil der Menschenwürde angesehen, d.h. der Menschenwürdegehalt der Grundrechte ist über Art. 79 III GG geschützt[259]. Demgemäß sind die Grundrechte in diesem Umfang auch gegenüber der verfassungsändernden Gesetzgebung geschützt. Art. 79 III GG kann Ihnen in der Klausur auch über die Änderung des sog. primären Unionsrechts, d.h. insbesondere des EUV, begegnen. Hier verweist Art. 23 I S. 3 GG auf Art. 79 III GG: Auch eine Verfassungsänderung über die Hintertür, Kompetenzen auf die EG zu übertragen, ist der sog. Ewigkeitsklausel unterworfen!

V. Zur Vertiefung

Zum Bundespräsidenten

- Hemmer/Wüst, Grundwissen Staatsrecht, Rn. 307 ff.

Zu verfassungsändernden Gesetzen

- Hemmer/Wüst, Grundwissen Staatsrecht, Rn. 361.

[259] Hemmer/Wüst, Staatsrecht II, Rn. 180; Degenhart, Rn. 694.

Die Zahlen beziehen sich auf die Nummern der Fälle.

A

B

C

D

E

F

U

V

W

Z

hemmer/wüst
Verlagsgesellschaft mbH

Mergentheimer Str. 44 / 97082 Würzburg
Tel.: 09 31 /7 97 82 38 / Fax: 09 31/7 97 82 40

Internet: www.hemmer-shop.de

ihe intelligentes Lernen

Grundwissen für Anfangssemester

Nr.	Anzahl	Titel	Auflage/Jahr/Euro
10 (111.10)	___	BGB-AT Theorieband zu den wicht. Fällen	4.A/11 · 6,90
11 (111.11)	___	SchuldR-AT Theorieband zu den wicht. Fällen	4.A/10 · 6,90
12 (111.12)	___	SchuldR-BT I Theorieband zu den wicht. Fällen	5.A/12 · 6,90
13 (111.13)	___	SchuldR-BT II Theoriebd. zu den wicht. Fällen	4.A/11 · 6,90
14 (111.14)	___	MobiliarsachenR Theoriebd. zu den wicht. Fällen	4.A/11 · 6,90
15 (111.15)	___	ImmobiliarsachenR Theoriebd. zu den wicht. Fällen	3.A/11 · 6,90
20 (112.20)	___	Strafrecht AT Theorieband zu den wicht. Fällen	4.A/11 · 6,90
21 (112.21)	___	Strafrecht BT Theorieband zu den wicht. Fällen	3.A/11 · 6,90
30 (113.30)	___	StaatsR Theorieband zu den wicht. Fällen	4.A/11 · 6,90
31 (113.31)	___	VerwaltungsR Theorieband zu den wicht. Fällen	5.A/12 · 6,90

Die wichtigsten Fälle

Nr.	Anzahl	Titel	Auflage/Jahr/Euro
(115.20)	___	**Sonderband:** Der Streit- und Meinungsstand im neuen Schuldrecht	4.A/09 · 14,80
(115.21)	___	76 Fälle - BGB AT	6.A/11 · 12,80
(115.22)	___	55 Fälle - Schuldrecht AT	7.A/12 · 12,80
(115.23)	___	51 Fälle - Schuldrecht BT - Kauf/WerkV	7.A/12 · 12,80
(115.24)	___	42 Fälle - GoA/Bereicherungsrecht	6.A/11 · 12,80
(115.25)	___	45 Fälle - Deliktsrecht	5.A/10 · 12,80
(115.26)	___	44 Fälle - Verwaltungsrecht	6.A/10 · 12,80
5 (115.45)	___	30 Fälle - Verwaltungsrecht BT Bayern	2.A/11 · 12,80
(115.27)	___	32 Fälle - Staatsrecht	8.A/12 · 12,80
(115.28)	___	34 Fälle - Strafrecht AT	7.A/11 · 12,80
(115.29)	___	44 Fälle Strafrecht BT I - Vermögensd.	7.A/11 · 12,80
0 (115.30)	___	44 Fälle Strafrecht BT II - Nicht-Vermögensd.	6.A/11 · 12,80
1 (115.31)	___	50 Fälle - Sachenrecht I	5.A/10 · 12,80
2 (115.32)	___	43 Fälle - Sachenrecht II ImmobiliarSR	6.A/11 · 12,80
3 (115.33)	___	40 Fälle - ZPO I - Erkenntnisverfahren	5.A/11 · 12,80
4 (115.34)	___	25 Fälle - ZPO II - Zwangsvollstreckungsverf.	4.A/10 · 12,80
5 (115.35)	___	35 Fälle - Handelsrecht	5.A/11 · 12,80
6 (115.36)	___	36 Fälle - Erbrecht	4.A/10 · 12,80
7 (115.37)	___	26 Fälle - Familienrecht	5.A/11 · 12,80
8 (115.38)	___	32 Fälle - Gesellschaftsrecht	4.A/11 · 12,80
9 (115.39)	___	39 Fälle - Arbeitsrecht	4.A/10 · 12,80
0 (115.40)	___	35 Fälle - Strafprozessrecht	3.A/10 · 12,80
1 (115.41)	___	23 Fälle - Europarecht	3.A/11 · 12,80
2 (115.42)	___	10 Fälle - Musterkl. Examen ZivilR	5.A/11 · 14,80
3 (115.43)	___	10 Fälle - Musterkl. Examen StrafR	5.A/11 · 14,80
4 (115.44)	___	8 Fälle - Musterkl. Examen SteuerR	6.A/10 · 14,80

Skripten Basics (110)

Nr.	Anzahl	Titel	Auflage/Jahr/Euro
(0011)	___	Zivilrecht I - BGB AT u.vertragl. SchuldV	8.A/09 · 14,80
(0012)	___	Zivilrecht II - Sachenrecht/gesetzl. SV	6.A/10 · 14,80
(0013)	___	Zivilrecht III - FamilienR/ErbR	5.A/10 · 14,80
(0014)	___	Zivilrecht IV - ZivilprozessR	6.A/11 · 14,80
(0015)	___	Zivilrecht V - Handels-/GesellschR	5.A/10 · 14,80
(0016)	___	Zivilrecht VI - ArbeitsR	4.A/11 · 14,80
)032)	___	Strafrecht	5.A/08 · 14,80
1 (0035)	___	Öffentliches Recht I - VerfassR/StaatsHR	5.A/12 · 14,80
2 (0036)	___	Öffentliches Recht II - VerwaltungsR	5.A/09 · 14,80
(0004)	___	Steuerrecht - EstG & AO	7.A/09 · 14,80
)005)	___	Europarecht	6.A/11 · 14,80

Skripten Zivilrecht (120)

Nr.	Anzahl	Titel	Auflage/Jahr/Euro
1 (0001)	___	BGB-AT I, Ensteh.d.Primäranspruchs	11.A/10 · 14,80
2 (0002)	___	BGB-AT II, Scheitern des Primäranspr.	11.A/10 · 14,80
3 (0003)	___	BGB-AT III, Erlösch.d. Primäranspruchs	11.A/11 · 14,80
4 (0004)	___	Schadensersatzrecht I	7.A/10 · 14,80
5 (0005)	___	Schadensersatzrecht II	5.A/08 · 14,80
6 (0006)	___	Schadensersatzrecht III (§§ 249 ff.)	10.A/12 · 14,80
7 (0007)	___	Verbraucherschutzrecht	2.A/09 · 14,80
51 (0051)	___	Schuldrecht I	7.A/10 · 14,80
52 (0052)	___	Schuldrecht II	7.A/10 · 14,80
53 (0053)	___	Schuldrecht III	7.A/12 · 14,80
8 (0008)	___	Bereicherungsrecht	12.A/10 · 14,80
9 (0009)	___	Deliktsrecht I	11.A/11 · 14,80
10 (0010)	___	Deliktsrecht II	8.A/09 · 14,80
11 (0011)	___	Sachenrecht I	10.A/10 · 14,80
12 (0012)	___	Sachenrecht II	9.A/11 · 14,80
12A (0012A)	___	Sachenrecht III	10.A/11 · 14,80
13 (0013)	___	Kreditsicherungsrecht	9.A/10 · 14,80
14 (0014)	___	Familienrecht	11.A/11 · 14,80
15 (0015)	___	Erbrecht	10.A/10 · 14,80
16 (0016)	___	Zivilprozessrecht I	11.A/12 · 14,80
17 (0017)	___	Zivilprozessrecht II	10.A/11 · 14,80
18 (0018)	___	Arbeitsrecht	13.A/11 · 16,80
19A (0019A)	___	Handelsrecht	9.A/10 · 14,80
19B (0019B)	___	Gesellschaftsrecht	11.A/11 · 14,80
31 (0031)	___	Herausgabeansprüche	5.A/08 · 14,80
32 (0032)	___	Rückgriffsansprüche	6.A/09 · 14,80

Skripten Strafrecht (120)

Nr.	Anzahl	Titel	Auflage/Jahr/Euro
20 (0020)	___	Strafrecht AT I	10.A/10 · 14,80
21 (0021)	___	Strafrecht AT II	10.A/10 · 14,80
22 (0022)	___	Strafrecht BT I	10.A/10 · 14,80
23 (0023)	___	Strafrecht BT II	10.A/11 · 14,80
30 (0030)	___	Strafprozessordnung	9.A/10 · 14,80

Skripten Öffentliches Recht (120/130)

Nr.	Anzahl	Titel	Auflage/Jahr/Euro
24 (0024)	___	Verwaltungsrecht I	10.A/10 · 14,80
25 (0025)	___	Verwaltungsrecht II	10.A/11 · 14,80
26 (0026)	___	Verwaltungsrecht III	10.A/10 · 14,80
27 (0027)	___	Staatsrecht I	10.A/11 · 14,80
28 (0028)	___	Staatsrecht II	8.A/10 · 14,80
29 (0029)	___	Europarecht	10.A/11 · 16,80
40 (0040)	___	Staatshaftungsrecht	3.A/11 · 14,80
33 (01.0033)	___	Baurecht/Bayern	9.A/10 · 14,80
33 (02.0033)	___	Baurecht/Nordrhein-Westfalen	8.A/11 · 14,80
33 (03.0033)	___	Baurecht/Baden-Württembg.	2.A/09 · 14,80
33 (04.0033)	___	Baurecht/Hessen	1.A/09 · 14,80
33 (06.0033)	___	Baurecht/Saarland	1.A/08 · 14,80
34 (01.0034)	___	Polizei- u. Sicherheitsrecht/Bayern	9.A/11 · 14,80
34 (02.0034)	___	Polizei- u. Ordnungsrecht/NRW	5.A/12 · 14,80
34 (03.0034)	___	Polizeirecht/Baden-Württembg.	3.A/11 · 14,80
34 (04.0034)	___	Polizei- u. Ordnungsrecht/Hessen	1.A/10 · 14,80
34 (05.0034)	___	Polizei- u. Ordnungsrecht/Rheinl.-Pfalz	1.A/11 · 14,80
34 (06.0034)	___	Polizei- u. Sicherheitsrecht/Saarland	1.A/09 · 14,80
35 (01.0035)	___	Kommunalrecht/Bayern	8.A/10 · 14,80
35 (02.0035)	___	Kommunalrecht/NRW	8.A/11 · 14,80
35 (03.0035)	___	Kommunalrecht/Baden-Württembg.	3.A/09 · 14,80

hemmer/wüst
Verlagsgesellschaft mbH
Mergentheimer Str. 44 / 97082 Würzbu
Tel.: 09 31 /7 97 82 38 / Fax: 09 31/7 97 82
Internet: www.hemmer-shop.de

Reihe intelligentes Lernen

Lexikon/Definitionen

	Anzahl		Auflage/Jahr/Euro
D1 (0044)	_____	Definitionen Strafrecht - schnell gemerkt	3.A/11 · 14,80
D1 (4002)	_____	Legal terms für Juristen - Fachwörterbuch Englisch - Deutsch	1.A/11 · 19,80

Skripten Schwerpunkt (120)

	Anzahl		Auflage/Jahr/Euro
P1 (0039)	_____	Kriminologie	5.A/10 · 16,80
P2 (0036)	_____	Völkerrecht	7.A/08 · 16,80
P3 (0037)	_____	Internationales Privatrecht	5.A/05 · 16,80
P4 (0055)	_____	Kapitalgesellschaftsrecht	4.A/09 · 16,80
P7 (0058)	_____	Rechtsgeschichte I	2.A/07 · 16,80
P8 (0059)	_____	Rechtsgeschichte II	1.A/04 · 16,80
P11 (0062)	_____	Rechts- und Staatsphilosophie sowie Rechtssoziologie	2.A/11 · 16,80
P12 (0063)	_____	Insolvenzrecht	2.A/09 · 16,80
P13 (0064)	_____	Wasser- und ImmissionsschutzR	1.A/08 · 16,80

Skripten Steuerrecht (120)

	Anzahl		Auflage/Jahr/Euro
38 (0038)	_____	Steuererklärung leicht gemacht	4.A/04 · 14,80
42 (0042)	_____	Abgabenordnung	7.A/09 · 16,80
43 (0043)	_____	Einkommensteuerrecht	7.A/11 · 21,80

Skripten für BWL´er, WiWi & Steuerberater

	Anzahl		Auflage/Jahr/Euro
W1 (18.01)	_____	PrivatR f. BWL'er, WiWi & Steuerberat	7.A.11 · 14,80
W2 (18.02)	_____	Ö-Recht f. BWL'er, WiWi & Steuerberat	4.A.12 · 14,80
W3 (18.03)	_____	Musterklausuren für´s Vordiplom PrivatR	2.A.04 · 14,80
W4 (18.04)	_____	Musterklausuren für´s Vordiplom Ö-R	1.A/00 · 14,80
WF1 (118.01)	___	Die 74 wicht. Fälle (BGB AT, SchuldR AT/BT)	3.A/11 · 14,80
WF2 (118.02)	___	Die 44 wicht. Fälle (GoA, BerR, GesR, ...)	1.A/06 · 14,80

Basics Karteikarten

	Anzahl		Auflage/Jahr/Euro
BK1 (2001)	___	Basics - Zivilrecht	5.A/10 · 12,80
BK2 (2002)	___	Basics - Strafrecht	3.A/09 · 12,80
BK3 (2003)	___	Basics - Öffentliches Recht	3.A/07 · 12,80

Karteikarten Zivilrecht

	Anzahl		Auflage/Jahr/Euro
KK1 (2201)	_____	BGB-AT I	7.A/11 · 14,80
KK2 (2202)	_____	BGB-AT II	6.A/11 · 14,80
KK3 (22031)	____	Schuldrecht AT I	7.A/10 · 14,80
KK4 (22032)	____	Schuldrecht AT II	6.A/11 · 14,80
KK5 (2240)	_____	Schuldrecht BT I (Kauf-u.WerkVR)	6.A/11 · 14,80
KK6 (2241)	____	Schuldrecht BT II	5.A/10 · 14,80
KK7 (2218)	_____	Arbeitsrecht	3.A/11 · 14,80
KK8 (2208)	____	Bereicherungsrecht	5.A/09 · 14,80
KK9 (2209)	____	Deliktsrecht	5.A/11 · 14,80
KK11 (2211)	___	Sachenrecht I	6.A/10 · 14,80
KK12 (2212)	___	Sachenrecht II	6.A/11 · 14,80
KK13 (2213)	___	Kreditsicherungsrecht	3.A/10 · 14,80
KK14 (2214)	___	Familienrecht	3.A/08 · 14,80
KK15 (2215)	___	Erbrecht	3.A/07 · 14,80
KK16 (2216)	___	ZPO I	5.A/10 · 14,80
KK17 (2217)	___	ZPO II	4.A/09 · 14,80
KK18 (22191)	__	Handelsrecht	4.A/11 · 14,80
KK19 (22192)	__	Gesellschaftsrecht	5.A/11 · 14,80

Die Shorties (Minikarteikarten) inkl. Box

	Anzahl		Auflage/Ja
SH1 (50.10)	_____	**Box 1:** BGB AT, Schuldrecht AT	6.A/11 ·
SH2/I (50.21)	_____	**Box 2/1:** vertragliches Schuldrecht	4.A/11 ·
SH2/II (50.22)	____	**Box 2/2:** gesetzliches Schuldrecht	4.A/11 ·
SH3 (50.30)	_____	**Box 3:** Sachenrecht, ErbR, FamR	5.A/11 ·
SH4 (50.40)	_____	**Box 4:** ZPO I/II, GesellschaftsR, HGB	4.A/11 ·
SH5 (50.50)	_____	**Box 5:** Strafrecht	6.A/11 ·
SH6 (50.60)	_____	**Box 6:** Grundrecht, StaatsOrgR, BauR, ...	5.A/11 ·

Karteikarten Strafrecht

	Anzahl		Auflage/Ja
KK20 (2220)	____	Strafrecht AT I	6.A/10 ·
KK21 (2221)	____	Strafrecht-AT II	6.A/10 ·
KK22 (2222)	____	Strafrecht-BT I	7.A/12 ·
KK23 (2223)	____	Strafrecht-BT II	6.A/10 ·
KK24 (2230)	____	StPO	4.A/10 ·

Karteikarten Öffentliches Recht

	Anzahl		Auflage/Ja
KK25 (2224)	____	Verwaltungsrecht I	6.A/10 ·
KK26 (2225)	____	Verwaltungsrecht II	4.A/09 ·
KK27 (2226)	____	Verwaltungsrecht III	5.A/11 ·
KK28 (2227)	____	Staats- u. Verfassungsrecht	7.A/10 ·
KK29 (2229)	____	Europarecht	2.A/09 ·

Überblickskarteikarten

	Anzahl		Auflage/Ja
ÜK I (2501)	_____	BGB im Überblick I	9.A/11 ·
ÜK II (25011)	_____	BGB im Überblick II (Nebengebiete)	6.A/11 ·
ÜK III (2502)	_____	StrafR im Überblick	6.A/10 ·
ÜK IV (2503)	_____	Öffentl.-R im Überblick	7.A/11 ·
ÜK V (25031)	_____	Öffentl.-R im Überblick II Bayern	6.A/11 ·
ÜK VI (25032)	____	Öffentl.-R im Überblick II NRW	2.A/08 ·
ÜK VII (2504)	____	Europarecht/Völkerrecht	3.A/10 ·

Assessor-Basics/Theoriebände (410)

	Anzahl		Auflage/Ja
A IV (0004)	_____	Die zivilrechtl. Anwaltsklausur/Teil 1	9.A/11 ·
A VII (0007)	_____	Das Zivilurteil	8.A/10 ·
A VIII (0008)	_____	Die Strafrechtskl. im Assessorexamen	6.A/11 ·
A IX (0009)	_____	Die Assessorklausur Öffentl. Recht	4.A/09 ·

Assessor-Basics/Klausurentraining

	Anzahl		Auflage/Ja
A I (0001)	______	Zivilurteile	14.A/10 ·
A II (0003)	______	Arbeitsrecht	12.A/10 ·
A III (0002)	_____	Strafrecht	10.A/11 ·
A V (0005)	______	Zivilrechtl. Anwaltsklausuren/Teil 2	9.A/11 ·
A VI (0006)	_____	Öff.rechtl. u. strafrechtl.Anwaltskl.	5.A/10 ·

Assessorkarteikarten

	Anzahl		Auflage/Ja
AK I (41.10)	_____	Zivilprozessrecht im Überblick	4.A/10 ·
AK II (41.20)	_____	Strafprozessrecht im Überblick	5.A/10 ·
AK III (41.30)	_____	Öffentliches Recht im Überblick	3.A/09 ·
AK IV (41.40)	_____	Familien- und Erbrecht im Überblick	1.A/06 ·

hemmer/wüst
Verlagsgesellschaft mbH
Mergentheimer Str. 44 / 97082 Würzburg
Tel.: 09 31 /7 97 82 38 / Fax: 09 31/7 97 82 40
Internet: www.hemmer-shop.de

Sonderprodukte

		Euro
______	**Lernkarteikartenbox (28.01)** Die praktische Lernbox für die Karteikarten	1,99
______	**Die Gesetzesbox (28.05)** Stabile Box mit Magnetverschluss für Schönfelder, Sartorius (Kunstleder)	24,80
1 ______	**Orig. Klausurenblock** Din A4, 100 Blatt einzeln	1,79
10 ______	Din A4, 80 Blatt 10er Pack	15,00
______	**Der Referendar (70.01)** 1. Aufl. 2003 Meine größten Rein-) Fälle (Format A6)	12,80
______	**Der Rechtsanwalt (70.02)** 1. Aufl. 2006 24 Monate zwischen Genie und Wahnsinn (Format A6)	12,80
______	**Der Jurist (70.03)** 1. Aufl. November 2009 Ein Lehrbuch für Leader (Format A6)	12,80
______	**Coach dich! (70.05)** Psychologischer Ratgeber, 1. Auflage, 2004	19,80
______	**Lebendiges Reden (70.06)** Psychologischer Ratgeber inkl. Audio-CD, 2. Auflage, 2008	21,80
______	**NLP für Einsteiger (71.01)** Psychologischer Ratgeber, 12. neugestaltete Auflage, 2008	12,80
______	**Prüfungen als Herausforderung (70.08)** Psychologischer Ratgeber, 1. Auflage 2011	14,80
______	**Wiederholungsmappe (75.01)** Intelligentes Lernen inkl. Übungsbuch, Mind Mapps und Kurzskript	9,90
______	**Ordner hemmer.group (88.20)** Ringbuchmappe für Einlagen, DIN A4	2,00
Pol______	**JURApolis (40.01) Spiel zu den Karteikarten** inkl. Karteikartensatz nach Wahl (keine Übersichts-KK, keine Shorties, keine Assessor-KK) (bitte KK-Satz angeben) + Versandpauschale 5,00 €	19,90 Weihnachts-Sonderpreis gültig bis 31.12.2011
).201) ______	**AudioCards auf CD: BGB AT I - III** Das Frage-Antwort-System der hemmer-Skripten zum Hören	59,95

Life & Law

AboLL______	Abonnement der Life&LAW Life&Law 3 Monate kostenfrei, danach erhalten Sie die Life&Law zum Preis von	5,00
LLJ ______	Life&LAW Jahrgangsband 1999 - 2009	
______	bitte Jahrgang eintragen	je 50,00
LLJ10 ______	Life&LAW Jahrgangsband 2010	80,00
LLE ______	Einband für Life&LAW Jahrgang	je 6,00

Wir berechnen pro Lieferung einen Versandkostenanteil von 3,30 EURO. Ab 30 EURO ist die Lieferung versandkostenfrei.

Endsumme:

Lieferung erfolgt in aktueller Auflage

Kundennummer D

Prüfen Sie in Ruhe zuhause!
Alle Produkte dürfen innerhalb von 14 Tagen an den Verlag (Originalzustand) zurückgeschickt werden. Es wird ein uneingeschränktes gesetzliches Rückgaberecht gewährt. Hinweis: Der Besteller trägt bei einem Bestellwert bis 40 Euro die Kosten der Rücksendung. Über 40 Euro Bestellwert trägt er ebenfalls die Kosten, wenn zum Zeitpunkt der Rückgabe noch keine (An-) Zahlung geleistet wurde.

Ich weiß, dass meine Bestellung nur erledigt wird, wenn ich in Höhe meiner Bestellungs-Gesamtsumme zzgl. des Versandkostenanteils zum Einzug ermächtige. Bestellungen auf Rechnung können leider nicht erledigt werden. Bei fehlerhaften Angaben oder einer Rücklastschrift wird eine Unkostenpauschale in Höhe von 8 Euro fällig. Die Lieferung erfolgt unter Eigentumsvorbehalt.

Name: ______________________

Vorname: ______________________

Straße, Nr.: ______________________

PLZ/Ort: ______________________

Telefon: ______________________

e-mail Adresse: ______________________

Buchen Sie die Endsumme von meinem Konto ab:

Kreditinstitut: ______________________

BLZ: ______________________

Konto-Nr.: ______________________

Ort, Datum: ______________________

Unterschrift: ______________________

Neuerscheinungen

(4002) ______ Legal terms für Juristen - Fachwörterbuch Englisch - Deutsch 1.A/11 · 19,80

or: Oliver Michaelis
fang: 387 Seiten

vorliegende Fachwörterbuch „leterms für Juristen" enthält sowohl die juristische Ausbildung (gerauch nach dem UniCert-System) auch für die Berufspraxis einen nhaltigen Wortschatz - ideal als Ihr diger Begleiter.

Wortschatz hat der Autor über e zusammengetragen. Im Zuge Veröffentlichung wurden die Bee durch die Vielzahl ihrer unteredlichen Bedeutungen und Wengen ergänzt und mit nützlichen nbegriffen aus dem Bereich des schaftsrechts auf ca. **12.500 ter-** in der Sprachrichtung Englisch utsch vervollständigt.

the english terms
... from Oliver Michaelis

hemmer/wüst Verlag

[AudioCards]

AudioCards zum Download

Ganz nach dem Motto „Geht ins Ohr, bleibt im Kopf“ verhelfen wir Ihnen mit unserem auditiven Lernsystem zu einer optimalen Prüfungsvorbereitung.

Bisher erschienen:

- **BGB AT I - III (auch als CD erhältlich)**
- **Schuldrecht I - III**
- **Bereicherungsrecht**
- **Deliktsrecht I - II**
- **Sachenrecht I - III**
- **Staatsrecht I - II**

Jetzt auch erhältlich:

- **Strafrecht AT I - II**

Auditives Lernen ist effektives Zeitmanagement

So lernt sich's leichter:
Das Frage-Antwort-System der hemmer-Skripten zum Hören.

- auditiv: Der examensrelevante Stoff zum auditiven Lernen von erfahrenen Repetitoren. Ideal für schnelles Repetieren der hemmer-Skriptenreihe.
- modern: Frage-Antwort-System für Ihren i-Pod oder mp3-Player
- effektiv: Auditives Lernen optimiert die Wiederholung, im mp3-Format jederzeit verfügbar. Nutzen Sie Leerlaufphasen (z.B. im Auto, in der U-Bahn ...) zum Wiederholen und Vertiefen des gelernten Stoffs.

hemmer/wüst
Verlagsgesellschaft mbH

www.hemmer-shop.d
Mergentheimer Str. 44 / 97082 Würzb
Tel.: 0931-7 97 82 38 / Fax: 0931-7 97 82